JN238541

業務改革の教科書

成功率9割のプロが教える全ノウハウ

白川 克 ｜ 榊巻 亮 著

日本経済新聞出版

業務改革の教科書　目次

プロローグ

A 変革を立ち上げよう　　　　1

変革をリードできない管理職には価値がない　1
変革プロジェクトの成否は、最初で9割決まる　2
ある経営企画室長からの手紙　3
この本の特徴　4

B 立ち上げのためにすべきこと　　　　7

変革プロジェクトは「4つのP」が明確でなければならない　7
　　コラム　準備は、みな4Pで整理できる　9
「4つのP」を明らかにする、4ステップ　10
「計画作り」と「態勢作り」は同時に進めよ　13

第 1 部

「どんな変革か?」をざっと描く
Concept Framing

C まずは同志を集めよ　17

組織図に頼らない、一本釣りが有効　17
抵抗勢力候補など、自分と違うタイプを集めろ　19
公募作戦の落とし穴を避ける　21
変革プロジェクトに向く人、向かない人　22
　事例 自分の仕事をなくすプロジェクト　23

D 変革のゴールを決める　28

既に達成したかのごとくゴールを語れ　28
意思決定に使い倒せるゴールを決めろ　29
目指さないゴールも明らかにしておくこと　32
　コラム 効率化の数値目標はなぜ大抵30%アップなのか　33

E なぜ良くなるのかを端的に示す　35

闇雲に力仕事をする前に、仮説を持て　35
コンセプトとは何か　35
　事例 コンセプト「ハブ&スポーク」　36
　事例 コンセプト「期限内に契約を」　37
　コラム システム再構築はコンセプト足りえるか?　39
コンセプトがパラダイムシフトをもたらす　39

F ゴールやコンセプトをどうやってひねり出すか? 42

意識の高い人と議論する 42
「そもそも論」に立ち戻れ 43
とりあえず、考えたことは紙に書きだせ 44
トコトン議論するには、合宿が1番 47
「言葉、絵、数字……」表現方法は問わない 48
  コラム プロジェクトの最初にコンセプトありき? 48

G タイプ別、変革の落とし穴 50

あなたの会社はイケイケか? トップダウンか? 50

H トップの支援を取り付ける 54

「ありがたい方針」を聞けることは、まれだと覚悟せよ 54
改めて、全社戦略を聞くことの意義 55
変革にとっての「制約」を聞き出せ 56
  コラム 吉野家とスターバックスの戦略ストーリー 57
バックアップの約束を取り付けよ 59

I プロジェクト体制を固める 62

仲良しクラブではいずれ行き詰まる 62
プロジェクトリーダー 62
プロジェクトオーナー 66
業務分析担当 69
システム分析担当 71
本当に全員必要? 72

第 2 部

現状調査／分析
Assessmentフェーズ

J 業務とシステムを棚おろす　75

4大調査フォーマット　75
1. 一覧表　76
2. アクティビティー覧　79
3. 業務フロー（スイムレーンチャート）　80
4. ファンクショナリティ・マトリクス　82

4大調査フォーマットをカスタマイズして使う　83
たとえ知っていても、現状調査は必要　86

K プロのヒアリング技術　89

1. 業務は流れで聞け　90
2. フリートークも有効　90
3. 数字で感覚を合わせよ　91
4. 聞いたことはその場で書き出せ　92
5. 「ざっくり」から「深く」へ　93
6. 本人にも書いてもらう　94
   - 事例1 仕事割合の円グラフ　94
   - 事例2 休憩コーナーで、みんなの意見を募る　95
7. 現場とよい関係を作ることを裏の目的にせよ　96
   - コラム ヒアリングの副産物　98

上級編 詳細な棚おろしの前に、あえてざっくり棚おろしをする　98
   - 事例 あえて、手書きの業務フローから始める　100

L 課題を特定する　101

- **ステップ1** まずはリストに貯める　101
  - **コラム** 当たり前の中には非効率が潜んでいる　102
- **ステップ2** 細々した課題をくくる　103
- **ステップ3** 課題の実態をさらに調べる　104
- **ステップ4** 全体像に課題を書き込む　106
- 課題を書く時には遠慮しない　107

M 分析は「構造化と実感」　108

- 分析では示唆（だから何？）を示せ　109
- そのまま施策を語れる分析を目指せ　111

N 分析の7つ道具　114

1. 定量比較　115
2. プロセス比較　118
3. グルーピング　120
4. 横串グルーピング　123
5. 相関比較　125
6. 2次元マッピング　127
7. ツリー分解　129

第 3 部

将来の姿を描く
Business Model

O 施策をひらめく　135

- **ひらめき方その1** 課題解決アプローチ……135
  - **事例** 百数十個の施策をしらみつぶしに実現した……138
- **ひらめき方その2** 理想像アプローチ……139
- **ひらめき方その3** 普段から考える……143
- **ひらめき方その4** 施策出しで遊ぶ……144
- 施策はちゃんと出し切ったのか？……145
  - **事例** 施策出しを急ぎ過ぎて、失敗したケース……145

P 業務改革の王道施策6選　148

- **施策1** 標準化……149
  - **事例** 事業部のビジネスモデルが違うので、何もかもがバラバラな会社……150
- **施策2** 一元管理……150
  - **事例** 40％の効率化よりもインパクトがある一元化……152
- **施策3** 業務集約……152
- **施策4** アウトソース/オフショア……153
- **施策5** 承認プロセスの見直し……157
- **施策6** 納期短縮……158
  - **事例** 「24時間以内」を目指しての総力戦……160

Q ダメ施策を捨て、良い施策を残す　161

- 施策一覧で全関係者と合意する……161
  - **事例** 残った宝の山を一つ一つ実現させていく……164
- 施策一覧の作り方……165

- **ステップ1** 施策一覧にアイディアをどんどん貯める　165
- **ステップ2** 施策をまとめる　165
- **ステップ3** 施策の選定基準を決める　166
- **ステップ4** 基準にそって施策を採点する　168
- **ステップ5** 施策の実現時期を分ける　168

R　施策を練り上げる　169

発散/収束モデルで施策を練り上げる　169
- **ステップ1** 「どの業務を集約するか？」を発散/収束モデルで検討する　170
- **ステップ2** 集約対象案件を発散/収束モデルで検討する　171
- **ステップ3** 切り替えステップを発散/収束モデルで検討する　172

施策練り上げのコツ　174

S　抵抗勢力と向き合う　178

- **抵抗レベル1** 無言の抵抗　179
  - 事例　「批判になっていない批判」を見過ごし、痛い目にあった　180
- **抵抗レベル2** 正面からの批判　181
  - 事例　ある執行役員からの批判　182
- **抵抗レベル3** 屁理屈での抵抗　183
- **抵抗レベル4** 話すら聞いてくれない　186
  - 事例　まずは批判を受け止める　〜ある課長のケース　188
- **抵抗レベル5** 反対運動を繰り広げる　189

T　変革に関係者を巻き込め　190

「命令されたから」から「俺のプロジェクト」へ引き上げろ　190
立場の違う混成部隊を「立場を越えたOne Team」に変える　195
メンバー全員が本気で「変わろう！」と思っているか？　198

第 4 部
計画の価値を示し、Goサインをもらう
Decision

U　マスタースケジュールを描く　203

- **ポイント1** 締め切りを確認する　204
- **ポイント2** 積み上げよりも逆算で　205
- **ポイント3** ボトルネックは業務担当者　206
- **ポイント4** 繁忙の波を避ける　207
- **ポイント5** 段階的に変えるか？　ビッグバンか？　208
- **ポイント6** クイックヒットは先に　211
  - **事例** 小さく始め、業務改革の価値を示す　211
- **ポイント7** 優先度の低い施策は後に　212
- **ポイント8** やりきれるか？（時間と体制）　212
- **ポイント9** やはりバッファは必要　213
- **ポイント10** 関係者と合意してこそのスケジュール　214

V　リスクを把握し、対応する　215

- プロジェクトにはリスクがつきもの　215
- リスクを把握し、対応する4ステップ　216
- **ステップ1** まずは不安や懸念を洗い出す　216
  - **事例** 「なぜ上手くいかないのか？」を徹底して吐き出す会議　218
- **ステップ2** リスクを2つの面から評価する　219
- **ステップ3** 対策を練る　220
- **ステップ4** 費用対効果分析に反映させる　222

W　プロジェクトの価値をお金で示す　223

費用対効果分析とは何か？　223
ステップ1　分析の範囲を決める　226
ステップ2　価値の源泉を洗い出す　226
ステップ3　定性効果と定量効果に分ける　227
　　　コラム　従業員満足度を金額換算してみた　229
ステップ4　効果を金額化する　230
　　　コラム　効率化した時間は、どう利益に変わるのか？　232
ステップ5　投資金額を見積もる　234
ステップ6　時系列で整理する　235
ステップ7　グラフ化する　237
ステップ8　リスク分析を織り込む　238
3つのケースを書くことで、意思決定を支える　239

X　計画の価値を高める　240

施策のバリエーションを選択する　240
　　　事例　システムだけ作っても、投資を回収できない　240
黒字転換を目指してもがく　241
　　　事例　当初のグラフがダメだったので、良い施策になった　242
それでも赤字になった時の対応策　245
本当に効果が出ない時は、プロジェクトを諦める　248
Goサインが出ていても、費用対効果分析は必要　248
　　　事例　リーマンショックで、経営陣の意見がガラリと変化　248
費用対効果分析を何度も実施して精度を上げる　250
費用対効果分析を使ってきちんと事後評価を　251

Y　投資決裁を突破する方法　252

経営会議を通す、2つの理由　252
経営会議では「夢とソロバン」を語れ　253
計画よりも「計画を作った人」を見られていると思え　254
100枚の検討を1枚に凝縮せよ　255
最後の最後は感情の後押しも必要　256
　　事例　理屈をすっ飛ばしたスピーチ　257

Z　Just Do It!　258

さて、4Pはどうなったのか？　258
「態勢の質」は高まったか？　260
まずはお疲れ様でした　262
どこまで計画を練り上げたら、実行に移れるのか　263
業務改革プロジェクトはこの後どうなるのか？　264
最後に個人的な話　266

あとがき　269

索　引　271

ブックデザイン：遠藤陽一
DTP：タクトシステム

プロローグ

A　変革を立ち上げよう

▶ 変革をリードできない管理職には価値がない

　あなたが管理職だとしたら、これからのあなたの仕事は「業務を管理すること」ではない。

　本当に期待されていることは「変化をリードすること、変化をマネージすること」である。

　製造業を例に考えてみよう。今まで100個作っていたものを明日も100個作る。翌日は頑張って120個作る。今まで原価100円だったのを頑張って99.8円にする。こういう仕事はもはやホワイトカラー、特に管理職には期待されていない。正確に言うと、期待しても会社の利益にはほとんどつながらないから、期待しない方が良い。

　こう言い直してもいい。部下から上がってきたものを承認するだけの管理職は必要とされていない。

　明日も、今日と同じであることを保証する仕事は期待されていない。全く違った商品を作る。全く違った場所で作る。劇的に安く作るようにする。もはや作らなくても利益が上がるようにする。モノではない何か（ライフスタイル？　サービス？　つながり？）を提供する――など。

　なんであれ、変化を起こし、会社や事業を新しくし、良くしていくことこそが、あなたがやるべき仕事なのだ。これからの管理職の仕事の100%が変革だとは言わない。誤解を恐れずにおおざっぱに言えば、「会社で上位20%の方」は、変革を自ら起こすことを期待される時代が来ている。個人として優秀なだけでなく、いきいきと楽しく仕事をし、しっかりと社会

に貢献し、会社を愛している。

本書は、そういった変革プロジェクトに挑むリーダー、およびそれを目指すビジネスパーソンのための教科書である。

▶ 変革プロジェクトの成否は、最初で9割決まる

「大半の変革プロジェクトが失敗する」と聞いたことはないだろうか。

例えばIT関係のプロジェクトで言えば、プロジェクト成功率は31%でしかない(『日経コンピュータ』調べ)。大きな本屋には企業変革やプロジェクト管理のコーナーが古くから必ずあるが、長年にわたって「ほとんどの変革が失敗する」という事実に変わりはない。

システム構築とは無関係の業務改革や、システム構築までたどり着かずにうやむやになる変革を統計に入れると、もっとずっと低い成功率になるだろう。

なぜこれほどまでに、成功率が低いのか?

それは、立ち上げ方が悪いからだ。

最初がグダグダなプロジェクトは、いくら後から奮闘しても成功しない。このことは、デスマーチプロジェクト(終わりが見えない死の行進のようなプロジェクトのこと)に配属され、苦しむ人の怨嗟の声を聞くと実感する。

「これまで決めるべきことを決めてこなかった」

「最初から負けが決まったプロジェクト」

「そもそもこの陣容ではやれっこない」

と、恨みの声はプロジェクトの立ち上げ期でのダメさに集中しているのだ。これは、コンサルタントとしての実感とも一致する。仕事がら、うまくいっていないプロジェクトの支援に入ることもある。そういうプロジェクトは9割がた、プロジェクトの立ち上げ期にやるべきことをきちんとやっていない。

大成功した変革をリードしたある方が、プロジェクトを振り返ってこう言っていた。

「変革プロジェクトの成功は90%、立ち上げで決まる。実行局面では社外に優秀な方がたくさんいて、力を借りられる。でも、やりたいことがこちらで見えていなかったり、途中でぶれたら、プロジェクトは必ずうまく

いかない」

本当におっしゃる通りだと思う。

　著者である白川・榊巻の2名は、コンサルタントとして、変革プロジェクトを成功させるべくお客さんの現場で、毎日毎日汗をかくことを仕事としている。2人が所属する会社、ケンブリッジ・テクノロジー・パートナーズ（以下、ケンブリッジ）が支援するプロジェクトの成功率は今のところ、95.6%。残念ながら100%ではないのだが、世のプロジェクト成功率と比べると誇れる数字である。

　なぜ成功率がこれほど高いのか。話せば10時間くらいは必要なのだが、無理やり短くすると「プロジェクトの立ち上げ期にやるべきことを、完璧にやり切る」ということになるだろう。

　この本は、
「圧倒的なプロジェクト成功率を誇るケンブリッジが、
業務改革を成功させるために立ち上げ期にやっていること」
を全て書き表した本である。

▶ ある経営企画室長からの手紙

　この本を書くきっかけになった手紙を紹介したい。
　差出人はある会社の経営企画室の室長。この頃、変革プロジェクトを立ち上げようと苦心されているこの方の相談に乗っていた。しばらく訪問していなかったので「進んでいますか？」と問いかけてみたところ、以下のメールが返ってきたのだ。

> 　お世話になっております。
> 　右手に企画業務、左手に年度計画業務と、ジャグリングの様にクルクルとこなしたいところですが、期末へ向けて雑多な業務に羽交い絞めにされている感じです。
> 　現在の思考は以下のような状態です……
> 　過去1年動いた結果、物事が進んでいないというのは、結局のところ投げかけた石(意志)が小さ過ぎて、河(経営側)にさざなみ程度の波紋しか広がらず、すぐに立ち消えてしまったという事だと感

じています。

　外部環境（マクロ・ミクロ）は刻々と変化しており、事業もどんどん変化しています。そして経営のニーズも。

　事業、経営に目を向け、一旦そういった全体の構図、ビジョンを描いた上で、今一度プロジェクトに立ち戻ったときに、もう少し違う風景が見えるのでは？　と、経営企画部のメンバー一同、思考の幅も時間軸も広げて再考しています。

　一方で、現在の業務や基幹システムをミクロの観点であらためて棚卸をしており、特徴、長所、短所などを、なるべく客観的な視点から整理しています。その過程で、社内では当たり前となっている常識が、世間一般から見ると非常識に見える部分も垣間見えてきました。良くも悪くも・・・ですが。

　これらの試行錯誤を次なる行動を起こす前のトレーニングととらえ、ディスカッションを重ねつつ、思考の筋力と持久力を蓄えております。もうしばらくお時間を頂戴できればと思います。

思いのこもった、いい文章だと思う。

経営企画室長として業務を改革していきたいという意志。そして思うように社内で受け入れられない苛立ち（1年間努力を続けても、変革プロジェクトを始めることすらできていないのだから無理もない）。何をしていけばよいのか明確にしきれない歯がゆさ。立ち止まらないためにはできることから手を動かさなければ、という焦り。そしてなんとか前に進もうとするあきらめない気持ち。

あなたは組織の現状を変えたいと思ったこと、変えようとチャレンジしたことがあるだろうか。もしあるのならば、この手紙は他人事ではないはずだ。

▶ この本の特徴

（1）　実務家による、実務家のための教科書

　2009年に『プロジェクトファシリテーション』を出版した後、多くの読者から「コンサルティング会社のノウハウを、こんなにおおっぴらにしていいのですか？」と言っていただいた。「ケンブリッジのポリシーの一つ

はOPENですから。普段一緒に仕事をしているお客さんにも全てノウハウは公開しています。変革が成功すればそれでいいんです」というのがいつもの答えだ。

前著は「プロジェクトX」のような実録物なので、あまりノウハウばかり詰め込むわけにいかなかった。今回は教科書なので、僕らがプロとしていつも使っている方法論（作業手順や分析ツール、フォーマットなどなど）をぎっしり詰めてある。

（2）　現場で使っている実物と、当事者の声

コンサルタントが書いた本は数多い。その多くがスマートで読みやすいのだが、致命的な欠点がある。生々しくないのだ。通常コンサルタントには守秘義務があり、顧客とのプロジェクトの様子を本に書くことは絶対にできない。だから抽象化された、上っ面の本ばかりになるのだ。

この本に書かれていることは、全て僕らがプロジェクトで実際に行なっていることである。掲載したフォーマットや議論のための資料も、全て実際のプロジェクトで使ったものである（お客様にとって大切な情報が漏れないように、多少は加工してある）。

さらに、ケンブリッジにはプロジェクトを共に成功させた同志のようなお客様が数多くいる。本書では彼ら変革の当事者に改めて取材し、生の声を詰め込んだ。

「あの時、実はこう思っていた」「不安だったが、経営会議では……」など、教科書通りにはいかない、変革の現実に触れてほしい。

（3）　システムよりも、まずは業務の将来像を描く

本書では、情報システムの構築方法についてはほとんど触れていない。これは、本書が情報システム構築プロジェクトを念頭に置いていないからではない。実際問題として、ほとんどの業務改革はシステムの改修や全面再構築を伴う。むしろシステム再構築が本命で、業務改革がオマケというプロジェクトすらある。

だが、「このシステムを使って、どんな業務を実現したいのか？」について、きちんと考えていないことが、本当に多くのシステム構築プロジェクトの失敗要因になっている。経験上、最も失敗確率が高いのが「業務は現状踏襲で、システムさえ新しいものに置き換えれば良いのだ」というコ

ンセプトのプロジェクトだ。

「情報システムをきちんと構築しようと思えば、かならず業務の将来像を検討する必要がある」

というのが、多くのプロジェクトを見てきたケンブリッジの結論である。変革プロジェクトとして目指したいことが明確で、業務の将来像がきちんと描けていれば、システム構築を失敗させる原因の多くを避けられる。

これが、システム構築を含む大きな変革をケンブリッジと共に成し遂げたプロジェクトリーダーが「変革プロジェクトの成功は90％、立ち上げで決まる」と断言するゆえんである。

（4） 日本企業での、「普通の人々」による変革

企業変革について書かれた良書はいくつかあるのだが、ほとんどが翻訳書である。当然、欧米の企業での変革を前提に書かれている。欧米企業では、トップが変革をリードするケースがほとんどだ。だから変革における悩みのタネも、例えば「中間管理職の変革へのやる気をどう引き出すか」といった、トップからの目線である。

だが、日本企業で変革を立ち上げる際に一番悩ましいのは、実は「いかにトップに味方になってもらい、後押ししてもらうか」である。日本企業ではミドルが変革を起こし、役員にスポンサーになってもらうケースが圧倒的に多い。当然、そこでの主役は花型経営者ではない。毎朝ぎゅうぎゅう詰めの地下鉄に乗って通勤してくるような、普通の会社員である。

本書は、日本企業のなかで変革を起こしたいと思っている、「普通の人」のための教科書である。

この本に書いたノウハウは、膨大な時間を使ってブラッシュアップしてきた、貴重な知財である。だが、公開することで、あの経営企画室長のようにプロジェクトを成功させようともがいている多くの方の助けになり、成功するプロジェクトが一つでも増えればいい。僕らはわりと本気でそう思っている。そして、プロジェクトでいきいきと活躍し、成長する人が1人でも増えてほしい。

それが、日々プロジェクトでお客さんと共に悩み、お客さんと共に笑い、お客さんと熱く議論している僕らが、泣きそうに忙しい合間をぬって本書を執筆した理由である。

B 立ち上げのためにすべきこと

> **この章のレッスン**
> - 何をもって「プロジェクトが立ち上がったのか」が分かるようになる
> - プロジェクトを立ち上げるための流れを大まかに理解し、今始めようとしているプロジェクトがどの段階かを判断する

変革プロジェクトは「4つのP」が明確でなければならない

変革プロジェクトは登山に似ている。

変革プロジェクトは、そもそも非常に難しいものだ。だから1人でふらりとやっても絶対に上手くいかない。信頼できる仲間とチームを組み、役割分担しながら登る必要がある。適当な計画で登り始めると、死が待っている。

変革プロジェクトを立ち上げるうえでやるべきことを理解するために、

変革を始める4つのP

登山の比喩で説明していこう。

Purpose　目的が定まっている

　変革プロジェクトの目的、目指すべきゴールが明確になり、関係者全員で共有され「いっちょ目指したるぜ！」とみんなが思っていること。

　「富士山頂」「エベレストを目指す」など、ゴールは一見とても分かりやすい。でも、もう少し突っ込んで考えてみると、山頂にたどり着くことが目的なのか、未踏ルートで登らないと意味がないのか、絶対にだれもけがをしないことが最優先なのか……。参加者が同じことを考えているのか、怪しい場合も多いだろう。前頁のイラストでも、目指す山頂は雲の中に隠れていて見えない。変革プロジェクトも、始める時はだいたいこんな感じだと思ってほしい。

　特に変革プロジェクトは目で見えない成果（例えば業務の効率化など）を目指すことが多い。プロジェクト関係者全員で目標を共有することは、それほど簡単ではない。

Process　到達するための道すじが明確になっている

　ゴールまでどういうルートで行くのか。途中にベースキャンプは必要か。

　業務改革では、「施策とその進め方」がProcessになる。例えば「業務効率を30％向上させる」というプロジェクトゴールを目指すとしよう。そのために実行すべき施策（打ち手）は、こんな感じになるだろう。

- 今まで全国でバラバラにやっている仕事を一カ所に集約させよう
- 今まで電話とFAXで受けていた注文を、お客さんがセルフサービスでやれるようにしよう

　さらに、「一カ所に集約させる」ための一つ一つのステップを考えていく必要もある。集約日を決めて一気に集めるのか。この事業所はこの日に集約、その次はこちらの事業所で……と順番に集めていくのか。

　こういった一連の検討が、「Processを詰める」ということになる。

Property　装備品、必要な道具が明確になっている

　登山に携帯する持ち物。

　変革プロジェクトで言うと、施策の実現に使う情報システムや、会議室

などの仕事場、設備などにあたるだろうか。

People　だれと行くか？

　だれと山に登るのか。山のベテランを誘うのか。大好きなあの子と二人きりで登るのか。山岳ガイドを雇うのか。山頂には向かわないけれども後方支援をしてくれるメンバーなども必要かもしれない。
　業務改革プロジェクトでも全く同じである。
　「どこに行くのかは、バスに乗せる人を決めた後で考えればいい」なんて言葉もあるほど、だれとプロジェクトをやるかによって、プロジェクトの今後は左右される。

　これら4Pが全て明確になっているとき、初めて変革プロジェクトの計画ができた状態と言える。
　ただし、プロジェクト計画が「100％明確」という状態を待っていては、いつまで経ってもプロジェクトをスタートできない。何度も繰り返しやるような定常業務（例えば毎月給与計算をするなど）と違って、プロジェクトはだれもが初めてやる、1回こっきりの仕事だからだ。だれもが多かれ少なかれ手探りとなる。
　だからどこまで綿密に計画を立てても見切り発車、という要素は残すし、残すべきだ。そういった「見切り発車のさじ加減」も含め、プロジェクト計画を立てるというのは非常に難しい仕事である。

コラム

準備は、みな4Pで整理できる

　プロジェクト計画には4Pが大事、と書いた。
　実はこの4P、「準備」についてならば、プロジェクト計画以外の何にでも当てはまる。だから「Prepの4P」とも呼んでいる。例を2つ挙げておくので参考にしてほしい。

> 【引っ越し準備】
> Purpose：なぜ引っ越しするのか。どこに引っ越しするのか？
> Process：どの順番で荷物を梱包するのか。役所への届け出は引っ越し当日より先か後か。
> Property：トラックはどうするのか。段ボールは業者から買うのか、スーパーで拾ってくるのか。
> People：友人に手伝ってもらうのか。プロの業者を頼むのか。
>
> 【会議の準備】
> Purpose：なぜ会議を開くのか。連絡かアイディア出しか、合意形成か。メール連絡ではダメなのか。何が決まれば終わりにして良いのか。
> Process：最初に前提事項を確認。次に今日の意思決定事項を整理し、最後に……。
> Property：会議室はどうするか。どういう配布資料が議論を活性化するのか。
> People：だれを会議に呼ぶか。参加しないと成り立たない人は？ 時間があれば参加してほしい人は？

▶「4つのP」を明らかにする、4ステップ

では、どうすれば4Pが明確になるだろうか。

業務改革の中身が製造工程の改革であれ、販売・購買情報の一元化であれ、必ず次の4ステップをたどることになる。

Concept Framingフェーズ：コンセプト固め

変革はしたいのだが、どこに向かうプロジェクトなのか（Purpose）がまだ定まっていない状態からスタートし、プロジェクトが目指すべきゴールとコンセプトの仮説が見えたら完了する。登山の比喩で言えば、雲の中に隠れている山頂を見通すフェーズである。

この段階でプロジェクトが目指すゴールをおおよそ持っておくことで、

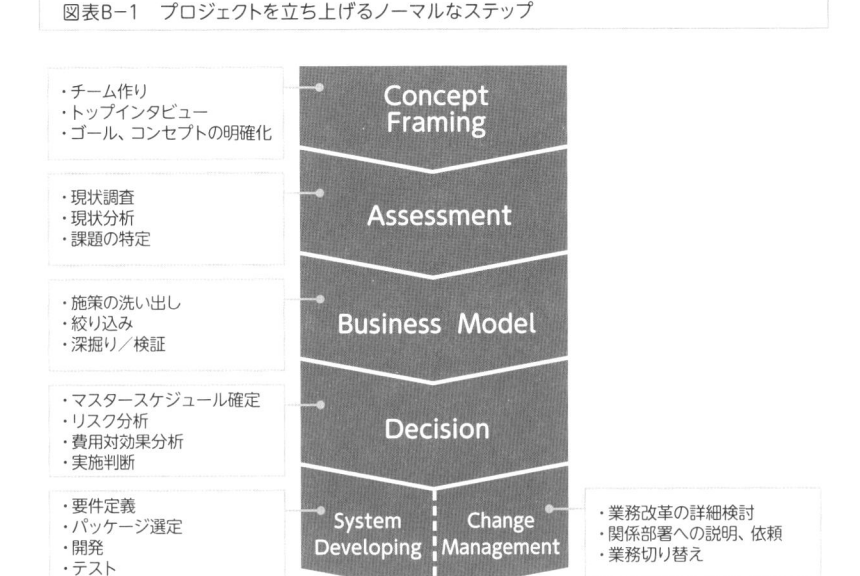

図表B-1　プロジェクトを立ち上げるノーマルなステップ

ステップ	主な作業
Concept Framing	・チーム作り ・トップインタビュー ・ゴール、コンセプトの明確化
Assessment	・現状調査 ・現状分析 ・課題の特定
Business Model	・施策の洗い出し ・絞り込み ・深掘り／検証
Decision	・マスタースケジュール確定 ・リスク分析 ・費用対効果分析 ・実施判断
System Developing	・要件定義 ・パッケージ選定 ・開発 ・テスト
Change Management	・業務改革の詳細検討 ・関係部署への説明、依頼 ・業務切り替え

Assessmentフェーズでの現状調査で、闇雲に時間を浪費せずにすむ。

　ゴールやコンセプトを見出すためには、同志を集め、語り合うしかない。業務のキーマンや経営者が集まり、現状の課題や将来像について、じっくりと語り合う。そもそも何が問題なのか。どういう組織にしたいのか。顧客に何を提供すべきなのか。様々な立場の社員が行きつ戻りつ議論していくことで、お互いのことや変革プロジェクトが本当に解決すべき課題や、解決するための作戦についての「仮説」が見えてくる。

　ただし、このフェーズには時間をかけてはいけない。ゴールが見えても見えなくても、2〜4週間程度で切り上げる。メンバーが集まっても仮説すら見えないのであれば、それ以上議論を繰り返しても時間の無駄だからだ。次のAssessmentフェーズで現場・現物に触れ、課題を見つけ出していく作戦に切り替える。

Assessmentフェーズ：現状調査・分析

　プロジェクトの対象（ビジネス環境や業務のやり方、システムの状況など）を調査し、そこから何が言えるのかを分析する。網羅的に調査する場合もあれば、Concept Framingフェーズ（コンセプト固め）で立てた仮説

の裏付けを確認するために、ポイントを絞り込んで調査をする場合もある。

「会社のどこが問題なのか？　何を直せばもっと良くなるのか？」を単なる勘や憶測ではなく、しっかりとした事実をベースに分析し、だれにでも分かりやすく示せることがこのフェーズの完了条件となる。

「どれほど困難でも、なぜこの業務改革をやり遂げなければならないのか」をこのフェーズでしっかり示すことが、やり遂げるためには絶対に必要だ。業務改革が進むにつれ反対勢力が現れる。大きな投資が必要な場合は、役員たちも「そんなカネは出せない」と反対する。それでも絶対にやり遂げるべき、とプロジェクトメンバーが言い切るには、「現状はこんなにひどいんだ」「この構造的な問題を正せば、こんなに良くなるんだ」ということを客観的に示すための根拠が必要だからだ。

変革プロジェクトの領域の広さにもよるが、1カ月〜3カ月程度の時間が必要になる。

Business Modelフェーズ：構想立案

現状を分析して得られた知見を基に、企業として取り組むべき施策を選択し、具体的にプロジェクトでのアクションを検討していく。つまり、それぞれの施策ごとに「何を目指すのか、方針A・B・Cのどれでいくべきか、関係する部署はどこか……」を一つ一つ決めていく。

最初の施策アイディアは少人数が考えたとしても、多くの関係者に意見を聞き、実際に効果が上がり、実行できる施策に練り上げていく。そういった「関係者の巻き込み」を通じて、変革を応援してくれる人々を徐々に増やしていく時期でもある。

このフェーズも、通常1カ月〜3カ月程度の時間をかける。

Decisionフェーズ：投資判断

これまで検討してきた施策をどのような順番で実現させていくべきかを検討し、総合的なマスタースケジュールにまとめ上げる。プロジェクトに潜むリスクにも目を配り、プロジェクト計画に反映させるのもこのフェーズだ。最後に、練り上げてきた変革プロジェクトの計画を「お金」の側面から検討し直す。ビジネスの一環である以上、どんなに素晴らしい変革も「それをやって、儲かるの？」というシビアな問いかけに答えられなけれ

ばならない。

　どれくらいの投資が必要で、収益構造はどう変化するのか。金額換算できる効果は何で、金額換算になじまない定性効果はどのくらい見込めるのか。それらの予測値が変動するリスク要因として何を押さえておくべきか。

　そうしてできたプロジェクト計画書を、経営会議・大型投資案件会議などの企業としての意思決定の場で説明し、承認やバックアップを取り付ける。

　ここまでやって初めて、変革プロジェクトの立ち上げにあたって明確にすべき「4つのP」が決まり、会社としても正式にGoサインを出せる。
　ところで、プロジェクトを一緒にやっている方から「このステップは端折っていいんじゃないですか？」と言われることがよくある。
　例えば、「全く新しいビジネスを作るので、現状調査は不要です」と言われ、現状調査をほとんどせずに変革プロジェクトを立ち上げたことがある。正反対に、「新しいことは何もやらなくていいんです。現状通り、システムを再構築すればいいんです」と、Business Modelフェーズをすっ飛ばしたこともある。
　どちらのケースでも非常に苦しんだ。後になって「今やっていることをできないとビジネスが止まってしまいます」などと、後出しジャンケンのような話になるのだ。この4つの工程をやらなくてもいいケースは、業務改革ではないと思ったほうが良い。

▶「計画作り」と「態勢作り」は同時に進めよ

　変革プロジェクトを立ち上げるにあたって、「良い計画」を作ることは、本当に重要だ。
　経営戦略と整合性が取れている計画。業務と技術の両面から、ちゃんと実現できそうな施策。投資を上回る効果が期待できる計画。良い計画は「いい企画書だね」「よく練られているね」と、紙を見て判断できる。
　だが、綺麗な計画書を作っただけでは、変革プロジェクトを立ち上げるためには十分ではない。「見栄えがいい計画書を残したが、だれも実行できなかった（しなかった）」というケースがとても沢山あるからだ。コンサ

ルタントとして企業を訪問すると「前のコンサルタントが作った資料が、ファイル10冊分くらいあるんですよ」と見せられることも多い。紙だけ上手に書けていても、その計画は実行されるとは限らないのだ。

計画書が完成したとき、「よっしゃこれでいけるぞ」「この計画をすぐに実行に移したい」「会社として十分バックアップする」「ワクワクする」と、変革に関わるみんなが思えているだろうか。つまり「変革に向けた態勢」は整っているだろうか。

計画ができ上がってしまった段階で「こういう計画で進めるので、従ってください」と説明して回っても、普通の人は冷ややかな反応を返す。だれだって、自分が作った計画には理解も愛着も深いけれど、他人が作ったものはそうではないのだ。自分の利害や仕事の仕方に影響が大きい場合はなおさらだ。「ふーん、頑張ってね」でおしまいである。

だから計画を作る時から納得性を重視して、みんなの意見を採り入れながら進める必要がある。後になって反対しそうな人ほど、計画作りに参加してもらうのだ。

この本では良い計画を立てるだけでなく、「変革に向けた態勢作り」を同時にやるための方法にも多くの紙面を割いている。両方を意識して読み進めてほしい。

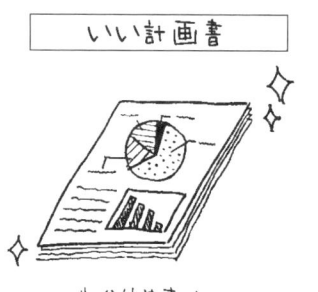

いい計画書	実行できる計画書
・わかりやすい ・見栄えがよい ・考えが練られている	・関係者が納得出来る ・実現したいと思える

第1部

「どんな変革か?」を
ざっと描く

Concept Framing

「さあ変革を立ち上げよう!」と志した時、やらなければならないことは2つある。

① 同志を集めてチームを作ること
② 「どこを目指すか。なぜ目指すのか」を議論すること

この2つは、鶏と卵のような関係だ。変革を起こしたい人がいて、目指すゴールが固まっていく。逆に、目指すゴールが、志の高いメンバーを集める求心力となる。

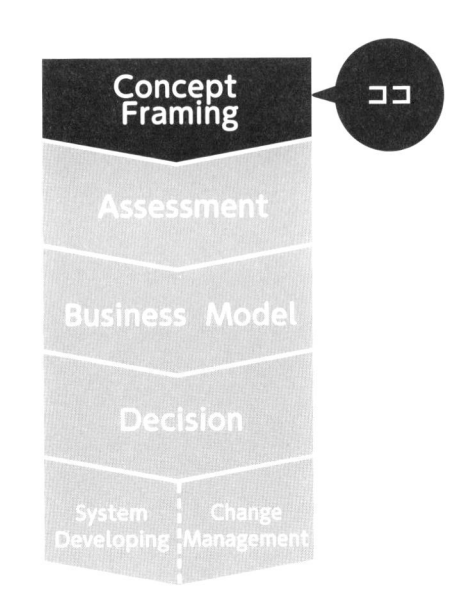

どこへ向かっていくべきか
方向を指し示す

コンセプト

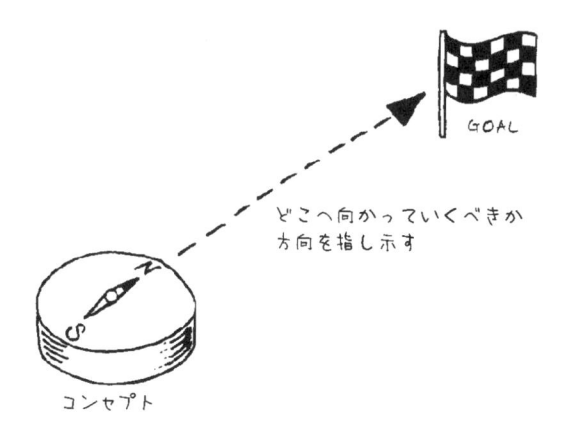

　変革を始める4つのPのうち、このフェーズでは主にPurposeとPeopleを明らかにする。

Purpose
　業務改革で何を目指すのかを議論し、仮説を持つ。登山の比喩で言えば、雲の中に隠れている山頂を見通すフェーズである。
　時間をかけて綿密な調査をする前に「あたりを付ける」という作業なので、この時点では「絶対成功する勝算」はなくても仕方がない。プロジェクトの進展と共に、いずれ明らかになるだろう。

People
　業務改革は、多くの人を巻き込むプロジェクトになる。これから苦難の道を共に歩む同志を集め、チームとして機能させる。

C まずは同志を集めよ

この章のレッスン
- プロジェクトを始めるにあたって、人を集める時に大事なことを学ぶ
- プロジェクトに向いている人材を理解し、人集めや育成に役立てる

組織図に頼らない、一本釣りが有効

　あなたが社長でない限り、企業の中から変革を起こすためには、同志が必要だ。変革のコンセプトを共に考え、計画を詰め、さらなる同志を口説いて集めてくるような同志が。

　変革の立ち上げ期にお客さんの相談に乗っていると、当然ながら「どうやってチームメンバーを集めるか。だれを人選するか」が頻繁に話題になる。この際、「経理部門から1人は出してもらう必要があるので……」などと、既存の組織図をにらみながら人集めをするのは、よくあるパターンなのだが、実は良い方法とは言えない。

　部署にこだわり過ぎると、その部署の利益代表的な位置づけになってしまうことが多いからだ。「経理としては、この案だけには賛成できません！」みたいな感じだ。立ち上げ期に参加してもらう同志として必要なのは、経理部としての意見じゃなくて、全社最適の立場で一緒に考えてくれるような人だ。

　そしてプロジェクトワークにはかなり、向き不向きがある。「適切な部署から来た、プロジェクトワークに不向きな人」と「プロジェクトに直接関係がない部署出身だが、プロジェクトワークに向いた人」とでは、半年、一年単位で考えると、圧倒的に後者に参加してもらった方が良い。

　そう考えていくと、プロジェクトメンバーを集める一番いい方法は、もともと問題意識を持って語り合っていた同志と始めることだ。前著『プロジェクトファシリテーション』で描いた古河電工での人事プロジェクトがこのパターンである（次頁のイラストの「オズの魔法使い型」）。

```
┌─オズの魔法使い型─┐     ┌─桃太郎型─┐
```

目指す場所が同じ人が道連れに　　ゴールに向かうため必要な人を集める

　次に有効な方法は、一本釣りである。変革について一緒に語り合いたい人、これから伸びそうな人、後述するプロジェクトワークに向いた人、一癖ある人など、見どころのある人材を会社全体から探し出し、一人ずつ口説いていく方法だ（イラストの「桃太郎型」）。

　もちろんそういった優秀な人材は忙しい。どんな部署にいたとしても、大事な仕事を任されているだろう。最初は兼任で意見だけもらうことにしたり、役員を通じて相手の上司に話をつける必要がある。

　成功するプロジェクトのリーダーは「これは」と思った人をプロジェクトに引きこむために、妥協せずあらゆる手段を使っている。

トップダウンでのメンバー選定が功を奏した

（三井製糖 情報システム部 齊藤部長）

　今回のプロジェクトを始めるにあたって、最初は部門長クラスをメンバーとして選定したんですよ。部門の代表者ということで。ですが、日々の変革をやっていくにしては、ちょっと偉過ぎた。そこでプロジェクト開始直後には、ケンブリッジさんから助言をもらって実務に精通したコアメンバーも選定することにしました。

　会議で議論しても、実務を知らない人ばかりだと「持ち帰って検討し

ます」になってしまい、全然進まないんですよね。よく知っていることと、その場で結論を出せる権限を持っていること。このバランスに気を使いました。

すごく助かったのは、このプロジェクトがある程度トップダウンで進んでいたこと。社長が経営会議で「部門の利害に捕らわれずに、全社的な利益を考えられる人間を選べ」と部門長へ指示を出してくださっていた。

だから思い切った、よい人選ができた。振り返ると、プロジェクトの成否を分けるポイントだったと思いますね。

抵抗勢力候補など、自分と違うタイプを集めろ

変革を成し遂げるまでには色々なことが起きる。関係者にも色々な人がいる。だからコアメンバーのスタイルが一本槍だと、難所を突破できなくなる。

真にチームワークにすぐれた組織では
・同じ穴のムジナではなく、自分にないモノを持った人を集める
・他のメンバーの色に応じて、自分が演じる役割を微調整する（バランス感覚）

という力学が必ず働いている。

例えばリーダーがアクセル役で、サブリーダーがブレーキ／ハンドル役。

例えばリーダーが強行突破型で、サブリーダーが根回し調整型。

例えばリーダーがアイディアマンタイプで、それを支えるプロジェクトオーナーが現実的に考えぬくタイプ。

バランスが重要なのだ。

変革の方向性によっては、反対しそうな人や組織をある程度予想できる。そういった場合に取りうる選択肢は2つ。「プロジェクトチーム vs 抵抗勢力」という構図をあえて作り、正面から戦う方法と、プロジェクトチームの内部に抵抗勢力になりそうな方々を取り込んでしまう方法だ。

通常は、「プロジェクト計画ができ上がり、いざ実行する段になってから反対されるよりは、計画立案に参加してもらった方が建設的」という理由から、後者の取り込み作戦をとる。

だれでも、計画が一旦でき上がってから「これでやりますので従ってください」と言われても、なかなかYesとは言えない。逆に、自分が参加して一緒に練り上げた計画には愛着もあるし、一生懸命実現しようとする。

それに、こちらで勝手に「抵抗勢力」などとレッテルを貼らずに、フラットに議論してみると、変革をより良くするためのアイディアの宝庫である事も少なくないのだ。

ウマが合わない人こそ、呼んだんです

（富国生命 事務企画部 八田部長）

彼をコアメンバーにすることは、私としては決めていました。彼の上司をどう口説くか、はずいぶん悩ましかったのですが。

・そもそも、業務改革をやってみたいと思っている人
・ポストを問わず、言うべきことを言える人
・それが「良く変えたい」という前向きさから出ている人

こういう人が、プロジェクトには絶対必要だと思います。

彼みたいな人が、自分の立場から「正しい反論」を言ってくれないと、変革の計画が脆弱になるんですよ。計画を練っている途中ではなく、手遅れのタイミングで「正しい反論」を出されると、プロジェクトにとって致命傷になってしまう。

そうならないために、あえて彼みたいなストレートな物言いをする人をコアメンバーに入れ、きちんと議論を戦わせる必要があった。実際にそうだったでしょう？

彼みたいな人をどうやって探してくるか。

私は昔から「廊下トンビ」と言われているんですよ。いつも自分の席にいない。会社中を飛び歩いているから。

用事があるとき、内線電話やメールは基本的に使いません。必ずその人のところに出かける。そして用事がすんだ後も、「こないだの方針説明会、どう思った？」「○○の業務は変えたいと思っているんだよね」と、本題と違う話をしばらくしてくる。

　そういう話をしていると、「こちらを向いて、議論に乗ってくれる人はだれか」「やりたいことを腹に持っている人はだれか」が分かってくる。そうやって目星がついてから動くのです。自分の上司に動いてもらう場合もあるし、相手の上司を動かす場合もある。

　変革を成功させるために、当たり前のことをやっているだけだと思いますよ。みんな、意外とやらないけど。

公募作戦の落とし穴を避ける

　プロジェクトではやる気／主体性が極めて重要である。だったら、こちらから一本釣りするのではなく、やる気がありそうな人を公募すればいいではないか、という考え方もある。

　以前セミナーで講演した際に「20人のメンバーを公募して業務革新活動を始めたのですが、成果を出す前にダレてきてしまいました。どうすればいいでしょうか？」というご質問を参加者からいただいた。

　その時、お話したことは3つ。

① そういうものです。まずそれを認識しましょう
② とは言え、プロジェクトのモメンタム（勢い、方向性）を意識して演出することで、ダレずに推進する工夫は色々ある
③ 脱落者が出ることを覚悟し、それでも前に進むことをあらかじめ宣言しましょう

　上記②については、この本全体でその方法を書いているので、このまま読み進めてほしい。

　③については、少し解説が必要だろう。確かにプロジェクトではやる気が大事なのだが、やる気の持続性というのは人によってかなり差があるものだ。熱しやすく冷めやすい人もいれば、逆の人もいる。公募制で熱しや

すぐ冷めやすい人を排除するのは難しいし、そういう人は最初に盛り上げてくれる、貴重なメンバーでもある。

ただ、冷めてしまった人が早々に脱落していくと、残った人たちがつられてやる気を下げてしまう。かと言って無理やり引き止めるのは不毛だ。やる気や仕事の優先順位はごく個人的なものなので、他人ではコントロールしにくいからだ。

それを防ぐ方法は1つしかない。

「この登山では、成果を出すまでに長く厳しい道を歩まなければならない。脱落する人もきっと出るだろう。でも私は最後までやるので、同行したい人はぜひ一緒に頂上を目指そう」と最初に宣言することである。つまり、あらかじめ脱落者が出ることを織り込んでおくのだ。こうすることでたとえ脱落者が出ても、それは現在歩んでいる道の困難さを確認し合うだけのことで、残った人たちのモチベーションは下がらない。

変革プロジェクトに向く人、向かない人

チームというのは、様々な個性を持った人たちが集まった方が強くなる。だから多様なスキルや個性を持つ人を集めたい。

だが、それとは別に、「プロジェクトワークに向いている、向いていない」という傾向は確実にある。向く人の特徴をいくつか挙げてみよう。

（1） やる気と柔軟性

　プロジェクトは先行き不透明な仕事である。このような状況でバリバリ仕事をするには、タフで自立している人であってほしい。混沌とした状況自体が苦にならず、自分で自分を盛り上げ、その時々にベストだと思うことを自分で選びとって進められる人。

　逆に言えば、全てが整理整頓されていないと不安だったり、指示してくれないと仕事ができないような人は、いくら知識や他の能力が豊富でも戦力になりにくい。

（2） 客観性と主体性の両立

　やる気や主体性と一見矛盾するようだが、客観性も重要な姿勢である。

　自分たちの会社、組織、ビジネスについて、時には一歩引いて分析し、良いところは良い、改めるべきところは改めると、冷静な判断を下さなければならない。その時に「これまで自分の部署はこうしてきたから」「自分にとって都合が悪いから」といった感情は、脇に置かなければならない。

　そして変革の方向性が決まったら一転して、変革を「自分の仕事」として主体的に取り組まなければならないのだ。

事例

自分の仕事をなくすプロジェクト

　ある部門の効率化を目指した、業務改革プロジェクトのキックオフの場でのこと。

　「自分の仕事がこの会社からなくなることを目指して、今、この場にいるのです」

　とおっしゃった方がいた。

　効率化をトコトン推し進めると、その部門の業務の大半は「本業への影響が少ない仕事」とみなされ、社外にアウトソーシングされることになる。そのことは皆、頭では分かっているのだが、なかなかここまではっきり言えるものではない。

会社の論理としては、仕事が効率化されたり、より少ないコストでできるようになった方が良いに決まっている。前向きに考えれば、「自分の仕事を改革することに自ら関われる」のはラッキーとも言える。

一方、社員の論理としてはそうでもない。それまでその仕事をずっとやってきて、知識も経験も自分の中に貯まっている。その仕事でみんなに一目おかれてきた。その「自分の仕事」が会社にとっては重要ではないことを認めるのはツライし、次の仕事で今と同じように能力を発揮できるかは未知数だ。

あっさり気持ちを切り替えるには、よほどの「しがみつかないマインド」が必要だ。こういうタフな精神の持ち主こそが、プロジェクトで最も頼りになるのだ。

（3） 生き字引

業務を大幅に効率化する。新しいシステムを組み立てる。そのために「ゼロベースで考えよう」というスローガンを掲げることはよくある。だが、現在の業務について何も知らなくてもいい訳ではない。現状を否定し、乗り越えるためには、現状を知らなければ話にならないのだ。だから、改革の対象業務についての細部や過去の経緯に至るまでよく知っている社員（＝生き字引）は変革プロジェクトにとって、貴重な存在だ。

だが、そういった方は往々にして「現状の仕事のやり方がベスト」「こういうやり方をやっているのには、君たちには分からない深い事情があるのだよ、若いの」となりがちだ。それまで自分がやってきたことなのだか

ら、ある程度は当然である。

　そういう方とは「なぜ変わらなければならないか？」をじっくり話し合い、なんでも現状踏襲ではなく、変えるべきことは変える、というスタンスに立ってもらう必要がある。この方が変革にとって力強い味方になってくれるのか、変化を嫌う抵抗勢力になってしまうのかは、紙一重なのだ。

(4) 伸びる人、伸ばしたい人

　業務改革は長い時には2年、3年と続くことがある。しかも常に人材が不足気味だから、変革に必要な人材は、プロジェクトを進めながら人を育てることになる。人材の地産地消である。

　人選についてアドバイスを求められた時には「今現在はあまり知識を持っていなくても構いません。ガッツがあって前向きな方を、ぜひ何人か参加させてください。僕らも鍛えますから、プロジェクトが終わる頃にはエースに仕立てますよ」ということを強調する。

　そうやって苦難を共にしたお客様の若手メンバーと数年後にお会いして、他の変革プロジェクトで中心メンバーになっている様子を聞くのは、本当に嬉しいものだ。

あえて白紙の社員を選んだ

（某通販型卸売企業　プロジェクト特命部長　S氏）

　プロジェクトのリーダーを任されることになった時、専任で一緒にやれる社員を一人しか配属する余裕がなかった。そこで社長と相談して、私が来る前まで業務改革をすすめていた社員ではなく、何も知らない彼女を選んだ。周りからは随分「大丈夫？」と心配されたよ。

　プロジェクトのコアメンバーは白紙の方が良い。

　業務知識は他の社員に聞けば補えるが、ゼロベースで新しいことを考えるには、前提や制約で頭がいっぱいでない方が、むしろいい。それに彼女は好奇心旺盛で元気も良かったし、伸びると思ったね。

　結果的には、周りも本人もビックリするくらい大化けした。彼女なりの不思議なリーダーシップがあって、他のメンバーも彼女に引きずられてどんどんプロジェクトに参加するようにもなった。

　彼女がいなければ成功はありえなかったね。

（5）触媒役

　成功するプロジェクトには、必ず非公式な「触媒役」がいる。本人すら、自分がその役割を担っていることを意識していないケースが多い。チーム内外のコミュニケーションを円滑にし、みんなの発想を引き出すのが役割だ。

　立ち上げ期にプロジェクト計画を練っている時であれ、計画が固まってから実現させている時期であれ、触媒役がいるといないとでは、チーム全体の活性度合いが大きく違ってくる。

- フットワークが軽く、だれとでも仲良くなって会話を交わす
- プロジェクトで問題になりそうなことやアイディアの種を会話の中から拾い出す
- リスクについてのアンテナ感度が高く、チームに問題を提起する
- ムードメーカー

あなたの周りにもこういう人、1人くらいいませんか？　プロジェクトと

いう新しいことにチャレンジする仕事では、こういう人の活躍の余地が非常に大きい。

D 変革のゴールを決める

> **この章のレッスン**
> - 床の間に飾るだけでなく、使い倒せるプロジェクトゴールでなければ意味がない
> - では、どのようなゴールであれば使い倒せるだろうか

既に達成したかのごとくゴールを語れ

　困難な変革を成功に導いたあるリーダーは、変革プロジェクトの立ち上げ時から繰り返し繰り返し、メンバーに語りかけていた。
「既に達成したかのごとく、プロジェクトゴールを語り合え」
　名言だと思う。
　変革プロジェクトは、様々な立場の人が集まった寄り合い所帯である。本来ならバラバラなメンバーが、一つのゴールを目指さなければならない。そのためにはまず、「これから登る山＝変革のゴール」がハッキリ示されていて、常に互いに語り合い、明日やるべきことをゴールから逆算して考えなければならない。
　それが「既に達成したかのごとく、プロジェクトゴールを語り合え」という言葉の意味である。
　15年ほど前までは、何のためにやっているのかよく分からないプロジェクトが多かったように思う。少なくとも下っ端メンバーには、何の説明もなかった。ただ、こなすべき仕事だけがそこにあった。
　最近はさすがに、ゴールが全く決まっていない変革プロジェクトは少なくなった。だが、ゴールをいったん決めた後は、ほったらかしで床の間に飾ってあるだけのケースが多い。プロジェクトゴールとは語り合い、振り返り、利用するためにある。そうやって使い倒さなければ、プロジェクトゴールなど、ただの言葉遊びになってしまう。

D 変革のゴールを決める 29

意思決定に使い倒せるゴールを決めろ

例えば、以下の例を見てほしい。

これは、日野自動車における人事業務改革プロジェクトのゴールである。見た感じから、チーム内では「お墓の絵」という呼び方が定着してしまった。もちろん意図していなかったのだが……。

上段（墓石にあたるところ）には人材育成など、人事部として実現していきたいことが並んでいる。人事部にはこういった施策を担当している方も多く、開始当初はプロジェクトにこのあたりの推進が期待されていた。一方、土台にあたるところにはシステムや業務基盤（仕事の手順やルールなど）の整備が挙げられている。

この絵の肝心なところは、土台が第1ゴール、上に乗っている墓石が第2ゴールと、ハッキリと順番が付けられているところだ。「まず、仕事の土台を整えることを先にしっかりと終わらせよう。個別の人事施策は土台が固まった後の話だ。この順番を勘違いすべきではない」という、取り組みの優先順位が表現されているのだ。

当時の人事部では様々な理由から、システムと業務がかなり非効率になっていた。それらを正さずに、人事施策にあれこれ手を出しても、きち

図表D-1　日野自動車の人事業務改革プロジェクトのゴール

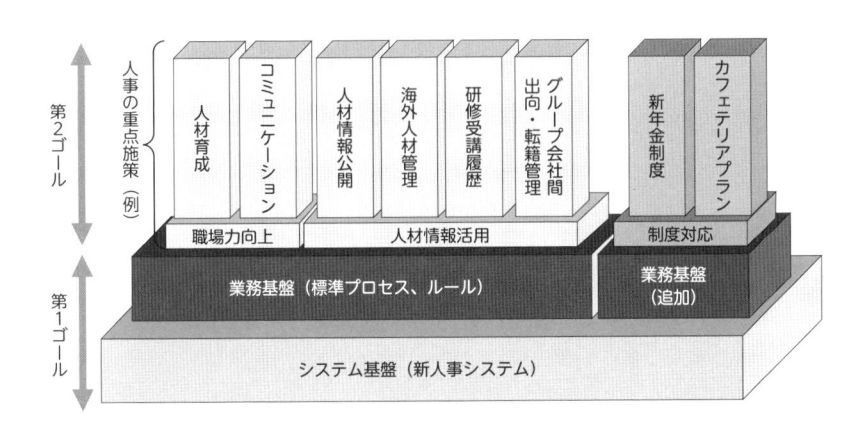

第2ゴール：人事の重点施策（例）
- 職場力向上：人材育成、コミュニケーション
- 人材情報活用：人材情報公開、海外人材管理、研修受講履歴、グループ会社間出向・転籍管理
- 制度対応：新年金制度、カフェテリアプラン

第1ゴール：
- 業務基盤（標準プロセス、ルール）／業務基盤（追加）
- システム基盤（新人事システム）

んと手間ひまをかけた有効な施策にならないのではないか？　かえって組織が混乱するだけなのではないか？　という、冷静な自己認識の末にたどり着いた結論である。

　もちろん、人事部門には様々な立場の方がいらっしゃるので、簡単に合意できたわけではなく、長い議論が必要だった。だが一度この絵で認識が一致した後は、部内でゴールについてブレることがなかった。

　この絵は、後々ずっと役に立った。

　例えば「何を変革すべきか？」について沢山のアイディアがあり、プロジェクトとして優先して取り組む施策を選ぶ必要があった時のこと。施策の担当者本人が「この施策は一刻も早く取り組みたいけど、お墓の絵で言うと、土台じゃなくて墓石にあたるんだよな……。後回しにせざるを得ないかな」と言って、折れてくれた。

　もう少し後になり、システムとして構築する機能を絞り込む時にも同じことがあった。だれもが、自分の仕事が楽になる機能がほしい。「今、手でやっていて、こんなに大変なんだから！」と。でも、プロジェクトゴールに照らし、本当に優先すべき機能を組織として、冷静に選ぶことができた。

　この事例から分かる、プロジェクトゴールの良し悪しの基準を紹介しよう。

> 【良いゴールの3条件】
> ① 何よりもまず「プロジェクトで使える」ものでなくてはならない
> ② 全員で共有するために、分かりやすくなければならない
> ③ やらないことや後回しにすることが表現されているべきである

　この三つが守られているならば、表現方法は文章であっても、数値であっても、絵でも構わない。

今振り返ってみると、ここが一番大事だった

（日野自動車 人事部 七海氏）

　ケンブリッジさんがプロジェクトに入って一番最初にやったことは、プロジェクトゴールについての議論でした。

　今さら、何を言うんだと思ったんですね。仰々しいなと。人事部のなかでは課題が認識できていて、システムを入れ替えることが避けられないことは、分かっていた。でも、今振り返ってみると、ここがとっても大事だったなと思ったところです。

　プロジェクトゴールが固まったところで、利害関係者になるような人たち、なりそうな人たちを最初から巻き込んで、ほぼ全員でキックオフをしました。総勢80名ですね、2時間くらいかかりました。それくらいの人たちに仕事の手を止めて参加してもらったのです。

　そして、このプロジェクトの目指すところを説明し、逆にみんなから期待することを言ってもらって、こういうことをやっていきましょうということを共有した。こうしてゴールがみんなのものになったということが、とっても大事だったのです。

　ゴール決定とキックオフをやる前から、プロジェクトは進めていましたが、今から考えるとプロジェクトと言える状態でなかった。今の仕事のやり方やシステムを良くしたいという思いはみんな持っていたのですが、実現できる目標になっていなかったからですね。

　役員・経営陣クラスから現場の担当者レベルまで「そうだよね」って思えるゴールができたので、その後はとっても楽ができました。プロジェクトをやっていく上で、大事な意思決定の場面はいくつかあります。そういった場面で、プロジェクトゴールに立ち返って冷静に議論・判断することができたのです。理不尽な意見の対立や、混乱がほとんど起こりませんでしたね。

　役員に掛け合って投資予算を上申する時や、新しいメンバーがプロジェクトに加わった際に、理解・協力を得るのにも役立ちました。

　プロジェクトゴールを絵に描いたことも、結果的にはとても良かった。

「お墓の絵」と呼ばれていたので、後々の議論の最中に「ほら、お墓の絵で言うと、ここに当たるでしょ」といえば話が伝わりましたからね。

　プロジェクトの第1段階では、墓石の部分はずいぶん我慢しましたが、第2段階ではそのうちの半分ほどをやり遂げる事ができました。さらにケンブリッジさんがいなくなった今も、残った施策の候補を「宝の山」と呼んで、ゆっくりと取り組みを進めています。

目指さないゴールも明らかにしておくこと

　良いプロジェクトゴールの3条件のうち、「やらないことや後回しにすることが表現されているべきである」には、もう少し解説が必要だろう。

　ゴールを何人か集まって考える時、「あれもこれも大事だから、あれもこれも達成しよう」になってしまうことが多い。または、あれもこれもを内包した、ぼんやりとしたゴールを一つだけ決めてしまう場合もある。

　これでは、何かを決めたことにはならない。やることとやらないことが明示的に書かれていなければ、後々の意思決定の場面で頼りにならない。

　「やらない」とすることが難しいならば、日野自動車の例のように「後でやる」とするのでも良い。このプロジェクトではお墓の土台である業務とシステムの基盤整備を最初の1年でしっかりとやり遂げ、次の1年で墓石の部分に取り組んで、最終的には両方を成し遂げた。でも、「一度になんでもやる」という曖昧な状態だったら、いまだにどちらも成し遂げられていないかもしれない。プロジェクトが迷走し、貴重な資源も分散してしまうからだ。

　図表D-2は、古河電工 人事BPRのプロジェクトゴールである。4つのゴールが掲げられているが、大きく①と②の「効率化してコストダウン」と、③と④の「人材をより把握できるように」という2つの要素から構成されている。

　この四つは、プロジェクト開始当初に、立ち上げメンバーそれぞれの「思い」を反映して決められた。その時にはこの4つに順序はなく「どれも大事」という位置づけだった。だが、プロジェクトが進み、限られた予算

図表D-2　古河電工　人事BPRのプロジェクトゴール

① 給与関連の業務効率を30%アップする
② 各工場、各関係会社に散らばっている業務を集約し、シェアードサービスセンターを設立する
③ 人材活用に資するため、人事情報を拡充しディスクローズする
④ グループ経営の強化に資するため、人事システムを更新する

やスケジュールのなかでの厳しい取捨選択が迫られるようになってくると、「色々あるゴールのうち、コストダウンと人材把握はどちらが大事なのか？」を決めなければ、どうにも先に進めない状況まで追い込まれてしまった。結局は再度「本当に重要なのはどちら？」を議論し直し、「まずはコストダウンを優先すべき」との結論に達した。当時の古河電工は経営環境と業績が大変厳しく、ある程度は即効性のあるプロジェクト成果が求められていたからだ。

　プロジェクトゴールは床の間に飾っておくものではない。プロジェクトでの意思決定に使っていくツールである。だからこそ、ツールとして不十分だと気づいた時には、再度議論し直す勇気が必要になる。

　変革プロジェクトを立ち上げた時に議論して決めたプロジェクトゴールに対して不十分さを感じるということは、それだけプロジェクトが進展し、具体的な検討までたどり着いたことを意味する。見直すことに対して、必ずしもネガティブになる必要はないのだ。

コラム

効率化の数値目標はなぜ大抵30%アップなのか？

古河電工での人事BPRプロジェクトでは業務効率を30%上げる事が数

値目標だった。また別なプロジェクトでは、プロジェクトオーナーである役員が何の裏付けもなく「同じ仕事を、30％少ない人手でできるような施策を考えろ」と宣言し、プロジェクトメンバーが必死に効率化のタネを探したこともあった。

　根拠や裏付けがなく30％の効率化を目指すことは、業務改革プロジェクトではよくあることだし、経験上、30％というのはかなり妥当な数値目標だと考えている。
　業務改革（BPR）の提唱者であるマイケル・ハマーは著書の中で「業務を抜本的に見直し、劇的にパフォーマンスを上げることがBPRである」と書いている。
　もし数値目標が10％アップだとすると、抜本的な改革などしなくても達成できる。裏を返せば、いつまでたっても抜本的には良くならない。問題が放置される。
　もし数値目標が50％だと、多くのプロジェクトメンバーができるわけない、と思い込んでしまう。プロジェクトゴールにはみんなのやる気を引き出す役割もあるのだから、それではよいゴールとは言えない。
　これまでやってきた変革では、業務やシステムを様々な観点から分析していくと、仕事がゼロになったり、効率が5倍になることは局地的には起こる。だが、プロジェクトの対象業務の全部がそうなることはほとんどない。全体にならすと30％というのはかなり良い線なのだ。
　ちなみに古河電工の例では、プロジェクトが一区切りついた3年後に業務効率がどの程度上がったかを測定した。結果は40％アップだった。効率を良くするために、システム化や業務集約を大胆に断行したし、日々の作業の細かい改善も無数に積み上げた結果でもある。
　改革が実現されていくにつれ、かなりの手応えは感じていたが、プロジェクトの日常に追われていると、「トータルでどのくらい効果が出ているのか？」はリアルタイムには把握できない。だから測定結果が当初目標をかなり上回っているのを見たときは、本当にホッとした。

E なぜ良くなるのかを端的に示す

この章のレッスン
- プロジェクトには「だから劇的に良くなる」を説明できる、シンプルな考え方が背骨として必要。それをコンセプトと呼ぶ
- コンセプトによって変革に芯が通ることを事例によって学ぶ

▶ 闇雲に力仕事をする前に、仮説を持て

　業務改革に取り組む際、「現状がどうなっているかよく分からないから、とりあえず徹底的に調べてみよう」となることが多い。逆に「いや、現状はよく分かっている。どう良くしていくか（施策）を早速考え始めよう」というケースもある。

　だが、ちょっと待ってほしい。

　例えば「調べる」と言っても、何を、どれくらいの細かさで、どれ位の時間をかけて調べるのだろうか。そもそも、何のために調べるのだろうか。闇雲に数字を集めても、大変なだけで、プロジェクトの方向性は見えてこない。

　最初の段階で、今回の業務改革はこういう考え方が背骨になる、というおおよその仮説は持っていたい。きちんと調査していないのだから、この時点ではあくまでも「仮説」でしかない。それでも、闇雲に走り始めるよりは、ずっとよい。

▶ コンセプトとは何か

　仮説として持つべき、「今回のプロジェクトは、こういう方向性で変革を進める。だから劇的な効果が得られるのだ」という方針を、コンセプトと呼んでいる。

　登山に例えるならば、「酸素ボンベを使わずに、エベレストへの登頂に

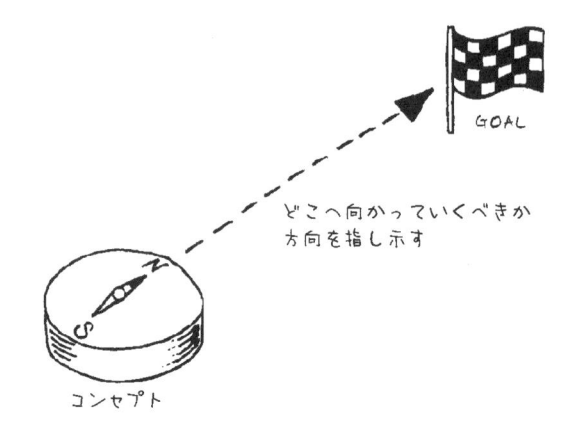

成功する」がゴールだとすると、「新しく開発された高地順応プログラムを使って、徐々に高度に慣れるから、高山病になりにくい」というのがコンセプトにあたる。

コンセプトがないゴールは、ただの「目指すべきアドバルーン」になりがちだ。「売上10%アップを目指せ」「今より40%、効率化せよ」というのは、確かにゴールではあるのだが、それだけでは人はついてこない。「なぜそれをすると、ゴールに到達できるのか?」「どういう勝算があるのか」を示さないと、ゴールなんて掛け声だけだと思われる（大抵の場合、本当に掛け声だけだったりする）。ゴールを目指そうにも、明日から何をしたら良いのかも分からない。

では、何をコンセプトとして掲げれば、ゴールを目指す気になるのだろうか。例をいくつかみていこう。

事例

コンセプト「ハブ&スポーク」
（古河電工 人事BPRプロジェクト）

　古河電工グループでは、各社ごと、各工場ごとにバラバラに給与計算などの人事業務を行なっていた。担当者もバラバラ、システムもバラバラ、運用ルールもバラバラ。これらのうち、まとめて一箇所でやった方が効率が良い事務仕事について、ルールやシステムを統一した上で一括で行

図表E-1　古河電工 人事BPRプロジェクトの例

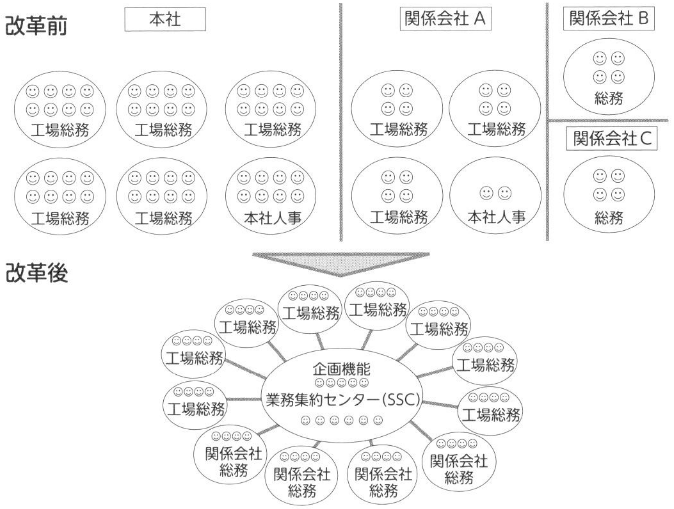

改革前

本社
工場総務／工場総務／工場総務
工場総務／工場総務／本社人事

関係会社A
工場総務／工場総務
工場総務／本社人事

関係会社B
総務

関係会社C
総務

改革後

企画機能
業務集約センター(SSC)

工場総務×6
関係会社総務×4

うことにし、40％もの生産性アップを実現した。

　迷った時、いつも立ち戻っていたコンセプトが「ハブ&スポーク」だ。多くの従業員に協力を依頼する際にも毎回、この絵を使って説明した。おかげで、プロジェクトとして目指したい姿やなぜ効率化できるのか、そしてなぜルールを統一しなければならないのかを、十分理解してもらうことができた。

　「単にシステムを作るプロジェクトじゃないんだ」「この、ハブ&スポークの形にしたいんだ」という思いが伝わっていればこそ、難しいことや多少の痛みを伴うことでも、依頼することができた。

事例

コンセプト「期限内に契約を」
（精密機器メーカー 保守サービスプロジェクト）

　ある精密機器メーカーでは、保守サービスが非常に重要な収益源になっていた。商品で差別化しにくくなった成熟市場においてはよくある状況

なのだが、その割には保守サービスの契約率や利益率が今ひとつだった。製品を買っても、保守契約を結んでいただけない顧客が多くいたのだ。

　収益源である保守サービスの販売を何とか向上させたいという課題意識から、この変革プロジェクトは始まった。なぜ契約率が上がらないのか、サービス品質を上げるためにはどうすれば良いのか、などを議論していく中で見出されたコンセプトが

　「前の契約が終わる前に、切れ目なく保守サービスの契約を結んでいただくようになる」

　である。

　保守サービスというものは一種の保険であり、「いざという時」にもし契約が切れた状態になっていたら、お客様にもご迷惑がかかる。もちろん売上も上がらない。ところが業務改革の前は、それが完璧にはできていなかった。製品を買っていただいた後、保守契約を結ぶまでに間が開いてしまったり、年間契約の継続に手間取ったりしていたからだ。

　精密機器と言っても、いくつもの要素が組み合わさった非常に複雑な商品体系であり、構成要素ごとに保守期限も異なる。切れ目なく契約を結ぶのは、部外者が想像するよりもずっと難しいことだったのだ。

　コンセプト通りになるためには、社内ルールの見直しや他社との交渉、システムの機能強化など、様々な取り組みを組み合わせる必要があった。逆に言えば、担当者が多く、多岐にわたる変革を「期限内に契約を」というコンセプトによって束ねることができたのだ。

　明快なコンセプトがない変革は、みみっちい改善の寄せ集めになってしまう。

> **コラム**
>
> ### システム再構築はコンセプト足りえるか？
>
> 　業務改革とそれに伴うシステム構築を得意としているので、「システムを作り直したいのですが」という相談がよく寄せられる。中には「業務には何も問題がないのです。システムが古いので、そのまま作り直せば満足です」というケースもある。この場合のプロジェクトコンセプトは
> 　「システムをそっくりそのまま作り直す」
> 　ということになるのだが、プロジェクトをまとめる指針としては弱い。システムを作り直すとなぜ良くなるのか？について何も語っていないからだ。
> 　このような場合は、現状調査をする中で現状のシステムやシステム利用上の問題点を整理し、「シンプルにデータを格納することで、必要な情報を取り出しやすくする」だとか「パッケージを使って作り替えることで、劇的に保守費用を削減する」など、プロジェクトとして目指すことを整理していかなければならない。

　「自分の見える範囲で困っていることが、良くなればいいな……」「システムが使いづらいから直してほしい」といった細かい改善の積み重ねも無駄ではないが、今後10年の仕事のあり方を劇的に向上させる業務改革、つまりは投資に見合う業務改革には成り得ない。そういう業務改革をするには構造的な見直しが必要であり、構造的な見直しをするならば、それはコンセプトの形で表現できるはずだ。

▶ コンセプトがパラダイムシフトをもたらす

　三井製糖の全社業務改革プロジェクトでのコンセプトは「真に1つの会社になる」だった。

三井製糖は赤いスプーン印で有名な、日本一の砂糖メーカーである。もともと3つの会社が合併してできた企業体なのだが、一部の事業では2つのシステムが共存していた。基幹システムだけでなく、会計基準も販売管理方法も旧社のまま。日頃から合わせるべきだとの話はあったが、システム統合には費用と手間がかかるために対応できずにいた。

　そういった状況で「真に1つの会社になる」というコンセプトを掲げてプロジェクトを始めると、すべての慣習に対して「これは本当に事業部ごとに違っているべきなのか？」と問いかけていくことになった。まさにパラダイムシフト（思考の枠組みの破壊）が起きたのだ。

　同じことは、先に挙げた古河電工の人事BPRプロジェクトでも起きた。ひとたび「ハブ&スポーク」を標榜すると、それにともなって連鎖的に見直すべきことが出てくる。例えば、これまで古河電工から関係会社への出向者は、古河電工と関係会社で別々に管理されていた。それを今後は一人格としてシェアードサービスセンターで共同管理していくことになる。その際のルールをどうするのか？

　議論し、意思決定することはどんどん積み上がる……。ゼロベースで考えていくのは非常にしんどいが、同時に会社を再設計するという、稀有な経験となる。このあたりに、変革プロジェクトのやりがいと楽しさがある。

このコンセプトでは勝てない

（某通販型卸売企業　プロジェクト特命部長 S氏）

　私が参加することになった時、おおよその変革プランはできていたのですが、いったん全て白紙に戻しました。それまで親会社に間借りしていたシステムを、単に自社システムに切り出すだけのコンセプトだったからです。

　「これでは競争に勝てない。物流がボトルネックだから、システムをただ移し替えても売上は伸ばせない」

　社内を説得して回りました。もう一度業務改革のコンセプトから考え直す必要があると。その時、私に与えられていたミッションにはそこま

で期待されていませんでしたが、受け入れられなければやらなくていい、という勢いでした。

　結局、新しく見出したコンセプトは2つ。

① 　システムの間借りから脱却し、全業務の最適解をゼロベースで考え直す

② 　事業成長のボトルネックを作らない

　1つ目のコンセプトは言い換えると、「親から借りている服（システム）が背骨を歪めている。身の丈にあった服をオーダーメイドし、背骨の歪みも正す」ということ。これを追求するために、毎日毎日必死になって考えました。

　そして2つ目のコンセプトのお陰で、すごく欲張りなプロジェクトになりました。一部を後回しにすると、そこが事業が成長する上でのボトルネックになってしまう。だから段階的に変革を進めるのではなく、全てを一度に変えることにしたのです。このコンセプトがあったから、一部だけ後回しにすることは全然考えませんでした。

　その結果ケンブリッジさんと一緒でなければ到底目指せない、高い山に登ることになってしまいました。それをやりきったからこそ、あのプロジェクトは私の仕事人生でも「金字塔」と言っていいと思います。

F ゴールやコンセプトをどうやってひねり出すか?

> **この章のレッスン**
> - ゴールやコンセプトは、だれか偉い人が指示してくれるものではなく、頭を絞って考えるもの
> - ゴールやコンセプトを考え出し、同志とともに磨いていくコツを学ぶ

　プロジェクトにとって、ゴールやコンセプトが大事なことは分かったとして、どうしたら思いつけるのだろうか?

　世の中には、解決すべき本質的な課題を直感的に見つけ出し、ヴィジョンを描ける人がいるものだ。そういうスーパーマンに率いられた変革は実際にあるし、コンサルティング会社として、そのようなスーパーマンを補佐する立場に回るケースもある。

　でも、あなたが普通の人であるならば(この本の読者のほとんどは普通の人だろう)、スーパーマンが降臨するのを待っているわけにはいかない。この章では、凡人でもゴールやコンセプトをおぼろげながらつかむ方法を述べる。

　この章に書いてあることを、3週間ほど集中してやってみて、それでもゴールやコンセプトが見えてこない場合は、次のAssessmentフェーズに進んでほしい。現場現物をじっくり調査する中から見えてくることもあるからだ。

▶ 意識の高い人と議論する

　Assessmentフェーズで綿密な調査をする前に、ゴールやコンセプトの仮説を持つのが、このフェーズでやりたいことである。調査結果をもとに議論できないのだから、鍵となるのは有識者(対象業務に詳しい人、意見を持っている人)を集めることだ。

　どこの会社、どこの部署にも1人や2人、現状の課題やあるべき姿につい

て普段から考えている、意識の高い社員はいるものだ。20代後半から大ベテランまで、年齢はまちまち。

　そういった人がプロジェクトにどっぷり参加することが理想だが、そうはいかないことも多い。だが、短期間のConcept Framigフェーズだけ参加してもらえることは多い。例えば、1泊2日のコンセプト合宿だけゲストとして呼んだり。

　そういう方に変革の方向性についてヒントをもらったり、他に関心を持っている人を紹介してもらったりすることで、ぐっとスジのよいコンセプトに近づくことは多い。

▶「そもそも論」に立ち戻れ

　コンセプトをひねり出すにあたってやってみてほしいのが、「そもそも論」とでも言うべき、普段は当たり前過ぎて議論しないようなことをトコトン議論する作戦だ。
　「グローバル対応とは何ができればヨシとするのか？」
　「真の顧客をいったいだれと考えるか？」
　「事業の柔軟性とは何のことか？」
　これらは皆、色々な変革を始めた時に議論した「そもそも論」だ。このレベルの抽象的な話は、プロジェクトが進展するとなかなか議論している余裕はない。どれだけ議論しても、具体的な解決策にたどり着けないからだ。

　でも、何も決まっていないプロジェクトの初期段階では、ドロドロとこういう話をしていると、お互いが大事にしている価値観が理解できたり、目指すべき方向や制約や前提が整理できてくる。

　最悪、整理できなくても「あんだけ議論したんだし」という感覚は共有できる。

　次頁の写真は、ある保険会社で業務改革プロジェクトを始めるにあたり、1番最初に議論したときのものだ。

　この変革を立ち上げた時は「事務をもっと良くしよう」ということしか決まっていなかった。保険に加入したことのある人であれば想像できるだろうが、保険の加入や名義変更や保険金の支払など、保険ではとても複雑な事務を正確に行う必要がある。それを改革するプロジェクトだ。

「良さ」の候補

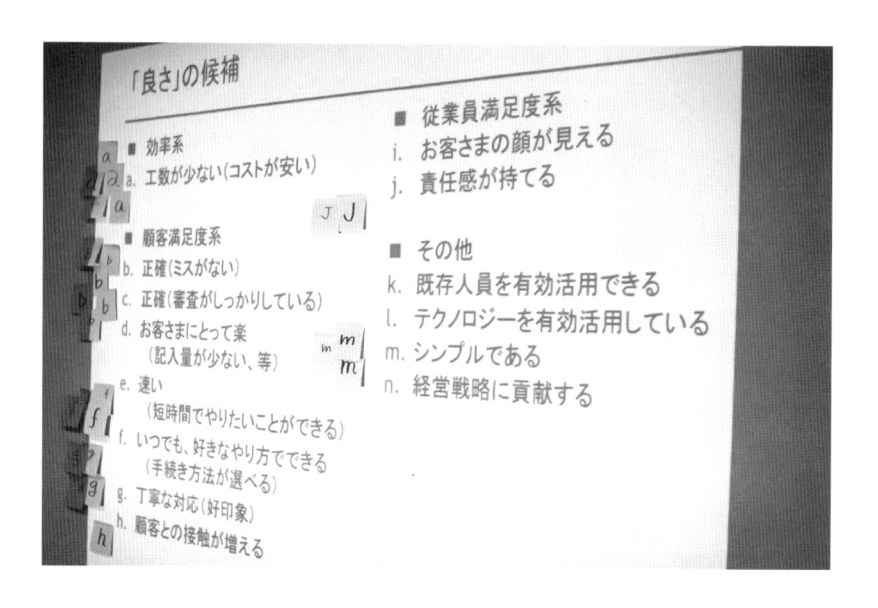

■ 効率系
a. 工数が少ない（コストが安い）

■ 顧客満足度系
b. 正確（ミスがない）
c. 正確（審査がしっかりしている）
d. お客さまにとって楽
　　（記入量が少ない、等）
e. 速い
　　（短時間でやりたいことができる）
f. いつでも、好きなやり方でできる
　　（手続き方法が選べる）
g. 丁寧な対応（好印象）
h. 顧客との接触が増える

■ 従業員満足度系
i. お客さまの顔が見える
j. 責任感が持てる

■ その他
k. 既存人員を有効活用できる
l. テクノロジーを有効活用している
m. シンプルである
n. 経営戦略に貢献する

　今の事務が抱える課題をリストアップするところから議論を始めることもできたのだが、もう一歩立ち戻り「そもそも、良い事務ってどんな事務だろうか？」について、集まった全員で話し合った。

　何をもって良い事務とするか。こんな話題に、正解があるはずはない。「効率性こそが大事だ」「いや、お客様にとって楽だと思ってもらわなければ、顧客満足度が高くならない」「そもそも、正確性は絶対だ。正確でなければ効率も落ちる」など、様々な意見が出た。これまで、別々の部署、様々な立場で仕事をしてきたのだから、メンバーごとの考えがバラバラなのは、自然なことだ。

　だが、このような正解のない議論を続けることで、だんだんプロジェクトとして目指したいこと、大事にしたい価値観のようなものが見えてくる。共有できてくる。これが変革のゴールやコンセプトの芽になる。

　「そもそも論」に戻るというのは遠回りに見えるが、いつかは通らなければならない道なのだ。

とりあえず、考えたことは紙に書きだせ

　普段なんとなく思っていることや、ごちゃごちゃしていて自分でも整理できていないことこそ、あえて紙に書きだしてみてほしい。通販を中心と

した化粧品の会社オルビスでの、顧客対応業務の変革プロジェクトを例に説明しよう。

プロジェクトが始まってすぐに、この会社の社員の間で「これってオルビスらしいよね」「どちらの方がオルビスらしいだろうか？」という会話が頻繁に交わされていることに気づいた。そこで「オルビスらしいって、どういう感じですか？」と聞いてみたのだが、口にしている当人たちも、「オルビスらしい」をうまく答えられなかった。

しばらくプロジェクトをご一緒してから「皆さんの言うオルビスらしさって、こんな感じですよね？」とメモに書き起こしてみたところ、「今までウチの社内でもうまく言語化できていなかったことをうまく言語化してくれた」と大変喜ばれた。

オルビスらしさ

【お客様中心主義】
・お客様に信頼されるためのサービスを追求する

【誠実】
・お客様に誠実に対応する
・サービスを考える上で、投資対効果だけを判断基準としない
・支えてくださるお客様のメリットを追求する
・お客様が自らされている「工夫」を、なるべく肩代わりする

紙に書き起こすと、よくある標語にも見える。ただ、オルビスの場合は本当に社員の間にこの考えが浸透していた。だから、会話を聞いていただけの社外コンサルタントにも言語化できたのだ。そして「どちらの方がオルビスらしいだろうか？」と議論し合っていたということは、この「らしさ」が日々仕事をする上での指針となっていたことを意味している。

さらに、この話には続きがある。顧客対応業務を変革するプロジェクトなのだから「じゃあ、オルビスらしいWebサイトってどんなんだ？」「コールセンターでの対応も、もっとオルビスらしくできないか」という議論に発展し、「オルビスらしい顧客対応に」というプロジェクトコンセプトに昇華したのだ。

これが一端固まると、「ここでお客さんを突き放すのはオルビスらしくない」「今までやっていたこの顧客対応は、むしろやらない方がいいので

図表F-1　オルビスらしさの検討

お客様との接点における「オルビスらしさ」とは・・・

「オルビスらしさ」の位置づけ

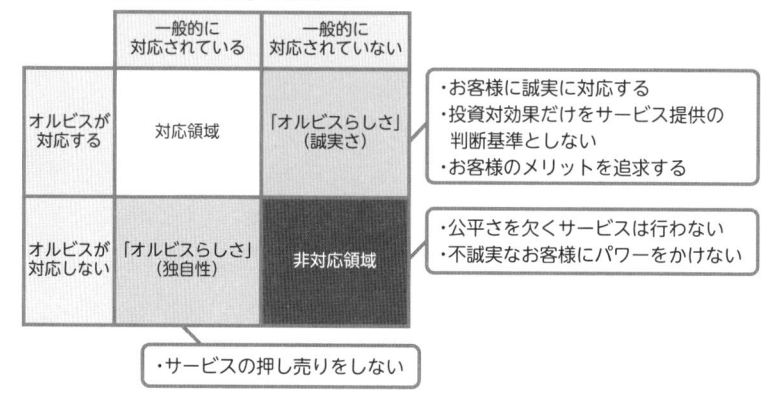

	一般的に対応されている	一般的に対応されていない
オルビスが対応する	対応領域	「オルビスらしさ」（誠実さ）
オルビスが対応しない	「オルビスらしさ」（独自性）	非対応領域

「オルビスらしさ」（誠実さ）:
・お客様に誠実に対応する
・投資対効果だけをサービス提供の判断基準としない
・お客様のメリットを追求する

非対応領域:
・公平さを欠くサービスは行わない
・不誠実なお客様にパワーをかけない

「オルビスらしさ」（独自性）:
・サービスの押し売りをしない

はないか？」など、Webのコンテンツから顧客対応方針の一つ一つが全て見直される事になった。

　この事例のように普段は漠然としたままのこと、社内で暗黙の了解になっていることこそ、あえて紙に落とす。そうすることで他のプロジェクトメンバーと「イヤ、オレの考えはちょっと違って、絵にするとこんな感じ」と議論を深められる。

　別のプロジェクトでは、組織階層のあるべき姿をメンバー全員でラフに書きだしてみた。

メンバー全員で書きだしたあるべき姿

現在の5階層組織をもっとシンプルにしたい。そこまでは合意できていたのだが、どの機能をどの階層でやるのか、についてはプロジェクトメンバーごとに全く違う考えを持っていた。「下に寄せた方がいい」「いや、そうするとただでさえ忙しい営業所の首が回らなくなる。むしろ……」と何時間も激論を続け、ようやく「このプロジェクトで目指す姿」が見えてきた。それがそのままプロジェクトにとってのコンセプトになったのだった。

　もちろん、「現場をきちんと調べてから結論を出したい」という意見も強くあった。それはもっともなことで、この時点ではあくまで「こんな組織構造にすると、良くなるのではないか？」という仮説で構わない。この後、現状調査をして、裏を取ればいいのだから。

▶ トコトン議論するには、合宿が１番

　ゴールを決めたりコンセプトについて議論をする際には、忙しい中をやりくりして、プロジェクトメンバー全員で合宿に行きたい。場所は、やっぱり温泉がいい。100歩譲ると、山中湖のような静かで気持ちの良いところ。200歩譲ると、郊外の研修センター。どちらにせよ、普段通っている会社から離れた方が良い。議論が中断されることもない。

　合宿の利点は、立ち上げたばかりのプロジェクトチームが、即座にいいチームになれることだが、それ以外にもある。「具体的過ぎる話、詳細過ぎる話がやりにくい」ことだ。

　普段の会議とは違って、設備も時間も制限があるから、パワーポイントのきれいな資料を用意しまくるというよりは、フリップチャート（模造紙）や付箋を使って、その場で議論を発展させていかざるを得ない。それがいい。

　事前に資料が用意されていると、どうしてもだれかが作ってきた資料を、上から目線でレビューするという雰囲気になりがちだ。でも資料が最初からなければ、自分たちで手を動かしてアイディアをひねり出すしかない。普段のオフィスで同じことをやろうとすると、「もっとちゃんと資料を用意しろ」となりそうなものだが、合宿だったら「まあ、合宿ですから。まずは議論しましょう」となる。

　そういう雰囲気の中、これまで書いてきたように、気になっていることをとりあえず紙に表現してみたり、そもそも論をトコトン議論する。ゴー

ルやコンセプトとは、そういった中から見出していくものなのだ。

▶「言葉、絵、数字……」表現方法は問わない

　ゴールやコンセプトはこれまで例として出してきたように、絵で表しても短い文章でも構わない。プロジェクト名にコンセプトを込める場合もある。

　ただ、ひと目で理解できるシンプルさは絶対に必要だ。もし100文字を使わなければ表現できないとしたら、それは「画期的な成果をもたらす構造的な見直し」や「だれもが目指したくなるような旗印」ではなく、「細かい改善の羅列」か「大事なことは何も変えないこと」を表しているに過ぎない。

　そしてシンプルでなければ、「この変革が何を目指しているのか」を説明する役にたたない。変革プロジェクトの関係者は、非常に数が多かったり（例えば全従業員）、様々な立場だったり（例えば協力会社や取引先）、多岐にわたることが多い。そういう方々全員に変革の意義や勝算を一発で理解してもらうためには、シンプルでないと致命傷になる。

コラム

プロジェクトの最初にコンセプトありき？

　この章の最初に書いたように、本格的な調査や施策立案に入る前に、コンセプトは見えていた方がいい。ただ現実にはプロジェクトを始めた段階では、コンセプトという確固たるものを、どうしてもクリアにできない場合も多い。

　この段階では、単なる仮説であっても良い。調査・分析を通じて、仮説を検証していけば良いのだから。もし仮説すら見出せない場合でも、プロジェクトを始めるにあたっての問題意識や「この辺、いける気がするんだよね」をプロジェクトメンバー間でよく意見交換しておこう。

バッチリ文章に落とし込めていなかったとしても、ここで時間を割いて話し合ったことは決して無駄にならない。話し合っておけば、コンセプトの種に気づくアンテナを高くできるからだ。

G　タイプ別、変革の落とし穴

この章のレッスン
- 変革プロジェクトの立ち上げと実現で特に気をつけるべきポイントは、企業風土によって異なる
- 自分の会社で問題になりそうな事をあらかじめ知り、対策を打っておこう

あなたの会社はイケイケか？　トップダウンか？

　変革は多くの社員を巻き込む、意思決定の連続体である。変革を進めるうえで、沢山の人や組織の協力を取り付けなければならないし、決め事も多い。当然、抵抗する人たちも現れる。だから変革がスムーズに進むかどうかは、組織風土にとても強く依存する。組織風土のタイプに応じて、変革を進める上で気をつけるべきポイントも変わってくる。ここでは、二つの軸に沿って企業風土を4タイプに分けて解説しよう。

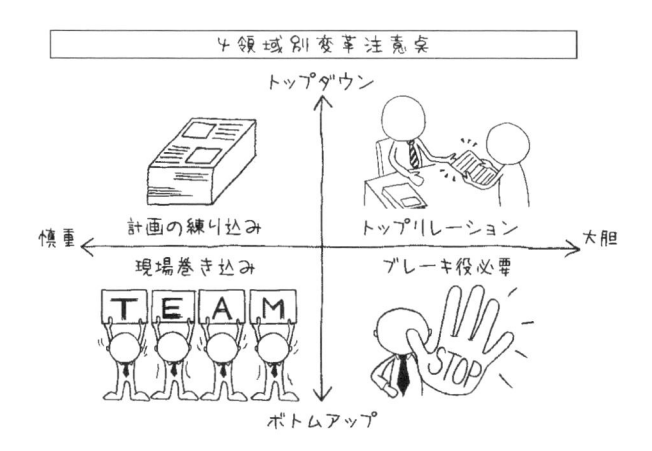

4領域別変革注意点

- 縦軸：トップダウン ↔ ボトムアップ
- 横軸：慎重 ↔ 大胆
- 左上（慎重・トップダウン）：計画の練り込み
- 右上（大胆・トップダウン）：トップリレーション
- 左下（慎重・ボトムアップ）：現場巻き込み
- 右下（大胆・ボトムアップ）：ブレーキ役必要

軸その1：トップダウン－ボトムアップ

意思決定にトップがどれくらい関与するのかは、会社ごとあるいは部署ごとで随分違うものだ。その時どきのトップの性格にもよるし、会社に染みついたスタイルの影響も大きい。もちろん、融合型もある。例えばミドルが立案してトップに上げ、承認されたら実行はトップダウンで一気呵成にやる場合などだ。

あなたの会社や部署は、無理矢理どちらかに分けるとしたらどちらですか？

軸その2：慎重－大胆

同様に、新しいことを始めるときの「思い切りの良さ」も会社ごとにかなり差が大きい。会社の古さ、業界の安定性、経営陣の性格など、様々な要素で変わる。

これまでコンサルタントとしてお仕事してきた会社の顔ぶれを思い浮かべると、やはり新しくて小さい会社は大胆だし、古くて大きい会社は慎重な傾向がある。だが、それだけで決まるものでもない。例えばサントリーのように創業者の「やってみなはれ」という言葉が受け継がれている、というようなことも、案外バカにならない。

あなたの会社はどちらですか？

さて、それでは各4領域ごとの傾向と対策を見ていこう。

① トップダウン＆大胆な会社

創業社長がバリバリ会社を引っ張っているような会社。こういうトップはアイディアマンでもあるので、プロジェクト自体、その方の「鶴の一声」で始まっていることが多い。新しいことをするのに抵抗がないし、社長が色々言い出すことに、部下の方々も慣れている。「ウチは社長がアレですから」なんて愚痴を言いながらも、ちょっと誇らしそうだったり。

変革を起こすときの注意点は、トップとマメに会い、相談することにつきる。

立ち上げ時にしっかりプロジェクトへの期待やゴールイメージを聞きに行くこと。

改革施策のイメージやプロジェクト計画が見えてきたら、生煮えの段階でもチラッと見せて、意見を求めること。お忙しいのでうっとうしがられ

ることがあっても、これをこまめにやっておかないと、どこかでちゃぶ台を返されてしまう。

このタイプのトップが変革を始める際に「ケンブリッジさんは、牧羊犬になってくれれば良いんだ」と依頼を受けたことがある。自分のビジョンをしっかりと実現するための支援をしてほしい。そして自分の部下がリーダーについていけるよう、しっかりフォローしてほしいということだ。

② トップダウン＆慎重な会社

歴史がある慎重な社風だが、モノを決めるときには「上」の意向次第という社風。日本には意外に多い。セミナーなどでアンケートを取ると30%くらいのセミナー参加者がこちらに属していると答える。

変革を起こすときの注意点は、計画をしっかり時間をかけて煮詰めること。

よく練られた計画をトップと合意できさえすれば、実行局面では比較的スムーズに進むことが多い。でも、合意にいたるまでが大変。「そんなに投資して元が取れるのか？」「マイナスの影響を考慮したのか？」など、様々な観点から変革がうまくいくことを説明しなければならない。施策案も何パターンか網羅的に考えておかなければ、厳しいツッコミに耐えられない。

③ ボトムアップ＆大胆な会社

一般に「風通しがよい」と言われるような会社がこの領域に属する。

セミナーでアンケートを取るとこの領域を選ぶ方は少な目だが、ないわけではない。ベンチャー企業やIT関係の会社に多い。

変革プロジェクトをやる際には、目指すゴールをはっきり持っているミドルマネージャーがいたり、施策のアイディアを議論し始めると止まらなくなったり、活気のあるプロジェクトになる。

こういうプロジェクトでは、コンサルタントはあえてちょっと慎重派を演じる。

「それって全社最適の観点からも、良い施策って言えますかね？」
「中長期で本当にメリットありますか？」
「○○のリスクについても、今の時点から考えておきましょう」

など。イケイケ過ぎて足をすくわれないように、バランスを取るのだ。

コンサルタントを雇わなくても、慎重な性格で皆から一目置かれているような人を社内から探してきて、プロジェクトメンバーになってもらうとよい。

④　ボトムアップ&慎重な会社

　日本の大企業らしい領域。ボトムアップで変革プロジェクトが立ち上がるが、部署間調整などに苦労してストップしてしまうことも多い。

　慎重な社風なので「普通は走りながら考えるよね」ということも計画段階で考えておくことを求められる。トップが心配すると言うよりも、現場の方々が慎重な姿勢を崩さないからだ。

　だからこそ、現場の巻き込みが生命線となる。あえて、計画段階から現場に詳しい方に参加してもらい、懸念点を徹底的に洗い出しておく。そしてそれを反映させたプランにしていく。

　そうしなければ、後々、強力な抵抗勢力が生まれてしまう。そうなったらトップ判断で強引に推し進めることも難しく、プロジェクトは立ち往生することになる。

H　トップの支援を取り付ける

> **この章のレッスン**
> - プロジェクトがまだ柔らかいこの時期だからこそ、偉い人に話を聞きに行こう。変革の方向性を指示してくれなかったとしても、有益なことを聞き出すコツはある
> - 指示をもらうよりも重要なことは、味方になってもらうことだ。プロジェクトが厳しい局面に陥った時に、きっと役に立つ

　業務改革プロジェクトの発案者が社長をはじめとする役員である場合も、そうでない場合も、プロジェクトを本格的に始めるにあたっては、なんとか役員の時間をもらって会いにいかなければならない。

　役員の仕事の一部に、「部門をまたぐテーマの調整」や「会社にとって重要な意思決定をすること」があるが、業務改革ではそういったことが頻繁に起こるからだ。

　そして、せっかく役員の貴重な時間をもらってインタビューするからには、一石二鳥にも三鳥にもしなければならない。

「ありがたい方針」を聞けることは、まれだと覚悟せよ

　お話を伺う方々には非常に失礼な、身も蓋もない話なのだが、変革を始めるにあたって役員に話を聞いて「なるほど、今度の変革はその方針で進めさせていただきます！」というシーンはまずない。

　あなたが変革プロジェクトを立ち上げたとしたら、きっと今後の方向性について、多面的に考えを巡らせていることだろう。それに比べ、あなたがやっている業務改革は役員にとっては数多くの仕事の一つに過ぎない。だから話を聞きに行っても、どうしても一般論に近い、漠然とした話になってしまう。

　だから、「今度のプロジェクト、たぶんAもBも大事だけど、両立が難し

いな……」と悩んでいるとして、役員の方々にそれをそのままぶつけても「もちろん両方大事だ。両立できるように、君たち何とかしなさい」と言われるのがオチである。「プロジェクトの方針として悩ましいこと」のレベル感と「普段から役員が考えていること」のレベル感がかみ合っていないのだ。

　それでもこの時期に、役員に話を聞くことの意義は大きい。方針を聞く以外にも多くの目的があるからだ。順に見ていこう。

▶ 改めて、全社戦略を聞くことの意義

　以前の社長インタビューで、「早速ですが、今回のプロジェクトでは……」と僕が話し始めたら、「まあそんなに焦らなくていい。プロジェクトがどうこう言う前に、うちの会社で仕事をするからには、どんなことを考えて経営しているかを知っておいてもらわなければならん」と、さえぎられたことがある。

　そして、その会社の独自のポジションと、そのポジションから長期的な利益を上げるための「一貫した戦略ストーリー」を時間をかけてご説明くださった。その話はすぐれたストーリーで、聞いていてわくわくしたし、感銘を受けた。もちろんその戦略については事前に把握していたが、実際に構想した方から、なぜその戦略に至ったのかを聞くのでは迫力が違う。ご自分の口で話すことに、貴重なお時間を使ってくださったことにも感激

した。

そして僕のなかに
- この素晴らしいストーリーに乗っからない変革なら、やらない方が良い
- 表面的な効率化だけで「効果でました！」と言ってもしょうがないぞ
- どうやったら、今度のプロジェクトをこのストーリーに貢献できるものにできるか？

という命題が植え付けられた。

その後、現状分析や施策を考えている時もこの命題は僕の頭の一角を占め、

「こういう施策も組み入れないと、全社戦略にうまくつながらないな……」

と、プロジェクト計画を立てるときの指針になり続けた。

長く勤めていたとしても、意外と会社の戦略については理解できていないものだ。戦略に沿った変革のストーリーを考えても、社員の方々から「それはウチの社長の考えと違う」と反論を受けることもある。だからこそ、重要な変革を立ち上げる時に、改めて会社の方針を聞くことには意味がある。

▶ 変革にとっての「制約」を聞き出せ

「方針を示してください」という質問よりも「○○は、会社としてアリですか？」という質問の方が、ずっと効果的である。つまり、プロジェクトとして守らなければいけない制約事項を聞くのだ。

逆説的なのだが、制約をしっかり聞いておくと変革のプランを練る時に、大きな自由を手に入れられる。制約の枠の中に収まってさえいれば、多少突飛な発想でも、許されるはずだからだ。

「事業部を新設するレベルの組織改編はアリですか？」

「プロジェクト施策の結果、一般職の方々に転勤をお願いするのはアリですか？」

「損得抜きで、絶対に達成しないといけないのは、五つのうちでどれですか？」

「一部のお客さまのみ、サービスレベルが一時的に低下するのはアリで

すか？」

　制約をうまく聞き出すためには、こちらから適切な質問を投げなければならない。あらかじめ「きわどいライン」を探り、準備しておこう。

コラム

吉野家とスターバックスの戦略ストーリー

　氷で薄くなってしまうのがイヤなので、スターバックスでアイスコーヒーを頼む時は氷すくなめにしてもらう。すると60％くらいの確率で「その分、コーヒーを増やしますか？」と聞いてくれる。知ってました？　むちゃお得な感じしません？
　一方、吉野家の安部社長がインタビュー記事で語っていたポリシーは「牛丼の具をご飯に盛る際、キッチリ決められた分量だけ一発ですくえるのがプロ。もし決められた量より1g多くよそってしまったら、その分だけ会社にとっては損失だ」というもの。
　どちらの話も「チェーンストアオペレーションの中で、提供する商品の分量を守るべきか守らざるべきか」というテーマなのだが、結論が正反対なのが面白いと思う。
・「ちょっと足す」は良いことか？悪いことか？
・店員によって違う対応をするのは良いことか？悪いことか？

　僕はこの両方のポリシーがとても好きだ。それぞれの会社の戦略とマッチしているからだ。
　スターバックスは高価格戦略を採用している。コーヒー一杯は比較的高い代わりに、店員さんはフレンドリーで長居も歓迎（ソファーと電源まである）。
　吉野家は経営学でいうコストリーダーシップ戦略で、大量生産によって経験値をため、商品提供コストを下げることがメインテーマである。
　それぞれの戦略と「決められた分量を守ることについてのポリシー」

はぴったり一致している。

　大事なのは一貫性だ。会社が目指すべきことが定まっていて、社内に浸透している。すると、商品ラインナップを考える際にも、価格を決める際にも、店先でアルバイトがサービスするときにも、同じ方針のもとで仕事が進む。

プロジェクトストーリー

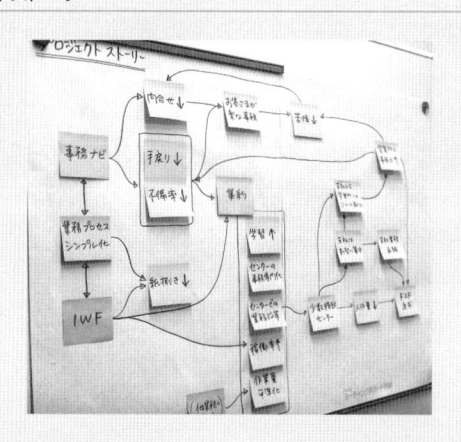

　変革プロジェクトも会社の戦略ストーリーに乗っかっているべき、と先に書いたのはこういう意味である。プロジェクトゴールやプロジェクトでの一つ一つの意思決定が、全社戦略から見て一貫しているか、常に意識することになる。

　だから「プロジェクトのどの施策がどのような効果を生み、それがどう全社戦略につながっていくか」という関連図をよく作る。しばしばそれは「風が吹けば桶屋が儲かる」式の長い関係図になってしまうのだが、それでもプロジェクト内で議論することの意義、明示的に一貫性をチェックする意義は深い。

　そのような議論をやっておくことで「予算を抑えることと、成果を出すことのどちらを重視すべきか」のような、正解も判断基準もない話を議論する時の土台を持てるのだ。

バックアップの約束を取り付けよ

　制約について聞くことのメリットは、「自由を手に入れる」だけではない。
　「その件については、ごちゃごちゃ言うヤツがいたら、俺からガツンと言うよ」
　とか
　「○○常務に相談して、問題なければやって良いよ」
　など、あとでプロジェクトの障害になることへの対処方法を聞けることが多いのだ。
　「言質を取る」というと嫌らしいけれども、何かあったら頼れる人がいるかいないかは、難しい変革プロジェクトを暗礁に乗り上げずに進められるかどうかに直結する。
　こうやって話をしていく中で一番大事なことは、今後も何かと相談に乗ってもらう関係を作ることだ。
　大きな業務改革プロジェクトのリーダーをつとめるのはたいてい部長級・課長級だ（役員や社長が名目上のリーダーになることはあるが、専任で中心になって仕事をするのは、ミドルマネージャーが多い）。
　大企業であっても、ミドルマネージャーともなると直属の役員とは腹を割って話ができることが多い。でも、直属ではない役員との関係はそうではないのが普通だ。直属ではなくても、大きなプロジェクトであれば協力

トップのバックアップが
プロジェクトを進める支えに

をお願いしなければならない時もある。反対派になってしまうこともあり得る。

　変革を立ち上げる段階で話を聞きにいくことを通じて、プロジェクトでやりたいことや情熱を分かっていただき、意見も聞いておけば、今後困ったときに相談に行きやすい。極端に言えば、役員なんてミドルではどうにも調整がつかない困った事態を何とかするためにいる。是非、変革の最初に話を聞きに行った後も、たまには状況報告をして、良い関係を保っておこう。その方にとって「ちょくちょくアドバイスしているプロジェクト」になってしまえば、いざという時も反対はしにくいものだ。

数年かけて、役員にコンセプトを浸透させる

（某精密機器メーカー　情報システム部長　A氏）

　私はこの会社がまだ小さな時に入社し、徐々に大きくなって東証1部に上場するまでの間、情報システム部長でした。情報システム部長の仕事はたくさんありますが、本当に自分しかできないと思っていたのは、業務改革プロジェクトや大きなシステム投資プロジェクトの立ち上げですね。

　この仕事は「経営戦略の先読み」に尽きます。

　会社がどれくらいのスピードで成長していくのか。何が成長のボトルネックになりそうなのか。IT投資にどれくらいお金を使えるのか。ITトレンドはどう変わっていき、ウチの会社にどう関係があるのか。それらは全て経営戦略次第なのですが、経営戦略が出てからでは遅すぎて、全然対応できません。だから先読みするしかないのです。

　例えば、
- ・3年後くらいを目処に、販売業務を見直していかなければならない
- ・同時に、販売情報を簡単に手にするためのデータ・ウェアハウスが必要になるだろう
- ・その際は、アメリカでちょっと流行り始めた、販売店向けのポータルサイトが鍵になるかもしれない

といった感じで、考えておくわけです。

そして、折に触れて役員層に「こういうコンセプトですよ」「こんなメリットがありそうです」「システム以前に、業務改革が欠かせません」と訴えていきます。最初はピンと来なくても、機会を見つけて何度もやっていくうちに、効果を具体的に議論できる土台が整ってきます。

「いつもお前が言っているアレ、いつやるんだ？」とせっつかれることもありますね。逆に、他社が散々やってから「ウチの会社ではどうなんだ」と役員に言われるようなら負けです。

システム構築プロジェクトは、販売戦略だとか業務効率化だとか、とにかく業務の改革とセットでやらなければできないもの。システム部門に閉じこもるのではなく、こうやって業務の責任者である偉い人を、啓蒙というと偉そうですが、口説いていく種まきみたいなことが絶対に必要になりますね。

プロジェクト体制を固める

> **この章のレッスン**
> ● プロジェクトには様々な役割があり、だれかが背負わなければならない
> ● あなたがプロジェクトリーダーになった場合、成果を出すチームを作るために心がけるべきことは？

仲良しクラブではいずれ行き詰まる

コンセプトやゴールが固まるまでは、プロジェクトチームに上下関係はなくてもよい。普段の組織上の上下関係や先輩後輩関係を脇に置き、ある程度フラットに、和気あいあいと議論した方が良いアイディアが出る。本質的な議論ができる。

だがAssessmentフェーズの頃になると、そうも言ってられなくなる。アイディア勝負だけでなく、緻密な調査など、実際に手を動かすことも増えてくるから組織として効率的に作業をこなすことも大事になってくる。そして、正解がないことについて方針を決めたり優先順位をつける場合、最後の最後には「皆の意見を聞いたうえで、リーダーが決定する」というケースも出てくる。

プロジェクトが進めば進むほど、チームが大きくなればなるほど、役割分担や責任を明確にしておくことは必要になってくる。残念なことだが、それが曖昧なままでプロジェクト自体がグダグダになっているケースを、部外者としてたまに見かける。

この章では、プロジェクトチームの代表的な役割を見ていこう。

プロジェクトリーダー

プロジェクトリーダーとは「プロジェクトの成功に責任を持つ人」である。リーダーが就任するときにはプロジェクトゴールはたいてい決まって

図表I-1　プロジェクト体制

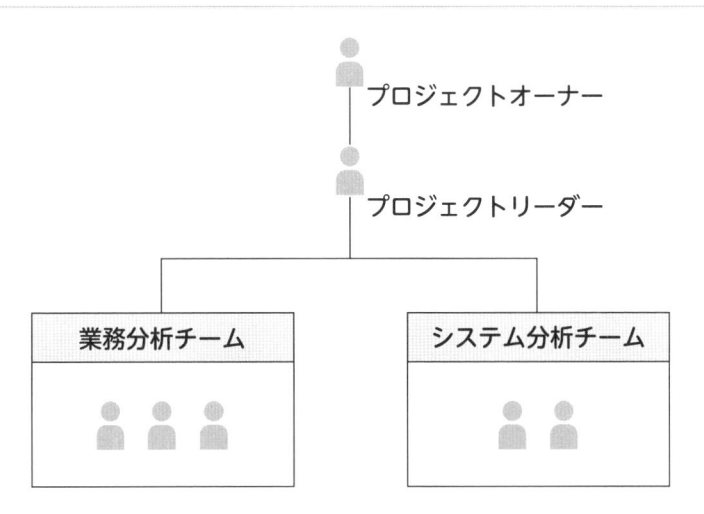

いない。メンバーも十分揃っていない。でも、前提がどうであろうと、どれだけ困難であろうと、どんなに不恰好であろうと、とにかく「プロジェクトを成功させること」がリーダーの仕事である。プロジェクトを成功させるための何かが整っていなければ、整えるのが仕事なのだから、プロジェクトが失敗したときに言い訳できないのが、リーダーという立場である。

もう少し具体的に言うならば、リーダーの主な仕事は以下のようになる。

① 方針の決定
② 経営陣への報告、上申
③ 他部門との調整
④ プロジェクトメンバーの手配
⑤ プロジェクト管理（予算管理、進捗管理……）

最後に挙げたプロジェクト管理タスクをプロジェクトリーダーが担当することも多いが、本質ではない。大規模プロジェクトの場合、リーダーは信頼できる別のメンバーに管理を任せ、①～④に専念するべきだ。これらは他部門との利害調整など、「リーダー自らやる」ことに意味があり、リーダー以外に任せることができないからだ。

プロジェクトの言い出しっぺが課長級、部長級の場合、通常はその人

がリーダーをやることになる。リーダーには「思い」や「不退転の決意」が欠かせないからだ。トップダウンで始まるプロジェクトの場合には、社長や役員が「これは」と思うミドルマネージャーをリーダーに据える。もちろん、経営企画室の室長など、組織上の役割として自然に就任するケースもある。

誤解を恐れずに言うならば、どんな人がプロジェクトリーダーになっているかで、プロジェクトの行く先をおおよそ見通すことができる。

　条件①　社内で一目おかれている、優秀なミドルマネージャーがリーダーか？
　条件②　リーダーは別な仕事と掛け持ちではなく、プロジェクト専任か？

ここには一つのジレンマが存在している。条件①を満たすような優秀な方は、たいてい社内で色々な仕事を任されているので、条件②を満たすのが非常に難しい。

両方を同時に満たすためには、「他の様々な仕事よりも、今回のプロジェクトを優先すべし」「他の仕事を任せる人を別に連れてきてでも、今回のプロジェクトに専念できる状態を作る」といった、ある種の強引さが必要となる。

逆に言えば、プロジェクト人材の確保という意味では、ジレンマを乗り越えるくらい真剣かつ強引に取り組まなければ、プロジェクトという難しい仕事での成功はおぼつかないとも言える。たいていは次で述べる「プロジェクトオーナー」がそのあたりの整理をすることになる。

なぜプロジェクトリーダーが専任であるべきか？

それは、プロジェクト全体のスピードと質が「変革の方針決定をする際に、リーダーが意思決定に割く時間」で決まってしまうからだ。

プロジェクトは意思決定の連続体である。リーダーは必要な情報を十分集め、多面的に検討したうえで、プロジェクトの方針を次々と決める事になる。もちろん他のメンバーが情報収集や論点の整理をするのだが、最後にリーダーが決めなければ、プロジェクトは次に進めない。意思決定すべきことは無数にあり、全てがプロジェクトの他の仕事に影響を与える。だから、リーダーが掛け持ちで時間が割けなかったり、優柔不断でいつまで経っても決断できなければ、プロジェクトは止まってしまう。

大企業のプロジェクトにおいて、たいていのプロジェクトで部長・課長クラスがリーダーを務めているのはこのためだ。社長をはじめとする役員では、プロジェクトに十分な時間を使うことができない。もしあなたの会社が、お飾り的に偉過ぎる人や忙し過ぎる人がリーダーになって重要なプロジェクトを始めようとしていたら、絶対に立ち止まって考え直すべきだ。

プロジェクトリーダーがいないと何が起こる？

リーダーがいないプロジェクトなど、あるのだろうか。僕らは色々な立場でプロジェクトを見聞きする立場にあるので、そういうケースにも遭遇する。例えば「○○課の領域は○○課の課長が責任を持ち、△△課の領域は△△課の課長が責任を持つ」ということは決まっていたのだが、プロジェクトを代表するリーダーは不在というプロジェクトがあった。この時は途中までは比較的スムーズに進んだのだが、プロジェクトも半ばを過ぎ、全体で整合性を取る必要が出てきた時に、途端にスピードダウンしてしまった。両方の課をまたぐ課題に関して、最後の決断を下せる人がいなかったからだ。両方の課を管轄するボスはとてもお忙しい方だったので、その方をつかまえ、決めてもらわない限り何事も決められないプロジェクトになってしまった。

まずはリーダー自身が楽しむ

（花王 本間充さん）

　もう随分前の話ですが、花王のWebコンテンツ管理を見直す変革を最初に立ち上げた時、僕は相当不安げな姿をしていたと思います。そういう姿を部下が見ると「自信ないんですか？」とは聞かないですが、「この変革、うまくいくのか？」と思われてしまう。それが一番良くない。

　自信がないのであれば、社内外の人とキッチリ議論すべきだと思います。あのプロジェクトの時も、社内の人はもちろん、ケンブリッジのような社外の人ともかなり議論しました。結果、方向性としては間違っていないだろうと。

　一度やろうとなったら覚悟が大事です。とにかく楽しそうに「この変革は絶対いいものだ。がんばろう」と言い続けるしかない。そうやってメンバーが自分と同じくらいの情熱を持ってくれるまで、引き上げるのです。

　こういう覚悟で歩みを止めずに変革を続けていけたので、花王のサイトを今のような形まで持っていけたと思っています。

プロジェクトオーナー

　プロジェクトリーダーが専任でプロジェクトの方針決定や調整にかけずり回る「実務家、実行者」であるのとは異なり、もう一段高い立場からプロジェクトに関わるのがプロジェクトオーナーである。一般的にはプロジェクトリーダーの上司すじにあたる、役員（取締役事業部長や営業担当役員、CFOなど）がオーナーになる。社運をかけた全社横断的なプロジェクトでは、社長がオーナーを務めることもある。

　プロジェクトオーナーの役割は以下のとおり。
① プロジェクトの方向性を指示（リクエスト）する
② プロジェクトチームが作ったプロジェクト計画を承認する

③　経営会議でプロジェクトの味方になる
④　他部門との交渉がこじれた時に仲裁する
⑤　プロジェクトリーダーなどの中核メンバーを確保する

　プロジェクトがプロジェクトオーナーの発案で、それを実現できるプロジェクトリーダーを連れてくるケースでは、オーナーから明確な方向性が示されることが多い。逆にミドルが発案のプロジェクトの場合、会社方針と大きく乖離していないかをチェックするのが主な役割となる。

プロジェクトオーナーは、途中で交代しても良いようにしておくこと
　変革にチャレンジするプロジェクトにとって、リーダーをはじめとする中核メンバーの人事異動は、絶対に避けるべき事態である。そのためには、人事についての権限を持っているオーナーとリーダーとの間で作戦を練り、社内根回しをしておくことになる。
　だが、プロジェクトオーナー自身がプロジェクト中に異動することは、プロジェクトにはコントロールできないものだ。オーナーの仕事は業務改革プロジェクトだけではないし、経営についての責任や役員任期もあるからだ。実際、プロジェクトオーナーが役員を退任し、プロジェクトオーナーも後任の方に引き継いだことは過去に何度もある。
　オーナーの異動はプロジェクトにとって避けられない天災のようなものだが、被害を最小にすることは可能だ。オーナーが変わることで一番困るのは、これまでとは別な方針を突然打ち出され、これまでやってきたこと

を全て再検討しなければならないハメに陥ることだ。それを防ぐためには、プロジェクトで下してきた、重要な意思決定の経緯やロジックを明確な形で文章化しておくしかない。

なぜこのような意思決定をしてきたのかを端的にロジカルに説明できれば、新任のプロジェクトオーナーが別な考えを持っていたとしても、反論しにくい。だからプロジェクトを進める際、「プロジェクトオーナーが突然交替してもブレないか？」をプロジェクトの健全さの一つの指標にしよう。

プロジェクトオーナーがいないと何が起こる？

オーナーがいないプロジェクト、だれがオーナーか決められないプロジェクト、名ばかりオーナーのプロジェクトは、急場をしのげない。

あるプロジェクトでは、ほぼ全員の役員がプロジェクトオーナーとして名を連ねていた。一見豪華だが「全員がオーナー」というのは、裏を返せばだれもオーナーではない。このプロジェクトはプロジェクト計画が完成し、さあいよいよ具体的に実現させていく時になって、無期延期に追い込まれてしまった。非常に間が悪いことに、まさにこのタイミングで業績が急に落ち込んでしまったからだ。あの状況でプロジェクトを続けるのと、中断するのとどちらが正しかったのかは分からない。ただ、GoかNotGoかを決めるギリギリの議論の中で「俺の責任でこのプロジェクトをやり遂げる」と啖呵を切ってくださる方がだれもいなかったのは事実である。

別のプロジェクトでは、変革に非常に前向きな意見を持っているプロジェクトオーナーがいて、プロジェクト初期にしっかりとプロジェクトへの期待値についてヒアリングもさせてもらった。ただ、プロジェクトの検討メンバーにその意志を直接伝える場をどうにも設定できなかった。理由は色々あるのだが、一言で言うと「偉い人が方針をしっかり伝える文化がない」ということに尽きる。上の意見に縛られず、自由な発想で考えなさい、ということだ。

その文化自体は悪いものではないのだが、プロジェクトではマイナスに作用した。現場を預かる責任者でもあるプロジェクトメンバーが変革に消極的で、「上はそんなこと思っていないはず」などと勝手なことを言い始めたのだ。その状態は、プロジェクトオーナー自らがメンバーに会社の方向性とプロジェクトへ期待することを語りかけるという、通常の方法に立ち戻るまで続いてしまった。

正しく方向を定め、見守るのがオーナーの仕事

（古河電工 人事総務部 伊藤部長、現常勤監査役）

　部門担当の執行役員に着任したのは、会社全体の業績がどんどん悪化していた時期で、創業120年にして最大の危機でした。だから、何としてでも、この部門を内側から効率化する必要がある。それが、人事部長としての私の使命だと自分で決めていました。

　変革プロジェクトでは、走り始めるまでの力仕事が私のようなプロジェクトオーナーの役割ですね。担当する人を決め、経営哲学をプロジェクトに植え付ける。そして、情報システムにも哲学を組み込めるようにする。変革の枠を固めるのがシステムの役割ですから。

　だから、プロジェクトの実務を任せていたリーダーには「四隅を掃き残さないよう、全員参加のプロジェクトにしろ」、「本社が工場を把握して、一体となって運営できるようにしろ」とずいぶん厳しい要求をしました。そしてプロジェクトの外堀として、人事部門全体の戦略も徹底的に議論しました。そういう中から、あのプロジェクトが生まれてきたんです。

　プロジェクトリーダーの人選はもちろんですが、「いかに良いコンサルタントを選ぶか」でプロジェクトは決まるところもあるから、ウチのメンバーとケンブリッジさんがいいペアで動き出したのを見たときは、これでいいプロジェクトになると思いましたよ。

▶ 業務分析担当

　プロジェクトが対象にしている業務について、「今現在、どうなっているか」「何が問題か」「本来、どうあるべきか」を語るのが役割である。システム開発で言えばユーザー部門代表であり、比較的現場に近い立場だ。だが現場の利益代表ではなく、あくまで全体最適の視点は持っていなければならない。難しい役回りだ。

　「あの仕事はこの人でもっている」と周りから言われるようなキーマン

が望ましいが、そういう方が現場を離れてプロジェクトに専念するのは難しい。例えば会計に関する業務改革をする際に、会計1課の課長がプロジェクトにどっぷり参加するのはほぼ無理である。だから、そういった方よりも少し若手の係長クラスの方に担当していただくことが多い。

当然、1人で全部を知り、将来ビジョンを語れるような人はいないので、プロジェクトに際して改めて調べたり、有識者に聞いて回る、フットワークの良さも重要な資質である。

業務分析担当がいないと何が起こる？

情報システム部門が主導するプロジェクトでは、現場の担当者はプロジェクトに主体的に関わるのではなく、あくまで「お客さん」というケースが非常に多い。そういう変革プロジェクトは、バランスの良い意思決定ができないからとてもツライ。

変革プロジェクトでは、常にトレードオフの状態（あちらを立てればこちらが立たず）で何かを選びとらなければならない。例えば、何かを自動化するためのシステム機能を作るケースを考えてみよう。そこには次頁のイラストのようなトレードオフが発生している。

現場の担当者が「業務分析担当」というプロジェクトの一員ではなく、お客さんとしてプロジェクトに関わっている場合、両方を睨んで悩みながら選択をする、という構図にはならない。「あなた、作る人。僕、使う人」となってしまうからだ。ゆくゆくそういった構図にならないためには、プ

```
┌─────────────────────────────┐
│  自動化するためのシステム機能  │
└─────────────────────────────┘

  仕事が楽になる    (VS)  作るのはお金がかかる

  仕事が楽になる    (VS)  使いこなすには教育が必要

  ルールを変える必要あり (VS) 機能が複雑になり
                              保守が大変

          トレードオフをジャッジ
```

ロジェクトの初期、つまり大方針を決めて計画を練る段階から、参加してもらうことが絶対に必要だ。

システム分析担当

　業務改革の対象がなんであれ、情報システムが全く関係ないことは、近年ではありえない。まれに今現在は一切システム化されていない業務もあるのだが、将来構想を描く際にシステムを使わないことも考えにくい。だから、情報システム部門など、社内でコンピュータ・システムに責任を持つ人、詳しい人の参加が望ましい。

　システム分析担当に期待する役割は以下のとおり。
　① 現在使っているシステムがどうなっているか教える
　② 詳しく分からない場合、知っている人を紹介するか、自分で調べる
　③ 全社のIT方針などの観点から、プロジェクトをチェックする

　上記の①と②は個別のシステムの話なので、システムの構築や保守を担当したITベンダーさんの場合も多い。一方、③はいわゆる情報システム部の機能だ。①〜③までを1人が全て担当できることが望ましいが、そうでなかったとしても、適切な人とのパイプ役になってもらえるだけで十分ありがたいものだ。

本当に全員必要？

プロジェクトは常に、人材不足との戦いだ。

「理想的な体制」「各ポジションごとに理想的な人材が適材適所で配置されている」というプロジェクトには参加したことがない。だから、「プロジェクトリーダーはAさんだが、同時に業務について一番詳しい人も、システムについて一家言あるのもAさんだ」といった事態はよくある。

しかし、上で挙げた役割をいくつも兼任できるのは本当に優秀な人だけだ。リーダーの役割も、業務分析担当の役割も、それぞれ単独でも十分難しいし、違う役割の人がそれぞれの立場から議論することで、よりよいプロジェクトになっていくからだ。

プロジェクト立ち上げ期に十分な人材を集められなかった場合は、プロジェクトをやりながら育てるしかない。最後まで1人で何役もこなし続けるよりは、建設的なやり方だ。先に「今現在はあまり知識を持っていなくても、やる気がある若手をプロジェクトに参加してもらおう」と書いた。単に漠然と参加してもらうのではなく、「ゆくゆく業務分析担当として、リーダーの右腕になってもらう」「システム面は任せたい」「色々首を突っ込ませて、触媒役を果たしてもらおう」などの将来構想を持っておく。

第 2 部

現状調査／分析
Assessmentフェーズ

業務改革が必要なくらいだから、「現状の業務」は複雑怪奇なことだろう。だが、将来像を描くためにも、描いた将来像に至る道すじを描くためにも、しっかりと現状を把握する必要がある。これから何かを決断したり、緻密な作業をする土台となるからだ。

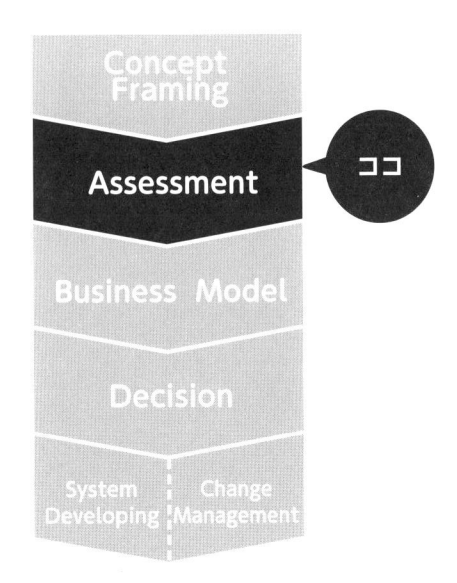

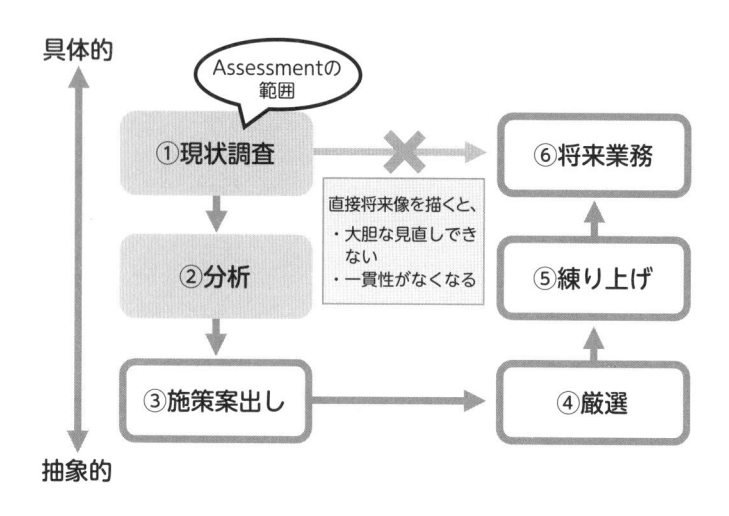

```
具体的 ↑
           ┌─────────┐         ┌─────────┐
    Assessmentの範囲  │         │⑥将来業務│
           │①現状調査│ ──✗──→ └─────────┘
           └─────────┘              ↑
                ↓   直接将来像を描くと、
           ┌─────────┐ ・大胆な見直しでき ┌─────────┐
           │②分析    │   ない             │⑤練り上げ│
           └─────────┘ ・一貫性がなくなる └─────────┘
                ↓                          ↑
           ┌─────────┐         ┌─────────┐
           │③施策案出し│ ────→ │④厳選    │
           └─────────┘         └─────────┘
抽象的 ↓
```

　このAssessmentフェーズで現状を調べ、次のBusiness Modelフェーズで将来像の検討をする。課題の特定をし、それを改善するための施策を考える流れと言っても良い。

　①現状調査から⑥将来業務までのステップを踏むことで、業務の将来像を描いていくことになる。U字型であることに注意してほしい。①や⑥は現場での仕事を具体的に検討するのだが、いきなり①から⑥へ進むのではなく、一度抽象化（モデル化）することで細か過ぎる各論を避けられる。

J　業務とシステムを棚おろす

> **この章のレッスン**
> - 調査は業務とシステムの棚おろしから始まる
> - 漏れなく効率的に棚おろすために、調査フォーマットが欠かせない。代表的なフォーマットの使い方をマスターすれば応用が効く

　現状の調査では、5W1H「だれが・どこで・なにを・どのように・どのくらいの頻度で・なんのために行なっているのか？」について、片っ端から書きだすのが基本になる。これを「棚おろし」と呼ぶ。

　棚おろしには非常に手間がかかるが、この手間を惜しまない方が良い。この時作った資料は今後の工程の様々な場面で使いまわせるからだ。

▶ 4大調査フォーマット

　いくら手間を惜しむなと言っても、短時間でやるに越したことはない。そのためには調査フォーマットを事前に作成し、埋めていく方法がもっとも手堅い。フォーマットがあれば「何をどのくらいの細かさまで調べるのか」について、事前に決められるからだ。「調査はカタチから入れ！」と言ってもよい。

　普段から調査で使用しているフォーマットを、大きく4つに分けて紹介する。多くの現場で使ってきた代表的なものだ。このままでも十分効率的に調査できるし、慣れてきたらプロジェクトの状況に応じて微調整を加えると、なお良い。

【4大調査フォーマット】
① 一覧表
② アクティビティ一覧
③ 業務フロー（スイムレーンチャート）
④ ファンクショナリティ・マトリクス

1 一覧表

どういうフォーマット？

　情報を羅列し、一覧形式で整理するフォーマットである。だれにでも馴染みがあり、くどくど説明がいらないのが一番のメリット。あらかじめ調査する項目を決めれば、調査は項目に従って情報を埋めていけばよい。情報を持っている方にメールで送って、各自で情報を埋めてもらうこともできるので、打ち合わせ時間の節約にもなる。
　いくつか例を示そう。

◆申請一覧：各種申請の効率性を調査するフォーマット

　日本の大企業ではどの業務でも申請書類の種類が多く、非効率であることが多い。「ハンコを10個押さないと海外出張できない、しかもその決裁に1カ月必要」といった問題がどこの会社でもある。逆に、段階が多過ぎて本質的なチェックをだれもやっていないこともある。だからほとんどの業務改革プロジェクトでは申請の一覧を作成し、問題がないかを調べることになる。

　申請の提出元、承認ルート、目的、頻度などを網羅的に調べるためのフォーマットが申請書一覧だ。

図表J-1　申請書一覧

No.	分類	申請書	媒体	申請元	最終承認者	システムへの自動反映
1	採用	入社登録票	電子（Excel）	人事担当者	人事部長	×
2		個人情報申告票	紙	本人	採用担当部長	×
3		通勤費申請	紙	本人	総務担当者	×
4		入寮申請書	電子（Excel）	本人	総務担当者	×
5	異動	異動申請書	紙	総務担当者	総務部長	×
6		組織情報登録票	紙	総務担当者	総務部長	×
7		社宅入居申請書	紙	本人	総務部長	×
8		社宅退去申請書	紙	本人	総務部長	×
9		駐車場利用申請書	紙	本人	総務担当者	×
10	住所変更	住所変更	電子（WF）	本人	総務担当者	○
11		通勤費変更申請	電子（WF）	本人	総務担当者	○

◆帳票一覧：帳票とその利用状況を調査するフォーマット

　業務で使用される帳票は無数にある。それらを漏れなく調査するフォーマットが帳票一覧だ。どのシステムから出力されるのか、利用者、出力頻度、更新頻度などを一覧でまとめていく。この帳票を見てどんなアクションを起こすのかを調べることもある。見るだけで何のアクションにもつな

図表J-2　帳票一覧

システム名称	ID	帳票名	利用部署	利用目的	出力元 ホスト	出力元 サーバー	出力元 クライアント	出力トリガー	出力周期
新営業システム	1	加工賃一覧表	東部販売管理課	加工賃マスタの内容をリスト出力し、修正が反映されていないか確認する。	○	—	—	夜間バッチ	毎日
	2	原料払出一覧表	東部販売管理課	原料払出マスタの内容をリスト出力し、証跡として保管する。	—	—	○	マスタ更新	随時
	3	仕入単価一覧表	九州販売管理課	仕入単価の登録内容を東西区分別に出力し、原価率計算のインプットとする。	—	○	—	担当者判断	随時
	4	支払決済条件一覧表	東部販売管理課 九州販売管理課	支払決済条件マスタの登録内容を東西区分別に出力し、管理会計条件に従い出力する。	○	—	—	夜間バッチ	月1回
	5	出来高登録リスト	東部販売管理課	当日入力した出来高登録データの内容をリスト出力する。	○	—	—	夜間バッチ	月1回
	6	仕入登録リスト	東部・関西販売管理課	当日入力した商品仕入データの内容をリスト出力する。	—	—	○	担当者判断	随時

がっていない帳票は意外と多いものだ。

こうして帳票を調べてみると、利用目的が曖昧な帳票や、似たような帳票など、業務の無駄が見えてくる。システム刷新プロジェクトの場合はこの調査結果を受け、将来廃止するのか、システムで代替するのかについて方針を検討していくことになる。

◆イレギュラ業務一覧：非効率な手作業を洗い出すための一覧

会社が合併して間もなかったり、顧客の要望が多様だったり、理由は様々だが「イレギュラな業務」が非常に多く、効率が悪い場合がある。たまにしか発生しない場合でも能力の高い社員が必ず対応する必要があったり、手作業がものすごく複雑でミスが多かったり、問題があることが少なくない。

このような場合はイレギュラ業務を洗い出し、業務ルールを変えたりシステム機能を作ることで減らせるかどうかを検討することになる。仕事のやり方やシステムを抜本的に変えたとしても、こういったイレギュラ業務を惰性で続けてしまう場合も多い。変革プロジェクトが一段落した後に「きちんと撲滅できているか？」のチェックリストとしても使う。

図表J-3　イレギュラ業務一覧

No.	対応G	業務名	1回あたり工数		発生頻度	工数/月	工数/年	ミス時影響度	担当（誰でも対応可能な場合は入力不要）	対応方法が確立されている	原因					その他
											システム機能不足	帳の流れが乱れた	前工程の影響	(複雑な)制度	慣習のローカルルール	
1	給与G	嘱託雇用障害者の通院・能力開発休暇取得時の有休特休対応(前月大職群変更)	5	分	5件/月	0.4	5.0	支給額誤り	白川	○	○	○				
2	給与G	週3日勤務・短時間勤務・月給者の時間外手当計算対応(換算時間算出)	7	分	1件/月	0.1	1.4	支給額誤り	白川		○	○				
3	給与G	退職金支払業務(定年・定年扱い)	30	時間	1件/3ヶ月	10.0	120.0	支給額誤り	白川	○						○
4	給与G	退職金支払業務(自己都合)	70	分	1件/月	1.2	14.0	支給額誤り	白川							○
5	業務G	賞与の社会保険料計算における職番変更者に関する対応	5	時間	4件/年	1.7	20.0	大	榊巻	○	○					
6	業務G	賞与の介護保険料計算における駐在、帰任者の対応	2	時間	4件/年	0.7	8.0	大	榊巻	○						
7	業務G	70歳以上の在籍者の厚生年金保険各種届書の作成処理	2	時間	3件/年	0.5	6.0	大	榊巻				○			

J 業務とシステムを棚おろす　79

02 アクティビティ一覧

どういうフォーマット?

　順を追って、仕事を網羅的に書きだす時に使う一覧である。業務の流れを記述する際には業務フローを使うのが一般的だが、書くのに時間がかかる割に情報をあまり盛り込めない。そのため、あまり分岐がない業務（経理の締め処理のように、淡々と1から10までこなしていく業務）では、このアクティビティ一覧を利用する。

　業務を大、中、小のレベルに分けて記述している（サンプルでは業務プロセス、アクティビティLv1、アクティビティLv2……）。ざっくり流れを把握したい時は大レベルをサッと見ていけばいいし、一挙手一投足レベルで流れを把握したい時は小レベルまで読めば良い。

◆アクティビティ一覧：
業務にまつわる情報を網羅的に書きだすためのフォーマット

図表J-4　アクティビティ一覧

どんな作業を行なっているのか				作業している人は誰か	使っているシステムは何か		作業ボリュームはどのくらいか		
業務プロセス ID1	アクティビティLv1 ID2	アクティビティLv2 ID3	アクティビティ内容	業務担当部課	利用システム システム名	自動/手動	業務量（頻度、リードタイム）	業務種別	課題
A4.1: 発注業務	1 発注処理（在庫品、製作品：流通センター納品）	1 発注データの生成	在庫品および流通センター納品の製作品に関しては集計した入荷予定日をもとに、発注データを生成する。	在庫管理	XXシステム	自動	1回/日（日次）	通常	
		2 発注点の自動発注	在庫が発注点を下回ると、取引先に日次バッチの自動FAX送信で発注処理を行う。	—	XXシステム	自動	1回/日（日次）	通常	・発注点が適切ではない場合があるため、適正在庫が担保できない。
		3 FAX受信/出荷	発注データを受信した後、該当製品の出荷を行う。	取引先	—	自動		通常	
		4 納期情報等の修正	納期情報に修正がある場合はSSへ連絡する。	取引先	—	手動		S	・納期がマスタと異なる場合があるため、納期が遅延するケースが多い。
		5 納期情報の変更入力	納期情報に変更がある場合は、XXシステムに変更内容を入力する。	在庫管理	XXシステム	手動		イレギュラー	
		6 納期遅延時の顧客への連絡	納期遅延が発生する場合は、顧客へ連絡し、納期予定日を伝える。	SS	—	手動		イレギュラー	
	2 発注処理（任意発注）	1 発注書修正・個別発注	取引先からの発注書を手書き修正のうえ、個別に発注処理を行う。	在庫管理	XXシステム	手動		イレギュラー	
		2 任意発注	即時対応する必要がある場合は、任意発注処理を行う。	SS	—	手動		イレギュラー	

状況に応じて
・その業務の実施者、責任者
・業務毎に利用しているシステム・帳票
・その業務の頻度（月に1回、など）
・その業務での課題
などの項目を足していくことで、業務にまつわる情報を全てこの1枚に書き込める。

3 業務フロー（スイムレーンチャート）

どういうフォーマット？

特に複雑な業務（分岐が多い、役割分担が錯綜している業務）を記述する際には、一覧形式ではなく、フロー形式を採用する。視覚的に流れが理解できるため、多くの人とコミュニケーションする際にも使い勝手が良い。

図表J-5　業務フロー（スイムレーンチャート）

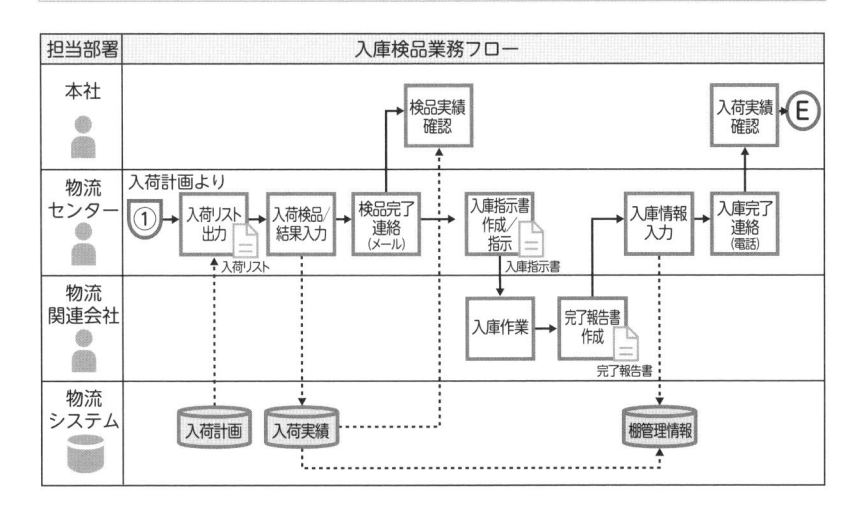

担当部署	入庫検品業務フロー
本社	検品実績確認 → 入荷実績確認 (E)
物流センター	入荷計画より ① → 入荷リスト出力 → 入荷検品/結果入力 → 検品完了連絡（メール）→ 入庫指示書作成/指示 → 入庫情報入力 → 入庫完了連絡（電話）
物流関連会社	入庫作業 → 完了報告書作成
物流システム	入荷計画　入荷実績　棚管理情報

◆業務フロー：業務の流れを視覚的に表すフォーマット

業務フローを分かりやすく書くためには、部署や役職ごとにレーンを分けておくのがコツだ。スイムレーンチャートと呼ばれる由来でもある。部長・課長などの役職で分けるケースと、部署単位で分けるケースがある。

◆システムフロー：
　業務の流れにそってシステムの使い方を整理するフォーマット

業務フローの一種だが、システムと業務の関係に注目して整理したフォーマットが、システムフローである。

・システムの利用タイミング（業務中、いつシステムを使うのか）
・データの流れ（どのデータがどこで保存され、どこで利用されるのか）

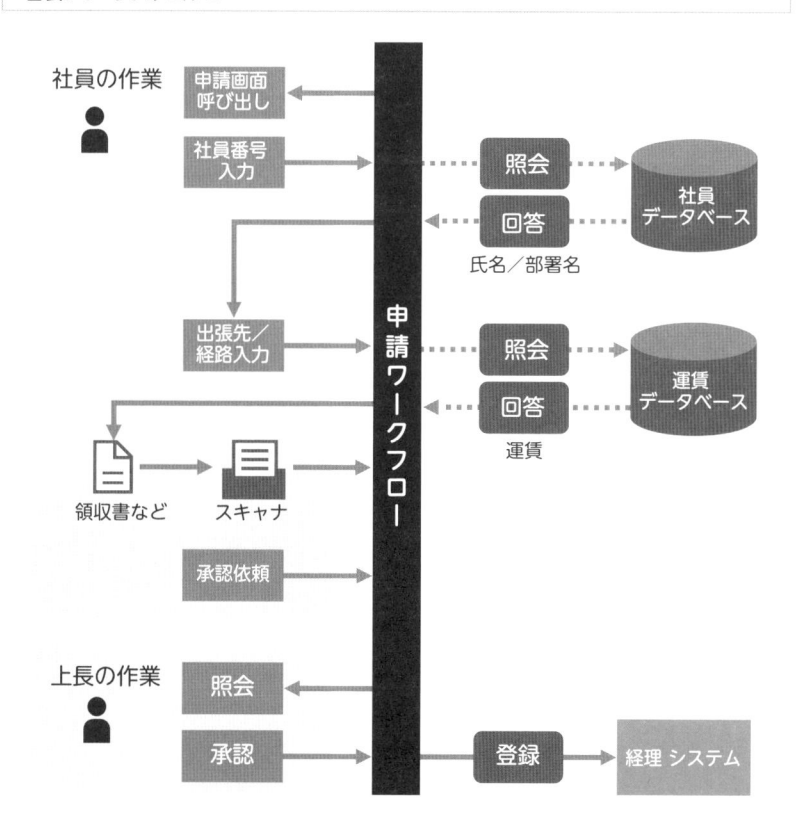

図表J-6　システムフロー

・システム機能（人の業務をシステムがどう補完しているのか）

などを検証するために利用する。システム内のデータの流れを表現する場合もある。

システムの専門家ではない業務担当者とシステムについて議論する際には、このような資料が必要になる。業務とシステムの関係が視覚的に表してあり、分かりやすいからだ。

4 ファンクショナリティ・マトリクス

どういうフォーマット?

システムの機能をマトリクス形式で整理したもの。もともとは要件定義の際に、将来必要なシステム機能を一覧で表現するためのフォーマットだが、現状システムをざっと調査する際にも重宝する。

「営業支援系の機能」「契約受注管理にまつわる機能」など、グループを作って、その横に関連する機能を配置していく。これでシステムの機能を一目で把握できる資料になる。

図表J-7　ファンクショナリティ・マトリクス

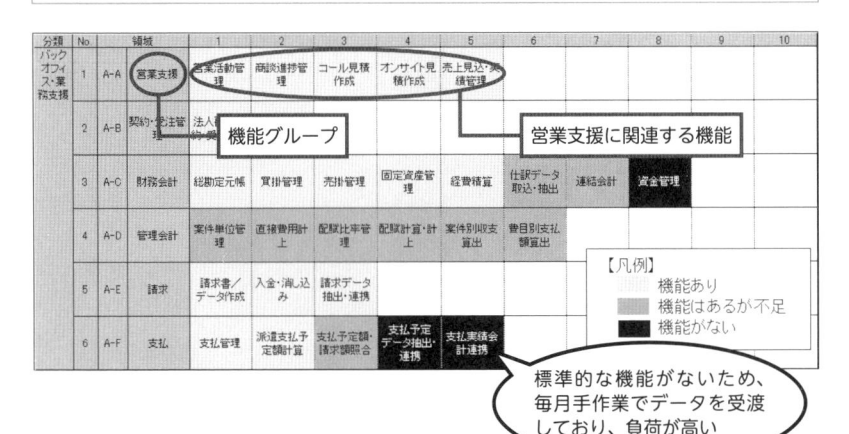

一覧になっているので、「あれ？　営業支援の機能ってもっとあったでしょ？」と抜け漏れを確認できたり、「一般的な企業で使われている機能がないため、非効率である」などと、業務分析にも応用できる。

▶ 4大調査フォーマットをカスタマイズして使う

前述の4つが調査フォーマットの基本だが、項目を追加するなどアレンジすることで、その企業、その業務特有の状況を整理することに応用できる。何点か実例を示そう。

情報項目と管理状況マトリクス

業務上、どのような情報を取り扱っているのか、それらはどの部署が管理しているのかを調査するフォーマットだ。

情報項目（社員番号、生年月日、雇用種別など）を縦に並べる。横軸には、参照権限や、更新する責任者、情報を保持しているシステム、何についての情報か、などが分かるように構成している。

これがあると、情報項目ごとの管理状況が一目で分かり、将来どうするかも同じフォーマットで検討できる。

システム設計というよりも、業務担当者と議論するためのフォーマットなので、情報項目をシステムレベルまで細かくし過ぎないことがコツである

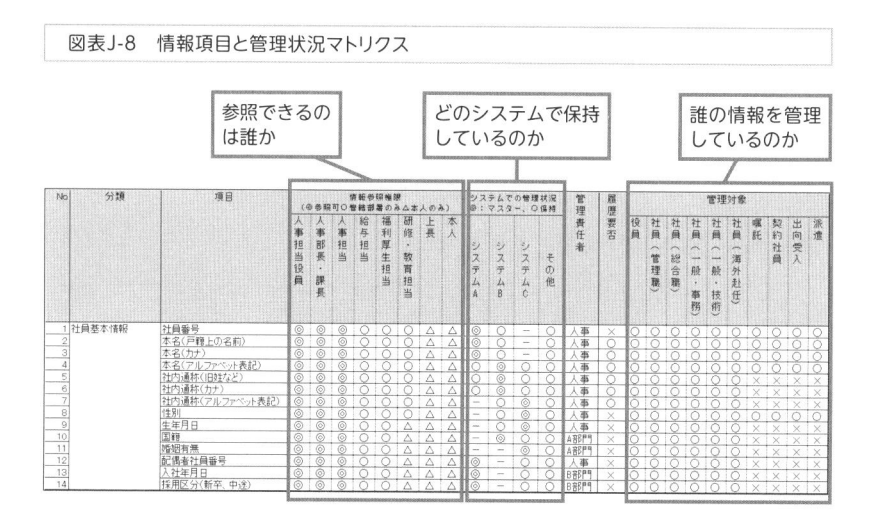

図表J-8　情報項目と管理状況マトリクス

申請一覧とチェックプロセスマトリクス

先に申請一覧を紹介したが、その応用編である。

単に申請を一覧化するだけでなく、承認ルート（まずは係長がチェックしてから課長が……）や、各段階でミスが含まれている割合、かかる時間などを詳細に記録したフォーマットに進化させてある。

この一覧を作成した際は、承認プロセスの効率化が最も重要な施策だったために、このようにかなり細かく棚おろしをした。もちろん作成には時間がかかったが、後に施策の方針を検討する際や投資の効果を算出する際にも基礎資料として利用できたので、元はとれたと言っていいだろう。

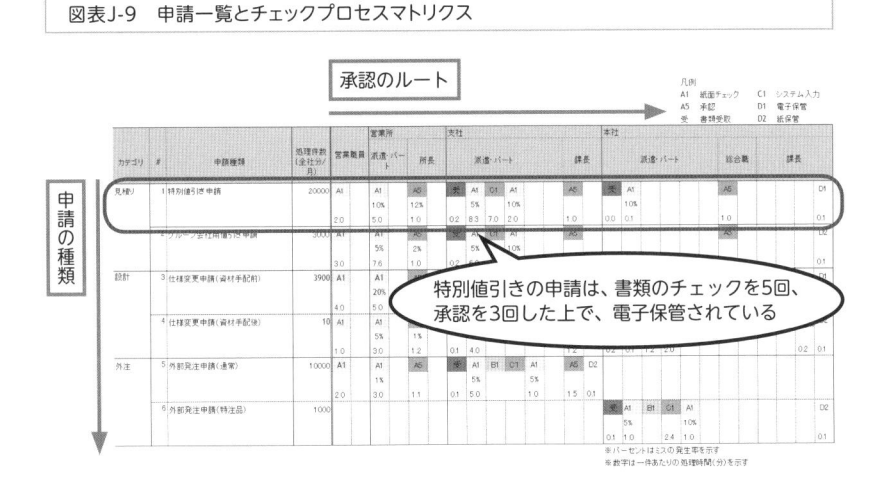

図表J-9　申請一覧とチェックプロセスマトリクス

保守サービスと提供時間マトリクス

提供している保守サービスプログラムを調査したときのフォーマット。

横軸に、「保守対象の機器＋提供しているサービス内容」を、縦軸には「サービス提供時間」を並べている。

これをもとに、提供時間の延長や、サービスメニューの増加を検討した。

図表J-10　保守サービスと提供時間マトリクス

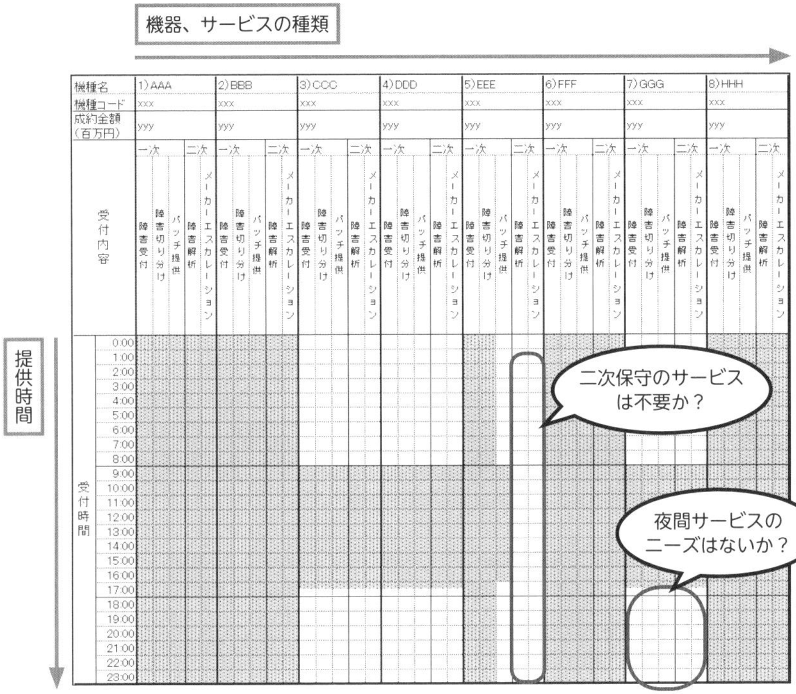
機器、サービスの種類
提供時間
機種名
機種コード
成約金額（百万円）
受付内容
受付時間
1)AAA
2)BBB
3)CCC
4)DDD
5)EEE
6)FFF
7)GGG
8)HHH
xxx
yyy
一次
二次
障害受付
障害切り分け
パッチ提供
障害解析
メーカーエスカレーション
0:00
1:00
2:00
3:00
4:00
5:00
6:00
7:00
8:00
9:00
10:00
11:00
12:00
13:00
14:00
15:00
16:00
17:00
18:00
19:00
20:00
21:00
22:00
23:00
二次保守のサービスは不要か？
夜間サービスのニーズはないか？

組織とプロセスマトリクス

各組織が担当している業務の全体像を表現するときに使う調査フォーマット。縦軸に組織、横軸に業務の流れを並べる。こうすることで、同じ「契約更新」という業務をどの部署が行なっているのか？　部署によってどの程度異なるのか？　について、ひと目で分かる資料となる。業務集約や標準化の議論をする時に有効だ。

図表J-11　組織とプロセスマトリクス

部署		業務プロセス			
		見積作成	工事設計	資材購入	資材受入
ビル建築事業部	第一設計部	営業と共同で見積書を作成する。要件仕様に基づき発注する。《システム利用無し》 パターン①	契約内容、要件仕様に基づき設計する。《システム利用無し》 パターン①	設計フェーズで策定された手配リストに基づき、見積を複数業者に入手し、発注する。《基幹システム》にて発注する。 パターン①	検品メーカーとの事前取合に基づき納入された機器について受入検査する。定期納入の後、確認を実施する。 パターン①
	第二設計部	見積設計をExcelで作成。営業へ送付。営業から客先へ見積書を提出。《利用顧客との契約の場合は法利用システムあり》 パターン②	契約書、仕様書内容および営業先提供情報に基づいて設計する。《利用システムあり》 パターン①	設計情報から、発注システムへの材料発注情報にて発注する。 パターン②	資材購入と同時期に基幹システムから搬入情報記録にて納品日、場所等を指定。 パターン①
集合住宅事業部	集合設計部	営業と共同で見積作成《システムなし》 パターン③	お客様と仕様打ち合わせの後、手順書、工程表、チェックシート等を作成《ツールはExcelテンプレート》 パターン①	なし	なし
	特殊設計部	営業と共同で見積作成《システムなし》 パターン②	自主企画に基づいた設計、客先要求に基づいた設計 パターン②	特注機器の購入、仕入れ品の購入 パターン①	仕入れ品の生産管理、受入検査、出荷指示 パターン②

（吹き出し）各部署がどんな業務を行なっているのかがわかる
集合設計部は、見積作成と設計だけを実施

（吹き出し）同じ業務を各部署がどのように実施しているのかわかる
見積業務は、4部署が3種類のやり方で実施

たとえ知っていても、現状調査は必要

　現状調査はとかく時間がかかるので、「現状のことは俺が全部分かるから、現状調査をやらなくていい」「何が問題かを皆よく分かっているから、現状調査をやらなくていい」という議論がよくある。だが、知っていれば現状調査をやらなくていい、というわけではない。

　現状調査を丁寧にやる理由を、今一度整理しておこう。

（1）　知っているつもりでも、案外知らないことが多い

　改めて現状調査を丁寧に行うと、同席したプロジェクトメンバーが「10年前に俺が係長だった時とはずいぶん変わっているんだな」「数年前にシステムが入れ替わってからは、逆に非効率になっているとは……」などと感想を漏らすことが多い。ヒアリングに同席した管理職の方から「改めて、自分の部下が大変な仕事をしていることが分かりました。なにぶん、私は半年前に赴任してきたばかりなので」という話を聞くこともある。

（2）　「人を動かす、ぐうの音も出ない事実」をつかめ

　組織で仕事をしている多くの人は、何が本当に解決すべき課題なのか、

薄々気づいている。でも気づいていても、説得力がある事実を示せるとは限らない。

　変革プロジェクトは、始めるのに大変な覚悟がいる。多くの人の重い腰を上げさせるためには、「ぐうの音も出ない事実」を示す必要がある。そのためには「こんな状態になっています。知っていますか？」というネタを現場を回って仕入れてこなければならない。

(3)　後々の作業の土台が必要

　現場業務やシステムをきちんと棚おろしておくと、後々の手戻りを防ぐことができる。例えば業務の棚おろし資料であるアクティビティ一覧や業務フローは、下記の資料を作る際の基となる。
・業務分析、システム分析の基礎資料
・将来業務プロセスを検討する際の出発点
・費用対効果分析の基礎資料
・パッケージを選ぶ時のデモシナリオ
・システムテストのシナリオ
・業務マニュアル
・業務がどう変わるかの説明会資料
・担当者へのトレーニング資料

変革したいなら数字を積み、示せ

(某住宅メーカー　S氏)

　社内で業務改革のプロジェクトを起こそうと悪戦苦闘していた頃、上司に「組織を変革したいなら、数字を積んで事実を突きつけなあかん、感情論だけでは組織は動かんで」と怒られたことがあります。
　私としては、現状調査に時間を割くつもりは全くありませんでした。現場の社員はみんながみんな、「忙しい」「業務が非効率だ」と言っていて、問題があるのは明らかでしたから。ダメさ加減を調べるのに時間を使う

くらいなら、即座にダメなところを改善したかった。当然、上司の指示もさっぱり理解できませんでしたね。

でも上司の言うことを無視するわけにもいかないので、現状を改めて調べ、数字で表す資料を作りました。すると意外なことが分かってきたのです。

・同じようにダメだと思っていたことも、実はダメさ加減に差があった
・劇的に改善できると思っていたことが、数値上は意外と良くならなかった

そして、周りの人たちの反応にも変化がありました。私の調査資料を見ながら、「これだけダメなら何とかしないとね」「こっちもダメそうだけど、ここに打つ手はないの？」などと、建設的なコメントをくれるようになったのです。

こうして、最初は私の「個人的な思い」から始まった業務改革が、徐々に多くの人から賛同を得られていったのです。

K　プロのヒアリング技術

> **この章のレッスン**
> - ヒアリングを格段にスムーズにする、7つのコツを紹介する
> - 漏れのない調査だけがヒアリングの目的ではない。調査を通じて、業務改革の支援者を作っていくことを忘れないように

　調査フォーマットが完成したらまず、プロジェクトメンバーの知識を使って調査フォーマットを埋めた方が良い。既にある資料を読み込むことで、埋められる箇所もあるだろう。こうすることで、忙しい現場の社員の時間を無駄にしなくてすむ。プロジェクトメンバーの勉強にもなる。

　だが、最終的には知っている人（大抵は今現在その仕事をしている人）に聞くしか、正確な調査はできない。この章では、プロのヒアリングのテクニック7箇条を伝授したい。正確で効率の良い調査に欠かせないのはもちろん、現場から協力体制を引き出すコツでもあるのだ。

【プロのヒアリングのテクニック7箇条】
① 業務は流れで聞け
② フリートークも有効
③ 数字で感覚を合わせよ
④ 聞いたことはその場で書き出せ
⑤ 「ざっくり」から「深く」へ
⑥ 本人にも書いてもらう
⑦ 現場とよい関係を作ることを裏の目的にせよ

1　業務は流れで聞け

時系列に沿って聞くのが基本
　業務をヒアリングする際は、必ず時系列に沿って聞く。「この業務の次に、何をしますか？」「この前にやっていることありませんか？」など、現場の方の日常をそのまま聞くのだ。単発的に質問されるのに比べ、聞かれる方が話しやすいからだ。

聞くだけでなく、バーチャル体験をせよ
　時系列に沿って聞くのは、現場の方のためだけではない。ヒアリングする人が現場で起こっていることをバーチャル体験するためでもある。そのためには、業務の情景をイメージしながら順番に業務を追っかけて聞いていくのが一番良い。

担当者ごとに区切って聞く
　時系列に沿って聞くのは基本だが、複数の担当にまたがって業務が流れる場合は無理につなげて聞かない方がよい。ほとんどの担当者は、自分の担当外の業務については良く知らないからだ。「この伝票を作ったら、○○課に連絡します。それ以降のことは○○課に聞いてみないと、ちょっと分かりません……」という具合。
　担当者ごとに時系列で聞いていき、後から1本につなげることで、仕事が行ったり来たりしているなど、改善の余地がかえって浮き彫りになるものだ。

2　フリートークも有効

　一通り時系列に沿って聞いたら、必ずフリートークの時間も用意する。いきなり「なんか問題ありますか？」と聞いても答えてくれない方でも、時系列に丹念に仕事内容を聞いた後だと、普段から問題だと思っていること、改善できそうなことを素直に話してくれる。これまで控えめに話していた方が、猛烈な勢いで話し出し、フリートークの方が長くなってしまうこともよくある。

フリートークだと、ヒアリングする側が思ってもみない切り口で話をしてくれるケースもあり、それこそが変革プロジェクト全体にとって重要なテーマであることも多い。重要なテーマではない場合でも、少なくとも「現場としてどう感じているか」「何に関心を持ち、業務をどう見ているか」はよく分かる。

3　数字で感覚を合わせよ

「すごく」や「大変」を数値で聞け

　ヒアリングでお話を伺っていると、「すごく多い」「とても大変」「少ししか発生しない」、といった表現をよく聞く。こうした感覚値は人によって差が出るから、ざっくりでも良いので数値で聞いておく必要がある。

　話す方が思い込んでいただけ、というケースも数値を聞くことで、正しく把握できる。例えば、本人が「すごく多い」と思っていても、大変なことや特殊なことを良く覚えているだけで、実際には数年に1度しか発生しないケースだ。数値で問う、というのは事実を正確にとらえるのに欠かせない。

集め過ぎない

　とはいえ、数値を細かく聞き始めるときりがない。「ざっくり感覚をつかむ」のが目的なので、正確な数値である必要はない。1分なのか30分なのか、2時間なのか。年1件なのか、月1件なのか、毎日1件なのか。まずはそのくらいのざっくりとした数値で構わない。正確な数値、詳細な数値は、「ここが変革の本丸」と見極めがついてから改めて調べても遅くはない。

　現場の方は正確に答えようとしてくれることが多く、「えー、場合によるからなんとも答えられないなぁ」「ちょっと資料を取りに戻らないと分かりません」と答えてくれることが多い。だから、ヒアリングする側が水を向ける必要がある。「とても大変って、その業務で1日つぶれちゃうくらいですか？」「少ししか発生しないって、年に1回くらいですか？」こうすれば現場の方も答えやすい。

作業時間は「ひとまとまり」で聞け

　1件あたりの作業時間を聞くより、ある程度の大きなくくりで聞いた方が

正確に集計できる。例えば・・・

① 1件ごとに聞く場合：「この書類、1件あたりどのくらいの時間で処理してますか？」
② まとめて聞く場合：「一日にどのくらいの時間を、この書類にかけていますか？　何件くらいありますか？」

普段お仕事をしている時は、①のように「1件あたり」とは意識していないことが多い。それを無理やり考えてもらうので、誤差が大きくなってしまう。1日に20件あるので20倍すると……と計算していくと、1日に5時間しか働いていないことになってしまったり。経験則として、細かく聞けば聞くほど、短めに答えてしまう傾向がある。

4　聞いたことはその場で書き出せ

その場で書いた方が、楽で正確

ヒアリングを集中してやる時期には、多くの方からとにかく沢山の話を聞く。聞いたことをその場で資料にせず、後でまとめようと思っていると作業が追いつかず、どんどん忘れてしまう。

だから、ヒアリング現場で資料化する。用意した調査フォーマットに、聞いたことを書き込んでいくのだ。質問役とPCへの入力は分業した方が良い。それぞれの役割に専念した方が、いい質問ができるし、聞いたことを漏らすこともなくなる。

PCの画面はプロジェクターで映しておく。こうすれば、聞き間違いやニュアンスの違いをその場で訂正してもらえる。調査フォーマットやプロジェクターを用意できない場合は、ホワイトボードに聞いた内容をガシガシ書いていく方法もよく使う。

うまく整理できないところは怪しい

こんな風にその場で資料化していると、キレイに整理できない箇所が出てくる。自分が理解できていないのか、業務が複雑で混沌としているの

か。いずれにしろ、よくよく聞いていく必要がある。

こういうところこそ非効率で、ルールやシステムを変えることで改善できることが多い。そのためにはまず、現在どうなっているのか、なぜ複雑にならざるを得ないのかを正確に把握することから始めなければならない。

5 「ざっくり」から「深く」へ

業務の目的を押さえてから聞く

「何のための業務か？」を把握してから、その業務にまつわる作業を聞いていくこと。業務の目的を把握せずに一つ一つの作業をヒアリングしてしまうと、本来あるべき作業が抜けていたり不要な作業をしていても、気付けない。

例えば、「仕入先への支払い処理を行う」が目的なのであれば「あれ？承認作業がどこにもないですが？」とか、「このデータ転記作業は、支払い処理と全然関係ないような気がしますが、なんのためにやっているんですか？」と、抜け漏れの確認をしたり意図を確かめたりできる。

最初に全体を押さえる

ヒアリングで最も多いミスが、いきなり細かく聞こうとすることだ。「最初に書類をチェックするんですね？ チェックの項目はなんですか？」「チェックが終わったら、どこに印鑑を押すんですか？」——これを始めると、きりがない。

最初から一挙手一投足を聞くのではなく、1回目は大雑把に業務全体をさらう。その上でもう一度、頭から細かく聞いていくのが良い。ざっくり流れをつかもう。「最初に書類をチェックするんですね、次は、発注処理でその次に納品のチェックですね」という具合だ。

最初に全体感を押さえると、ヒアリングに濃淡が付けやすくなる。ざっくり全体を把握した段階で、問題がありそうなところが見えてくることも多い。現場の方が、端的に「ココは課題なんだよね！」と言ってくれることもあるし、そうでなくても、話す雰囲気で分かる。

逆に重要度が低いところは、大ざっぱに伺っておけば十分だ。

宿題を活用する

「ざっくりから深く」を意識すると、自然とヒアリングに濃淡を付けられる。重要な部分はしっかり現場で生の声を聞いて、終わらなかった重要度の低い部分は宿題にする。ヒアリングで使った資料をそのままお渡しして、作業内容や作業時間などを埋めてもらうことが多い。ヒアリングでやり方はつかめているから、戸惑うこともない。量が多い時や、まとまった時間をもらえない方の場合はよく使う。

6　本人にも書いてもらう

ヒアリングというと「聞く側」「答える側」というイメージがあるが、ヒアリング対象の方にペンを渡し、自分で書いてもらうことで、ずっと効率的に、活き活きとした話が引き出せることもある。2つの事例で説明しよう。

事例 1

仕事割合の円グラフ

このプロジェクトでは、ヒアリングさせてもらう担当者全員に「あなたの1日の業務割合を教えてください」と聞いていた。模造紙に円グラフを書いていただき、結果を部屋中に貼っていく。

1枚ずつ見ていくだけでも「この仕事にこんなに時間がかかっているの

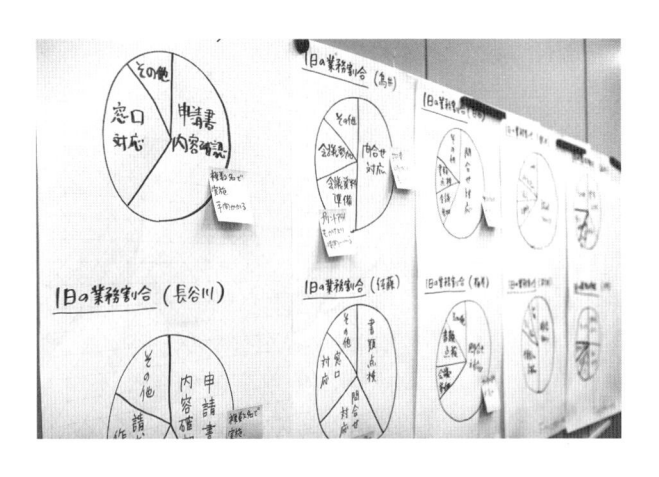

か」という発見もあったし、全体を通してみると「一人一人では少しだが、多くの方が時間を取られているので、全体としてはバカにならない業務」も浮き彫りになった。

一目で状況が分かったので、施策を考えるときまでずっとこのままにしておき、「この人の仕事をこの人にもお願いして……」と役割分担を考える時にも役立った。

事例2

休憩コーナーで、みんなの意見を募る

もうやめてしまいたい仕事、なんとかしたい仕事を集めるために、付加価値マトリクスを書いて、休憩コーナーに貼っておいたことがある。付加価値マトリクスにはいくつかのバリエーションがあるのだが、この時は縦軸を「仕事の価値が大きいか？　小さいか？」、横軸を「システム化のメリットがあるか？　そうでもないか？」とした。例えば付加価値も小さく、システム化のメリットもないなら、まずは廃止を検討することになる。

会議で面と向かっては言いづらいことでも、自由に書いて良いという形式だと、ぐっと本音の意見を出しやすい。だれかが作ったものを見せられるのではなく、みんなで作るから実感も湧く。

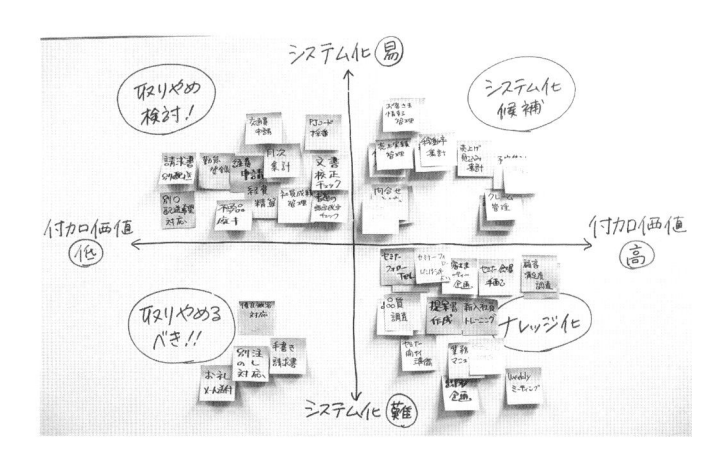

> ちなみにこの時、一番貼ってくれたのは正社員ではなく、業務をアウトソースしてる先の派遣社員の方たちだった。プロジェクトのコアメンバーではなかったが、問題意識は高く、沢山の改善案を出してくれた。多くの関係者に、変革の当事者になってもらう効果もあるのだ。

7　現場とよい関係を作ることを裏の目的にせよ

また後で聞きにいける関係を作る

　ヒアリングは一度で終わらない。聞きそびれたところ、さらに検討を追加したもの、新たな事実が明らかになったところ、投資対効果を算出するための基礎数値集めなど、後から追加で聞くことは山のようにある。

　その時、現場の方と信頼関係ができていないと、時間を割いてもらえなくなる。ヒアリングは、現場との関係作りの場であると考えるべきだ。極端なことを言えば、現場との関係が壊れるくらいなら、ヒアリングの目的が達成できなくてもいい。後から追加で聞けるのだから。

相手の負荷を気にする

　現場の人は例外なく忙しい。だから自分のメリットにならない（ように見える）ことには時間を取られたくない。突然知らないヤツが来て根掘り葉掘り質問してきて、あげく「あなたの業務はこの辺が問題ですね」とか

言ってくるわけだから無理もない。現場の方にしてみれば、インターフォンも鳴らさず土足でウチに上がってくるようなものだ。

　だから、「あなたに最大限気を使っています」と伝えることは、人間関係を作るうえで非常に大事になる。当たり前のことだけど「時間を割いたけど、まぁ悪くはなかったな」と、最低でも思ってもらう。

　普段から特に気をつけていることを挙げておこう。

・忙しい中、時間を割いていただいたことに最大限感謝を表明する。
・予定時間より必ず早く終わらせる。時間が読めないなら、長めにもらっておいて早く終わらせること。1秒でもオーバーしてはならない。
・ヒアリングした結果がどう使われて、聞いた方にどう影響があるのかを端的に伝える。ヒアリングの意義が見えれば、時間を割く価値を感じてもらえる。
・ギブアンドテイクを意識する。

　ヒアリング中に「こういう業務、他社ではどのようにやっているのですか？」と聞かれることはよくある。相手に提供できるものは、惜しみなく提供しよう。多少脱線になったとしても、ヒアリングのメリットを感じていただくことは、今後の関係づくりという観点ではとても大事だからだ。

・愚痴に付き合う。

　日頃の業務に関して愚痴をこぼしてくれる方も多い。そんな時は、たとえヒアリングの目的から外れていてもよく耳を傾けよう。課題のネタが拾えるかもしれないし、しっかり聞くだけでも相手の満足度は上がるものだ。ただし、付き合い過ぎは厳禁。

・「ちょっとだけ時間もらえませんか？」と言わない。

　ヒアリング相手と顔見知りの場合はつい、「○○さん、ちょっと聞いていいですか？」とやってしまう。たいていは快く応じてくれるだろうが、「ちょっと」の感覚は人によって異なる。1分だと思っている人を10分捕まえたら、相手はどんな気分になるだろうか？　話を伺うときは、ちゃんと時間を伝えよう。

> ## コラム
> ### ヒアリングの副産物
>
> ギブアンドテイクも大事と書いたが、ヒアリング相手に思わぬ副産物をプレゼントできることもある。
>
> あるプロジェクトでヒアリングにお付き合いいただいた方に、後日お会いした時のこと。「以前は、ヒアリングにご協力いただいてありがとうございました。お忙しいのに申し訳なかったです」と改めて御礼を言うと、彼はこんなことを言ってくれた。
>
> 「大丈夫ですよ。むしろ自分の業務を改めて見つめ直す機会が持てて、すごくよかったです。普段業務に追われていると、自分の仕事を客観的に見ることなんてないですからね。聞かれることで頭も整理できたし。よくよく見ると、何のためにやっているのか分からない仕事もあったりして……。今、少しずつ見直そうとしているんです」
>
> 自分の仕事を見つめ直す機会は、聞かれる側にとっても貴重なものだ。

上級編　詳細な棚おろしの前に、あえてざっくり棚おろしをする

　何度か書いてきたように、業務やシステムの現状を漏れなく詳細に書き出すのは、業務改革プロジェクトの基本である。後々、何をやるにも土台となるからだ。だが、プロのコンサルタントが現状調査をする時には、あえて大雑把な棚おろしから始めることが多い。加減を誤ると痛い目に合うので安易な真似は禁物だが、上級編として紹介しておこう。

　全てを細かく調べていると時間がかかり過ぎる。人件費もバカにならないし、調査に半年も1年もかけていたら、ビジネス環境が変わってしまう。何より、せっかく立ち上げた業務改革も、延々と調査ばかりやっていては勢いがなくなってしまう。

図表K-1　大雑把な調査／細かい調査

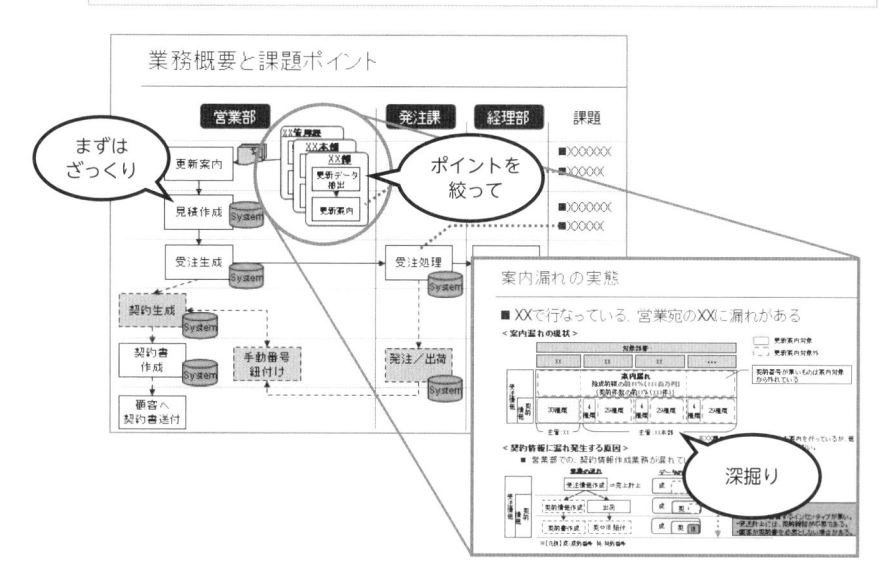

そこで、いきなり詳細な調査をするのではなく、まずざっくり調べて、大きな課題がありそうなところの当たりをつける。

仮説を持つ、と言ってもいい。そして、詳細な追加調査で仮説が本当なのかを確かめていくのだ。こうすると全てを詳細に調査しなくて済むので、効率よくスピーディにプロジェクトを進めることができる。

事例

あえて、手書きの業務フローから始める

　ある営業組織の業務効率化プロジェクトでは、数多く挙がった調査候補を絞り込む会議を開いた。最初に、手書きで大まかなフローを書き起こした。実際のセッションで使ったフリップチャートがこれだ。

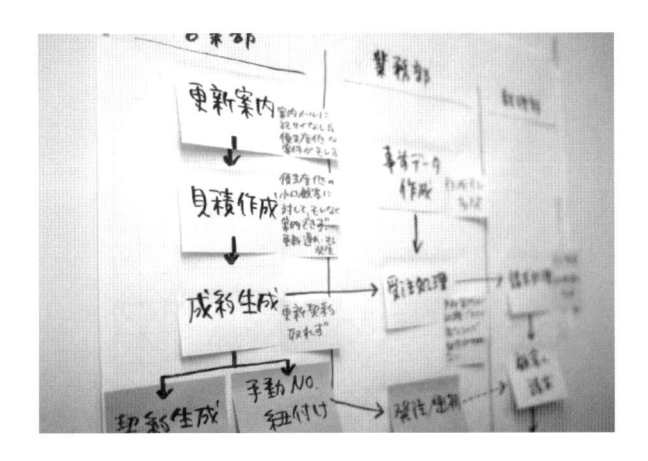

　当たりをつけるために書くのだから、手書きで粗く書くぐらいがちょうどよい。これを見ながら、現場をよく知っている方に問題点を語ってもらった。その場で付箋に書いて、フロー上にペタペタ貼っていく。よく知っている方ほど、細かい課題も知っているが、フローが粗いので、マクロな課題、構造的な課題を中心に語ってくれた。
　例えば、
「そもそもフォローすべき案件情報が、まったく営業に伝わってこないんだよね」
「営業の案件情報と業務部の発注情報がうまくつながっていなくて、毎回調査するのが面倒でしょうがないんだよな」
　など、ここで当たりをつけた課題は、その後集中的に詳細調査を行うこととなり、プロジェクトにとって肝の課題となっていった。

L 課題を特定する

> **この章のレッスン**
> - 現状が見えてきたら、その中から「変革プロジェクトを通じて、やっつけるべき課題」を特定する
> - 無数に挙がる課題の全ては解決できない。本当に重要な課題を見極める視点を学ぶ

ステップ1 まずはリストに貯める

課題とは、「困っていること」である。

変革をしたいと思ってここまで進めてきた以上、メンバーそれぞれが課題だと思っていることがあるだろう。現状を棚おろし、現場の方にヒアリングをするなかで、沢山の困り事を聞いてきたことだろう。これらを聞いたり感じたりした都度、課題一覧に記入すること。

図表L-1　課題一覧

No.	情報元		課題	課題エリア							記入日	記入者
	部署	人		プロセス	組織・役割	制度・規約	システム	人材・スキル	ビジョン	カルチャー		
1	業務推進	xx課長	期首計画（修正計画）時の、入船計画、生産計画、原料受払が連動しておらず、手作業で修正しており効率が悪い。				○				2013/7/1	白川
2	東部販売管理	xx担当	運賃補助の規模が小さいわりに伝票が膨大であり、負荷が高い。	○							2013/7/1	白川
3	生産統括	xx部長	各工場で分析表のフォーマットが統一できていない。				○				2013/7/1	白川
4	関西営業	xx担当	生販計画で無駄な転記作業が発生している。				○				2013/7/2	榊巻
5	業務推進	xx担当	営業支援システムを使って実績を集計している。転記作業が多い。例えば、月初に速報（先月の実績）、執行役員会議資料、月次（経理用）を作成しているが、システムで作成したい。			○	○				2013/7/2	榊巻
6	生産統括	xx部長	販売計画と生産計画が紐付いていない。オーダーに対して生産計画を行っており、生産調整も行っている。	○							2013/7/2	榊巻

例えば、
・コピー機の保守売上が年々低下してきている
・発注書を手で作成しているため、発注ミスが頻発している
・○○画面が使いづらいので、△△ボタンを作ってほしい

この3つの課題では、ずいぶんと話の次元が異なるが、そういった整理は後でやれば良い。

まずは忘れてしまわないうちに、課題一覧にどんどん貯める事を優先して良い。後で確認できるように、どこの部署のだれからいつ聞いたのか、どのプロジェクトメンバーが記入したのかくらいを付記しておけば十分だ。

なるべく「具体的に何に困っているのか？」を分かるように書くと良い。例えば「基幹システムから、発注書が印刷できない」とだけ書くよりは、「発注書の印刷機能がないため、手書き発注書の保管コストがかなりかかっている」と書いた方が、第三者が見た時に分かりやすい。

コラム

当たり前の中には非効率が潜んでいる

　事情を知らない人から見るとおかしなことでも、現場にとっては当たり前過ぎて課題だと思われていないケースがある。

　あるプロジェクトで、業務ごとの事務ミスの発生率を調査した時のこと。一部の業務ではミス率が50％にも達していた。なんと2件に1件はやり直しという、異様に非効率な状態だ。

　だが、その業務の管理職や経験者に話をすると
「まぁそんなもんだよね」
「この業務は難しいから仕方ないんだよ」
「マニュアルはあるけど、そもそも現場のために作ってない」
「分かりやすいマニュアルを作るのは絶対無理」
という感想。だれもこれを「解決すべき課題」とは考えていないのだ。

> 第三者が客観的に調査しなければ、こういった「当社の常識は世間の非常識」という課題は洗い出せない。現場の人に課題を聞いて回る、というだけでは本当に大事な課題が見つからないこともある。ある程度網羅的に現状を棚おろす必要があるのはこのためだ。

ステップ2　細々した課題をくくる

　ヒアリングで現場の方から聞く「困り事」は、粒が小さく、表面的な課題が多い。「○○のチェック作業が大変」「○○で検索できるようにしたい」など。ある会社では、アンケート形式で業務上の課題を集めたところ、80%が画面の使い勝手についてだったそうだ。こういった課題に一つ一つ取り組んでいっても、時間とお金がかかる割に効果は少ない。だが、細々とした課題が山積みになっているということは、「課題を放置する組織風土」といった、より本質的な課題が裏に隠れていることが多い。まずは、細々とした課題がたくさんある場合は、1つの大きな課題にまとめよう。

図表L-2　細々した課題をくくる

課題をくくる

課題をまとめる前	課題をまとめた後
■システムに印刷ボタンがない ■××画面に検索条件項目を1つ追加してほしい	■システム改善要望を吸い上げるルートがない、またはシステムの改善に全く予算を振り向けていない
■ユーザーから問い合わせがあると、ユーザーが使っている機器構成をゼロから聞き出すのが大変 ■ユーザからの問い合わせ履歴がシステムに入力できない	■顧客とのやり取りを管理・分析する仕組みがない
■部門ごとに伝票を入力するのが面倒 ■伝票を作るために、誰がどの部門にいるのかを調べ直さないといけない ■何でもかんでも研究番号ごとに数値を作って経理に渡さないといけない	■人件費の計上ルールが煩雑で、システム化されていない

少し大きな課題にくくってから同じことが他の部門でも起きていないか調べると、今まで聞けていなかっただけで、あちこちで同じような非効率なことが起きている場合は多い。

ステップ3　課題の実態をさらに調べる

課題がくくれると整理がついてきたように見えるが、この時点ではまだ課題の候補に過ぎない。そして、「本当に正すべき課題なのか？」が怪しいものも混ざっている。

課題の実態をしっかり把握できれば、プロジェクトで取り組むべき課題を見定めることができる。そこで、課題の実態を探り出すために効果的な「課題を裸にする3つの問い」を紹介しよう。課題を見聞きしたら、この3つを自問してほしい。答えられない項目があるなら、もう少し深掘りして調査・ヒアリングした方がいいということだ。

```
☐【課題を裸にする3つの問い】
☐ ①　それはどの程度発生するのか？
☐ ②　それはなぜ起こるのか？
☐ ③　それはなぜ正せないのか？
```

（1）　それはどの程度発生するのか？

ヒアリングで聞ける課題は、大半がめったに起こらないイレギュラな出来事である。普段と違った対応を強いられて大変だったことを良く覚えているものだからだ。

良くあるヒアリングでの一幕はこんな感じだ。

プロジェクトメンバー：「業務の流れについてはだいたいお伺いできました。このあたりで普段困っていることがあれば教えていただきたいのですが」

現場の方：「そう言えば、普段は複数案件まとめて外注しているんだけど、稀に個別に発注しなきゃいけない案件があってね。そうなると発注方法が全く異なるんだよ。採算確認方法も変わっちゃうし。社内調整と顧客への説明でほんとに大変だったんだ。構造的な問題だから、何とかしない

と毎回すごい大変になるな！」

　プロジェクトメンバー：「なるほど、それは大変でしたね。ちなみに、そのケースはどの程度発生するんですか？」

　現場の方：「ん……？　長年やってるけど今回で2回目かな。そんなにしょっちゅう起こるものではないね」

　現場の方の気持ちは分かるのだが、滅多に起こらないことを取り上げ、主要な課題として検討するのは筋が悪い。苦労して改善しても、効果が薄いからだ。

　課題を聞いたら、発生確率を一番に確認してほしい。

（2）　それはなぜ起こるのか？

　課題が起こる原因を探っていかなければ、対策が打てない。シンプルな原因のこともあるし、複数の要因が複雑に絡み合っていることもある。憶測や感情論を抜きに、原因を探りだすのはなかなか難しい。見極め方のコツはN章「分析の7つ道具」で詳しく紹介する。

（3）　それはなぜ正せないのか？

　課題のいくつかは、昔からなんとかしたいと思いながらも解決できない、根が深い課題だ。そういう課題には、どうしても乗り越えられない、解決への障害がある。

　・実は過去にトライしたけど、失敗した
　・解決に時間を使うほど、深刻な問題じゃない
　・システムを直さなければ解決できず、手が出せない
　・他部署との調整が必要で、話が進んでいない
　・別の観点から見ると、今の方法が実は最適

　などである。どういう理由だったにせよ、課題の重要性や解決方法の大事なヒントになる。特に、「実は過去にトライしたけど、失敗した」というケースはよく聞いておきたい。失敗した原因を解消できなければ、また同じことが起こるからだ。

ステップ4 全体像に課題を書き込む

「課題を裸にする3つの問い」で課題の実態が見えてきたら、業務の全体像にマッピングしよう。どこに課題があるのか、課題同士がどういう関係になっているのかを俯瞰するためだ。特にプロジェクトオーナーなどの役員に報告する場合は、個別の課題についてくどくど説明する時間がない。会社全体、業務全体から見てどこに課題があるのかを示し、ざっと状況を把握できるようにしないと、短時間で報告できない。

業務全体を表現したマトリクスに課題を書き込む方法や、大雑把な業務フローに書き込む方法などが一般的だ。特定の組織や部署を非難する目的ではないので、組織図にマッピングするのは避けよう。

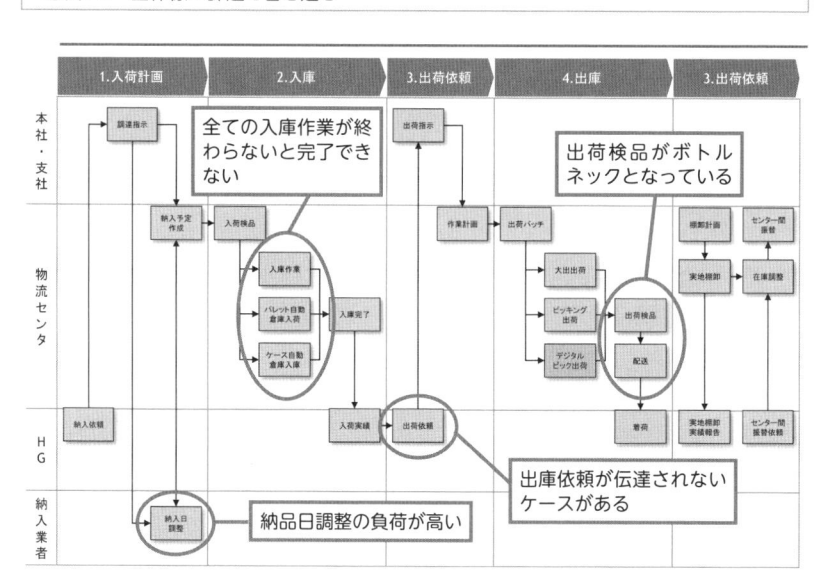

図表L-3 全体像に課題を書き込む

課題を書く時には遠慮しない

　課題を指摘するのだから、社内で傷ついたり怒ったりする人もいる。責任問題にもなりかねない。だから心優しい日本のサラリーマンとしては、慮って表現をソフトにしてしまうケースが多い。ソフトにし過ぎて、結局何が問題なのかさっぱり分からない資料になることもある。

　ここが変革プロジェクトの最初の踏ん張りどころである。ここで曖昧なことしか書けないようなら、どのみち変革を実行するときには腰砕けになってしまう。淡々と、課題があるならあると、書かなければならない。

　その代わり、課題として取り上げるからには、必ず「裏付けとなる事実」とセットでなければならない。「何の根拠があってそんな言いがかりつけるんだ！」とだれかに言われても、クールに「実際、こういう状態になっています。ご存知でしたか」と説明できなければならない。

M　分析は「構造化と実感」

この章のレッスン
- 現状調査と施策検討をつなぐ重要なステップが「分析」である
- 現状をクールに分析することで、「どんな施策をやれば、今より良くなるのか?」に答えることができる

　調査が終わったら、次は分析だ。施策を考えるために分析は欠かせないのだが、「○○分析」と銘打った資料をよく見ると、実は単に調査したことの羅列である場合が多い。

図表M-1　各課の残業分析

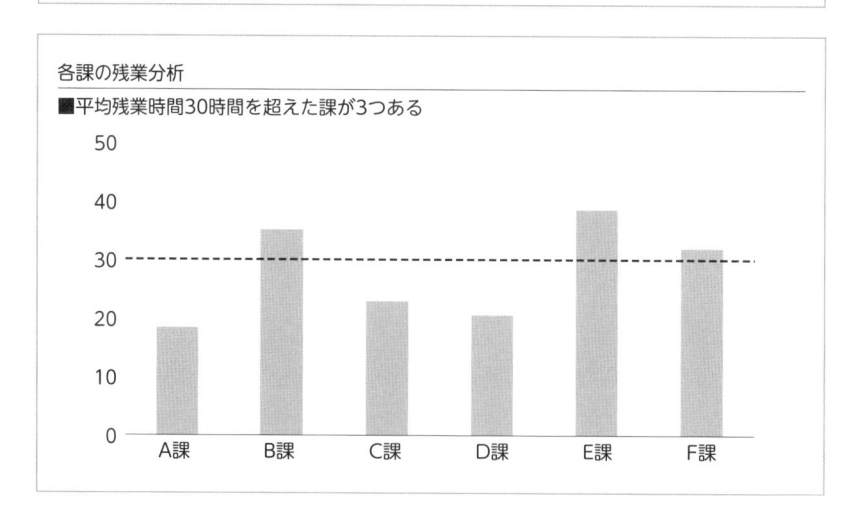

各課の残業分析
■平均残業時間30時間を超えた課が3つある

（A課: 約19、B課: 約35、C課: 約23、D課: 約20、E課: 約38、F課: 約32、破線は30時間）

　ここに挙げた例も、分析というよりは単なる調査結果（事実の羅列）と言える。これを読んでも変革の方向性が定まるわけではないから「ふーん、それで?」と言われてしまう。では、分析とは何をどうすることなのだろうか?

分析とは「施策検討のための構造化と実感」である。
　現状調査をしたのは何のためだっただろうか……？　そう、課題を明らかにして施策を練るためだ。本当は調査結果をベースに施策を考えられると一番いいのだが、それはちょっと辛い。調査結果は業務の手順、それぞれにかかる作業時間、システムの保有機能、課題の一覧など、単なる情報の羅列だからだ。
　だから、調査から施策へ橋渡しをするために分析をする。課題がどういう構造で起きているのかを示し、「あ～こうゆう構造だから、あのやっかいな課題が解決できなかったのか……」とか「う、これは確かにマズイ……。なんとか改善しなくては」などと実感できるようにするのだ。

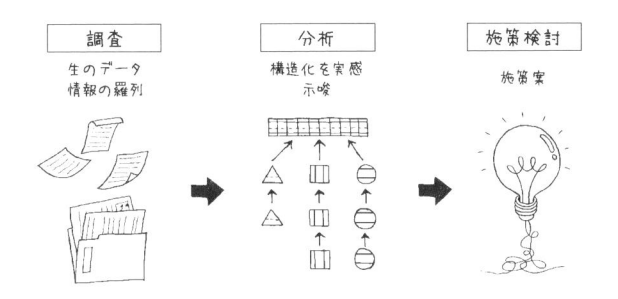

調査	分析	施策検討
生のデータ 情報の羅列	構造化を実感 示唆	施策案

▶ 分析では示唆（だから何？）を示せ

　施策検討の呼び水となるような、有効な示唆がない分析は多い。例えば、調べた結果をグラフや図にするとなんとなくカッコがついてしまうから、「だから何？」が抜けてしまう。調査の結果を淡々と伝えるのは分析ではない。「この結果から、何が言えるのか？　施策検討の役に立つのか？」を忘れずに考えよう。
　「だから何？」の落とし穴にはまりやすいのはグラフだけではない。各種のコンサルタント本に載っているSWOTや4Pなどのフレームワークも、整理のツールに過ぎない。書き込んだだけで満足せず、「だから何？」を考えていかなければ、分析にはならないのだ。
　次頁のグラフは、ハードウェアに使われるパーツ故障について調査した資料である。いわゆるパレート分析（ABC分析）を行い、故障の発生回数をグラフで表示している。棒グラフは故障発生件数、折れ線は累積比

図表M-2　示唆がない分析

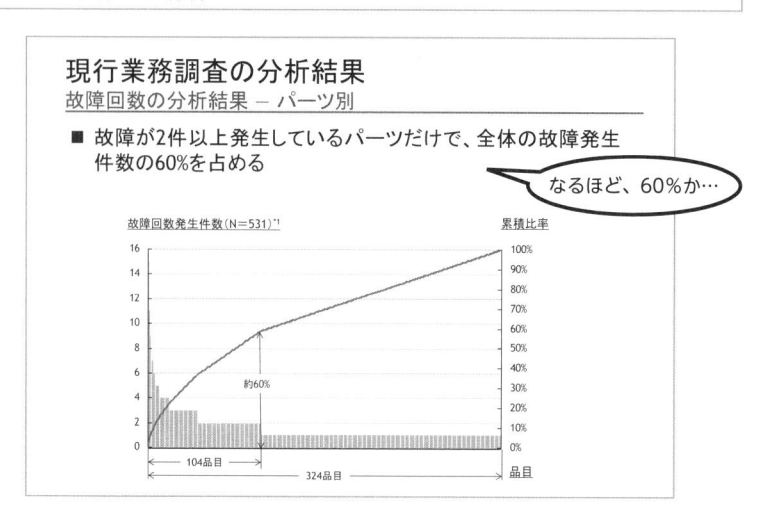

現行業務調査の分析結果
故障回数の分析結果 — パーツ別

■ 故障が2件以上発生しているパーツだけで、全体の故障発生件数の60%を占める

（なるほど、60%か…）

故障回数発生件数(N=531)*1　　　　　累積比率

約60%
104品目　324品目　　品目

率を示している。横軸は品目数だ。

なるほど60%か。それが104品目なのか。だから何なのだろう?

これだけだと、どう施策を検討すればよいか、悩んでしまう。事実は書いてあるが、示唆がない。

例えば次のような示唆が出せていれば、施策の方向性が見えてくる。

図表M-3　示唆がある分析

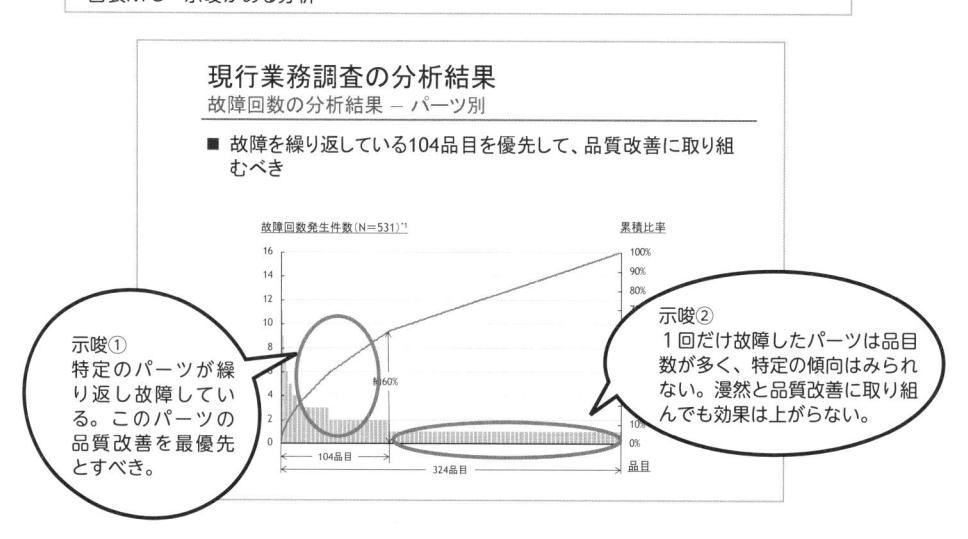

現行業務調査の分析結果
故障回数の分析結果 — パーツ別

■ 故障を繰り返している104品目を優先して、品質改善に取り組むべき

故障回数発生件数(N=531)*1　　　　　累積比率

約60%
104品目　324品目　　品目

示唆①
特定のパーツが繰り返し故障している。このパーツの品質改善を最優先とすべき。

示唆②
1回だけ故障したパーツは品目数が多く、特定の傾向はみられない。漫然と品質改善に取り組んでも効果は上がらない。

そのまま施策を語れる分析を目指せ

　分析結果からそのまま施策を議論できるのが、本当にクールな分析だ。分かりにくいだろうから、例を使って説明していこう。

　図表M-4の絵を覚えているだろうか。Concept Framingフェーズでも登場した、プロジェクトコンセプトの例である。古河電工の人事BPRプロジェクトは、「それまでバラバラにやっていた人事業務を、一箇所に集約して効率化を図る」もので、これを題して「ハブ&スポーク」をコンセプトとして変革プロジェクトが始まった。

　だが、コンセプトが生まれた時点では、あくまで仮説に過ぎなかった。本当に集約なんてできるのか？　どの業務を集約してどれをそれぞれの工場に残すのか？　については、プロジェクトメンバー自身も半信半疑だったのだ。

　そこで、徹底した現状調査に続き、「差違分析」と名付けた分析を行った。

図表M-4　古河のハブアンドスポーク

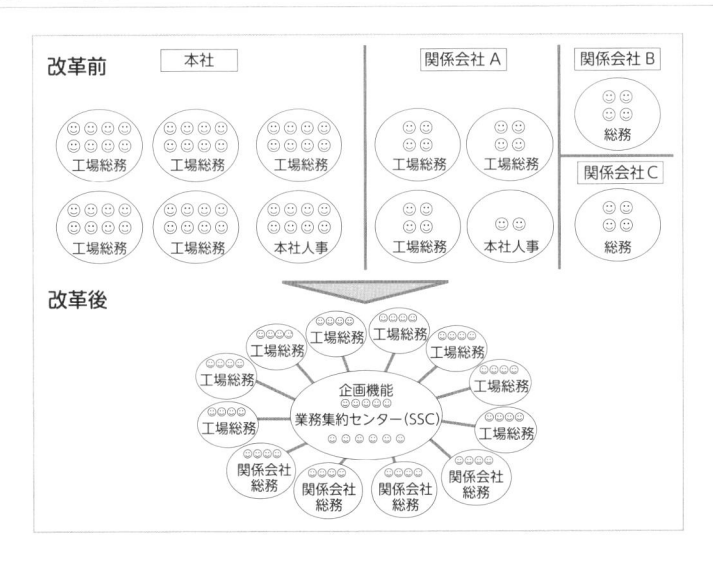

図表M-5　古河電工の人事BPRプロジェクトの分析の例

差異分析集計結果

業務カテゴリ	A 本社機能型	B 地域特性型	C なごり型	D 制度特性型	TOTAL	Dで集約化ができるもの
人事	59	1	3	47	110	8
給与	37	4	22	33	96	33
人材育成	80	5	0	14	99	3
庶務関連	0	26	3	16	45	8
労政	29	4	0	14	47	5
厚生	37	6	4	25	72	19
海外・関連会社	35	0	0	12	47	0
安全衛生	2	36	3	33	74	5
TOTAL（パターンごと）	279	80	35	194	590	81

半数以上は本社人事業務として、既に集約済み

CとDは、集約化のため制度・役割・システム等の統一を検討

　現状業務調査によって棚おろしされた全715の業務を「A本社機能型、B地域特性型、Cなごり型……」などにグループ分けした。
　この分け方がポイントで、「仕事をやる場所にどの程度制約があるのか」という観点で分けてある。例えば給与計算はどこで行なっても計算結果は同じだが、工場見学の来客対応や工場の職場長さんとの勤務時間交渉は、本社のような遠隔地でやるわけにはいかない。
　こうしてグループ分けすると、「Cなごり型は、なごりで業務をやっているだけだから、すぐに撤廃しよう」とか、「D制度特性型は、細かい制度の違いさえ標準化できれば、仕事をまとめてできるな」といった議論が始まった。
　さて、この時はなぜ「場所の制約」という切り口でグループ分けしたのだろうか？　それは、「集約してハブ＆スポークの形にすればいいのでは？」という仮説があったからだ。仮説を裏付けるためにどんな分析をやればいいかを考えれば、自然にこの分け方になる。
　幸いなことにこの時は分析の結果、仮説が裏付けられ、コンセプトの正

しさに自信を持てたのだが、もちろん仮説が誤っていることもある。在庫のデータと3日間格闘して「現時点でも、最適な在庫管理ができている」と確認できた時は、嬉しいような残念なような気持ちになった。事実をねじ曲げて無理矢理に業務改革をやってもしょうがないのだから、そういう時は別の仮説を探すしかない。

分析の7つ道具

この章のレッスン
- 「良い分析」が何か理解できても、実際に良い分析を生み出すのは本当に難しい
- しかし、ベースとなる分析手法はそれほど多くない。代表的な7つの手法を実際の事例を交えながら紹介する

ここからは、変革プロジェクトでよく使う手法を7つ道具として紹介する。分析を行うときのヒントとしてほしい。事例はすべて、実際のプロジェクトで使った"ホンモノ"だ。

【分析の7つ道具】
① 定量比較
② プロセス比較
③ グルーピング
④ 横串グルーピング
⑤ 相関比較
⑥ 2軸マッピング
⑦ ツリー分解

1 定量比較

何をどうする分析手法?

　定量的に比較することで、示唆を導き出す分析手法。
　単一だと良し悪しが判断できないものも、何かと比較することで相対的に問題があぶり出せる。そして、数字だから説得力が増すメリットもある。
　課ごとの残業時間を並べて比較したり、製品別の売上を並べて比較したり、色々な場面で使うが、「何と何を比較するのか?」という「切り口」で勝負が決まってしまう。「もしかしたら、残業時間と品質に関連性があるのかもしれない」など、何らかの仮説を持っているのであれば、まず定量比較できないか考えてみよう。

使用例：派遣社員の管理業務のピーク分析

　派遣社員の管理業務改革プロジェクトでの現場ヒアリングで「仕事に波があって大変なんです」という話をあちこちで耳にしていた。
　仕事には毎月必ずするルーチンワークもあれば突発的な仕事もあるのが普通だから、忙しさには波があるものだ。1箇所目のヒアリングでこの話を聞いた時は、さほど気に留めていなかった。だが、3箇所4箇所とヒアリングを進めても、毎回同じ話が出てくる。そこで、業務ピーク調査をしてみることにした。
　「どのくらい業務負荷が集中しているのだろうか？　業務の集中はいつ発生するだろうか？　特定の時間帯か？　特定の曜日か？　それとも月初や月末？」
　こうした疑問に答えられるように資料をまとめたのが、図表N-1の「業務のピーク分析」だ。
　分析から、月初5営業日に業務が集中し、局所的に残業時間が増加していることが分かった。そこで「月初5営業日の業務を棚おろし、5営業日に必須の業務以外は実施する日をずらす」という施策を打った。さらに同一

業務でも、部署によってピークのタイミングが異なることも明らかになり、ピーク分散施策を検討する重要なきっかけとなった。

図表N-1　業務のピーク分析

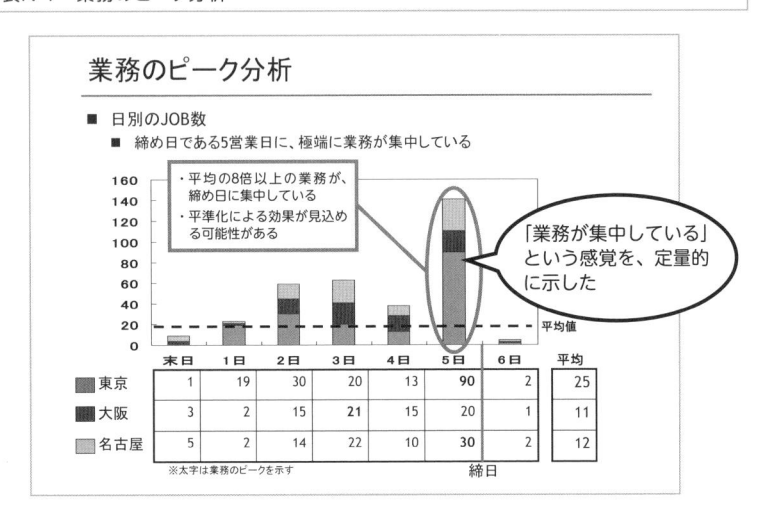

業務のピーク分析

■ 日別のJOB数
　■ 締め日である5営業日に、極端に業務が集中している

・平均の8倍以上の業務が、締め日に集中している
・平準化による効果が見込める可能性がある

「業務が集中している」という感覚を、定量的に示した

	末日	1日	2日	3日	4日	5日	6日	平均
東京	1	19	30	20	13	**90**	2	25
大阪	3	2	15	**21**	15	20	1	11
名古屋	5	2	14	**22**	10	30	2	12

※太字は業務のピークを示す　　　　　　　　締日

使用例：受発注のデータ入力効率化分析

このプロジェクトでは、ヒアリングの最中に、「ギフト商品の業務負荷が高い」という話をよく伺っていた。セオリー通り、まずは全体業務に占めるギフト商品の負荷を調査した。図表N-2で左側に書いた業務負荷割合の棒グラフがそれである。

確かにギフト商品業務が占める割合が50％超と高く、改善の余地がありそうだ。同時に、もっと根本的な「業務負荷に見合うほど売上に貢献しているのか？」という疑問も浮かんできた。

追加調査した結果が右側のグラフだ。業務が大変なギフト商品が売上に占める割合は12％しかない。ここから導ける示唆は、「業務の効率化」ではなく、「ギフト商品業務、やめちゃえば？」である。

図表N-2　受発注のデータ入力効率化分析

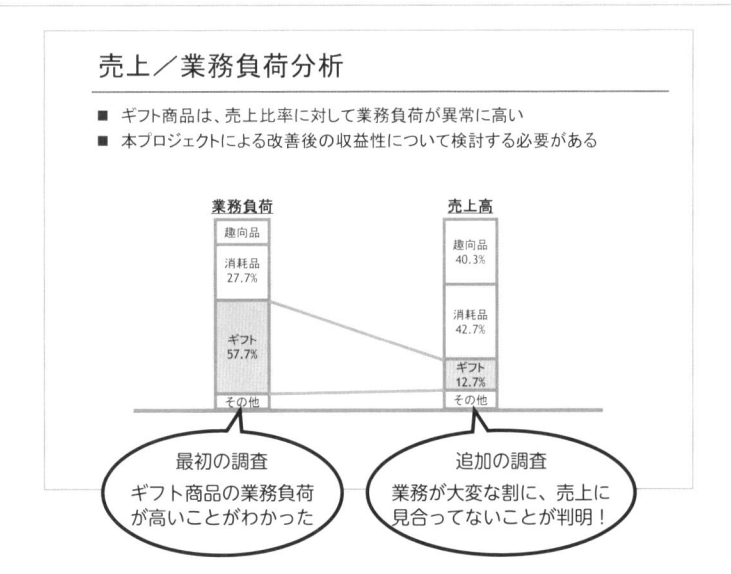

売上／業務負荷分析

- ギフト商品は、売上比率に対して業務負荷が異常に高い
- 本プロジェクトによる改善後の収益性について検討する必要がある

業務負荷
- 趣向品
- 消耗品 27.7％
- ギフト 57.7％
- その他

売上高
- 趣向品 40.3％
- 消耗品 42.7％
- ギフト 12.7％
- その他

最初の調査：ギフト商品の業務負荷が高いことがわかった

追加の調査：業務が大変な割に、売上に見合ってないことが判明！

02 プロセス比較

何をどうする分析手法？

業務をパターン化し、プロセスを比較する分析手法。
業務フローを2つ並べても、通常は複雑過ぎて示唆を導き出すことはできない。そこで、ポイントとなる部分だけを切り出し、単純化（モデル化）してから比較する。こうすることで「どちらのプロセスが良いのか？」「そもそも同じプロセスで処理すればいいのでは？」といった議論がしやすくなる。

使用例：書類再発行事務のパターン化

生命保険会社では、保険証券や控除証明書などを再発行する業務が無数にある。いずれもミスがあってはならないため、慎重にやる必要のある、手間のかかる業務だった。

再発行する書類ごとに細かいルールがあるので、細かい仕事の流れは

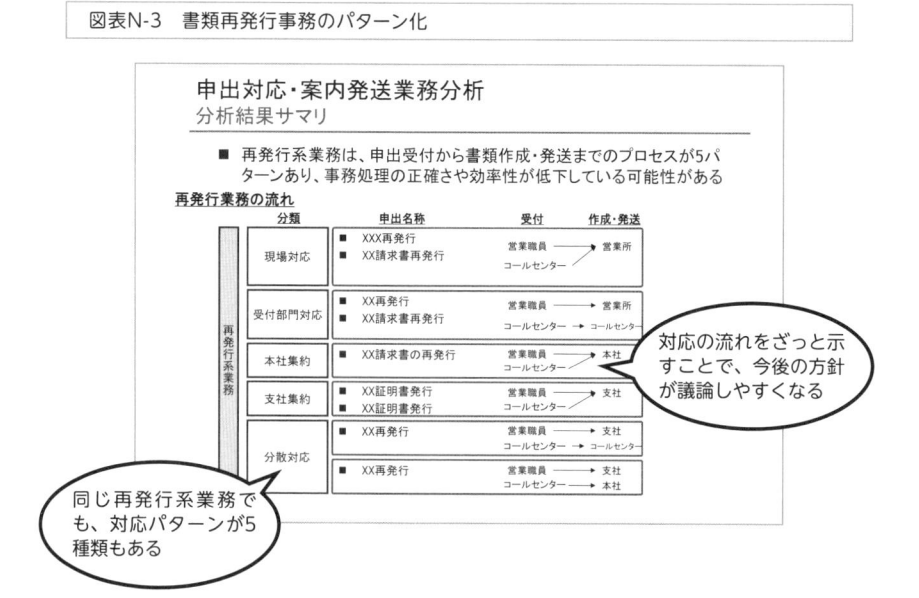

図表N-3　書類再発行事務のパターン化

申出対応・案内発送業務分析
分析結果サマリ

■ 再発行系業務は、申出受付から書類作成・発送までのプロセスが5パターンあり、事務処理の正確さや効率性が低下している可能性がある

再発行業務の流れ

	分類	申出名称	受付	作成・発送
再発行系業務	現場対応	■ XXX再発行 ■ XX請求書再発行	営業職員 コールセンター	→ 営業所
	受付部門対応	■ XX再発行 ■ XX請求書再発行	営業職員 コールセンター	→ 営業所 → コールセンター
	本社集約	■ XX請求書の再発行	営業職員 コールセンター	→ 本社
	支社集約	■ XX証明書発行 ■ XX証明書発行	営業職員 コールセンター	→ 支社
	分散対応	■ XX再発行	営業職員 コールセンター	→ 支社 → コールセンター
		■ XX再発行	営業職員 コールセンター	→ 支社 → 本社

（吹き出し）同じ再発行系業務でも、対応パターンが5種類もある

（吹き出し）対応の流れをざっと示すことで、今後の方針が議論しやすくなる

それぞれ違っていて当然なのだが、仕事の大きな骨組みである「再発行の受付」と「作成・発送」だけに注目しても、5パターンもあることが分かった。お客様に一番近い営業所で取りまとめるパターン、コールセンターでのみ受け付けるパターン、本社でまとめて事務処理するパターン……。

　それぞれ合理的な理由があって、5パターンの業務プロセスがあるなら良いのだが、このケースでは様々な経緯から、「結果として5パターンあっただけ」という状態だった。むしろ、同じような書類でも対応方法が異なるために現場が混乱していた。

　事務処理はまとめて一箇所で処理した方が、一般的には効率が良くなる。この時はこの分析のあと、「では、この5パターンをどう整理統合していくか」を議論した。分析結果が、そのまま施策を議論しやすい形になっていたからだ。

3 グルーピング

何をどうする分析手法？

　業務や課題やシステム機能など、沢山あるものをグループにまとめ、その単位で問題点や将来に向けた方向性を考えていく方法。グループ分けすることで一つ一つ議論していく手間が省けるし、「各論反対」になる前に全体最適の視点から、何が問題でどう変えていくべきかを議論できるようになる。
　ただし、グループ分けする際の切り口で、いい分析になるかならないかが決まってしまう。例えば100人の人間をグループ分けする際にも「性別」「国籍」「年収」「職業」など、多くの分け方があるし、どの分け方をするかによって分析は変わってくる。例を挙げて説明していこう。

使用例：業務用Excelのグルーピング分析

　ある会社ではExcelを申請・届出書のフォーマット、記録簿、簡易データベースなど、様々な使い方をしていた。比較的規模の小さな1部門だけでも400種類以上あった。担当者それぞれへのヒアリングを通じて、毎月Excelデータを作るのにかなりの時間を使っていることも分かってきた。
　Excelはとても便利なので、ほとんどの部署には業務を回すために欠かせないExcelがある。だが長年使っているうちに、利用価値がないのに作る手間ばかりかけているExcelや、特定の担当者しか使い方が分からないExcelができていく。意外と問題が多い（改善の余地が大きい）仕事なのだ。だから業務変革をする際は必ずExcelの棚おろし調査と分析をすることにしている。

これらのExcelファイルをグルーピングした分析が下の図である。ただし、悪い例だ。

多くのExcelを「通知系」「台帳系」などでグルーピングしている。果たしている機能別、という切り口だろうか。一見整理されているのだが、この分類は施策を考える上では役に立たない。「通知のためのExcel があるね」と分かっても、「それで？」という感想しかない。何をどう改善すれば良いのか、施策がイメージできないのだ。

図表N-4　施策がイメージできない分析

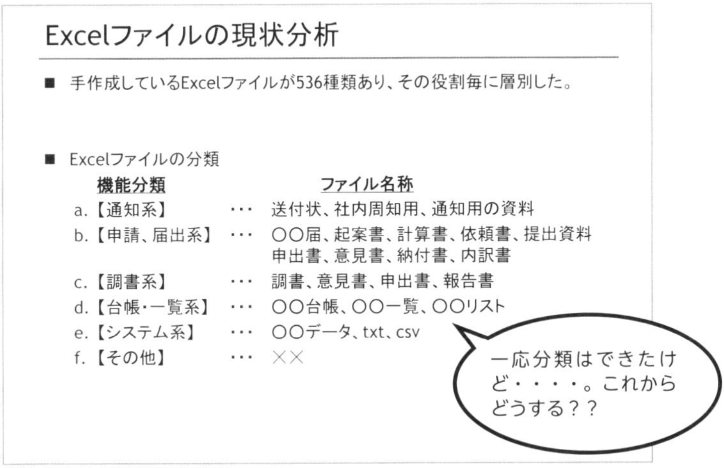

Excelファイルの現状分析

- 手作成しているExcelファイルが536種類あり、その役割毎に層別した。

- Excelファイルの分類

機能分類		ファイル名称
a.【通知系】	・・・	送付状、社内周知用、通知用の資料
b.【申請、届出系】	・・・	○○届、起案書、計算書、依頼書、提出資料 申出書、意見書、納付書、内訳書
c.【調書系】	・・・	調書、意見書、申出書、報告書
d.【台帳・一覧系】	・・・	○○台帳、○○一覧、○○リスト
e.【システム系】	・・・	○○データ、txt、csv
f.【その他】	・・・	××

（一応分類はできたけど・・・・。これからどうする？？）

図表N-5は、改良版のグルーピングである。同じExcel群を「情報を蓄積しておくための台帳」「他システムに渡すデータ」「外部への提出書類」などの切り口でグルーピングした。Excelというツールをどのような用途で使っているか、に注目した切り口である。

この資料なら、それぞれのExcelを将来どうすれば良いのかをイメージできる。例えば情報を蓄積するために使っているのであれば、Excelではなくてきちんとしたシステムでデータを管理するようにした方が、セキュリティやデータの再利用の観点からずっと良い。単に他部署に依頼するために作っているExcelなら、別のコミュニケーション手段があれば不要かもしれない。どちらにせよ、ここからここまではシステム化することで廃止、ここは現状維持かな、などと、まとめて方針を検討できる。こうした分析は、そのまま施策の検討資料となる。

図表N-5　施策がイメージできる分析

Excelファイルの現状分析

■ A～Fは、システム化により原則廃止とする。
　■ 用途別分類毎の見直しの方向性は次ページ以降参照

用途別分類	業務Excelの種類	1ヶ月あたり作成工数（時間）	将来方針
A.情報を蓄積しておくための台帳	64	136	システム化により廃止
B.生データを加工して作成する分析用書類	175	159	
C.入力チェック用のシート	53	220	
D.他システムに渡すデータ	13	0.3	
E.法定帳票や公的機関への届出書類	34	184	システム作成で代替
F.外部への提出書類	32	58	
G.他部署への依頼報告資料	68	156	廃止を検討
H.従業員への案内文書	85	198	
I.法令や規定で通知義務のある文書	12	10	現状

（吹き出し）情報の蓄積や分析は、システムがやってくれるので、Excelは廃止にしよう！

（吹き出し）法定書類は廃止できないので、システムに代わりに作ってもらいたい

このように、沢山の情報（課題や、業務など）を見つけたら、まずグルーピングできないか考えてみよう。前の章で古河電工のハブ＆スコープを検証する分析の例を紹介したが、あの分析も典型的なグルーピング分析である。運良く有効なグループ分けの方法を見つけられたら、仮説の検証にも施策の検討にも役に立つ。クールで強力な切り口を見つけるには試行錯誤が必要なので、色々な切り口を試したり、事例を勉強してほしい。

4 横串グルーピング

何をどうする分析手法?

　部署ごと、業務ごと、システムごとに棚おろしした業務や課題を、例えば「承認に関する課題」といった特定のテーマにそって抜き出し、組織横断的に整理し直す分析である。特定のテーマやキーワードで横断的に見るので「横串を通す」とも呼ぶ。個々の部署や業務では小さな課題に見えるが、全社最適の視点からは大きな課題であることに気づけるのが、この分析の魅力だ。

使用例：販売管理業務における、転記作業蔓延の分析

　このプロジェクトでは、基幹システム刷新に向けて現状業務調査を行っていた。数多くの部署に協力してもらってたんねんに業務を棚おろししていくうちに、全てのヒアリングに出席していたプロジェクトメンバーがふと「この会社、やけにデータを転記したり集計したりする仕事が多い

図表N-6　販売管理業務における、転記作業蔓延の分析

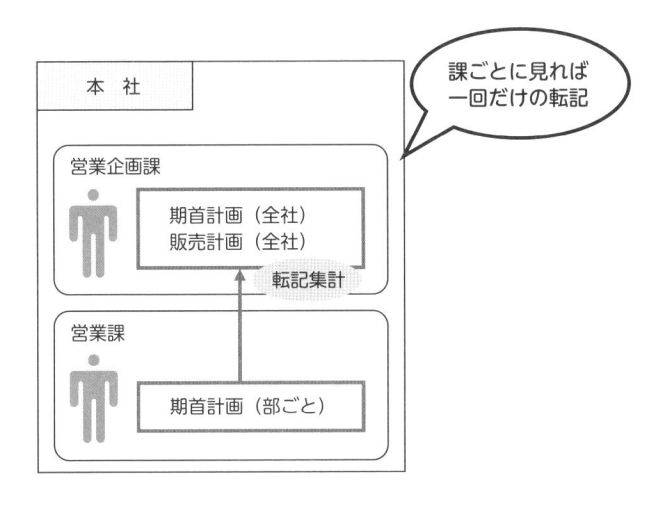

なぁ」と気づいた。

だが、ヒアリングでは「転記や集計作業が大変で困っている」という課題は特に出ていない。図表N-6では営業企画課が営業課から来た計画を、1回だけ転記集計していることを示している。これ自体は、大した問題には見えない。

ところが、「転記や集計が多いのではないか？」という仮説を持ったプロジェクトメンバーが、全社の業務を転記というキーワードで整理し直すと、様相は一変した。

営業企画課だけでは大した問題ではなかった「転記集計作業」も、全社を横串でみると、同じような転記がフォーマットを変えつつ、何度も行なわれていることが分かる。これらは全て、手作業である。

大企業では、各担当者は自分の仕事しか把握していない。だから「全社的な視点ではすごく非効率だ」という種類の課題は、なかなか指摘できない。だからこそ、この「横串グルーピング」という分析手法が威力を発揮するのだ。

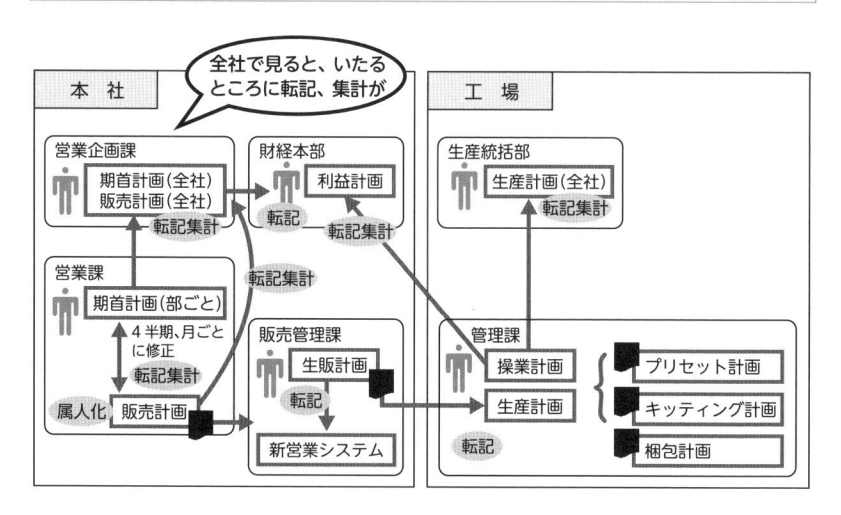

図表N-7　販売管理業務における、転記作業蔓延の分析

5 相関比較

何をどうする分析手法？

　学術研究でお馴染みの、2つの要素間で相関関係があるかを調べる分析である。例えば、製造年月日が古い製品ほど故障率が高い傾向があるかもしれない。利用されている場所の気温が高いと故障率が高いのかもしれない。相関が見つかれば、故障の原因を突き止めたり、故障が起きても困らないような対処を事前に打てる。

使用例：ハードウェアの修理件数と初期不良件数の関連

　あるハードウェアの保守会社では、交換用パーツの初期不良が問題となっていた。コピーのような複雑な機械は故障が起きると原因を丹念に調べたりせずに、パーツごと交換する。だがこの会社では、交換したパーツの方も壊れていて修理できないことがしょっちゅうあり、大きな問題になっていた。

　お客様からすれば、急いで修理に来てもらったのに直らないのだからイライラする訳だ。こういったケースを「パーツの初期故障」という。ちなみに、コピー機を使っている最中に壊れることは「使用時故障」という。

　さて、この問題を何とかしようと、プロジェクトチームでは「使用時故障が多いパーツは、初期故障も多いのではないか？」と仮説を立てて図表N-8のグラフを書いてみた。初期故障がしょっちゅう起こるくらいだから、もともとのパーツの品質が悪いのだろう、と予想した訳だ。

　図表N-8は、横軸に使用時故障の件数、縦軸に初期故障の件数をとった散布図で、点は一つ一つのパーツを示している。

　だが、使用時故障と初期故障には相関がなかった。相関があれば、点線のエリアにプロットが集中するはずである。仮説は外れたが「相関性がない」という結論も立派な分析だ。相関がないことが分かれば別の仮説を立てればいい。

図表N-8　ハードウェアの修理件数と初期不良件数の関連

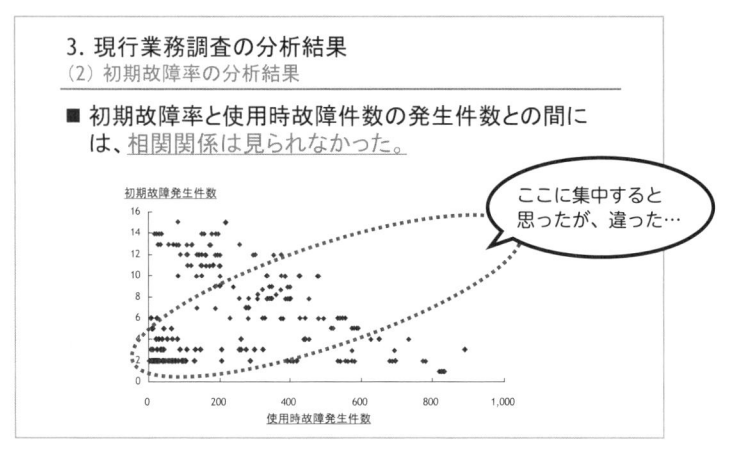

> 3. 現行業務調査の分析結果
> （2）初期故障率の分析結果
> ■ 初期故障率と使用時故障件数の発生件数との間には、相関関係は見られなかった。

（ここに集中すると思ったが、違った…）

もう一度よく図を見てみると、むしろ図表N-9の点線で囲んだエリアにプロットが集中している。当初の仮説とは反対に「使用時故障が少ないものほど、初期故障が多い」という相関がありそうだ。このことから「使用時故障が少ないパーツは、たまにしか使われないために回転率が低く、経年劣化しているのでは？」という仮説が見えてきた。

図表N-9　ハードウェアの修理件数と初期不良件数の関連

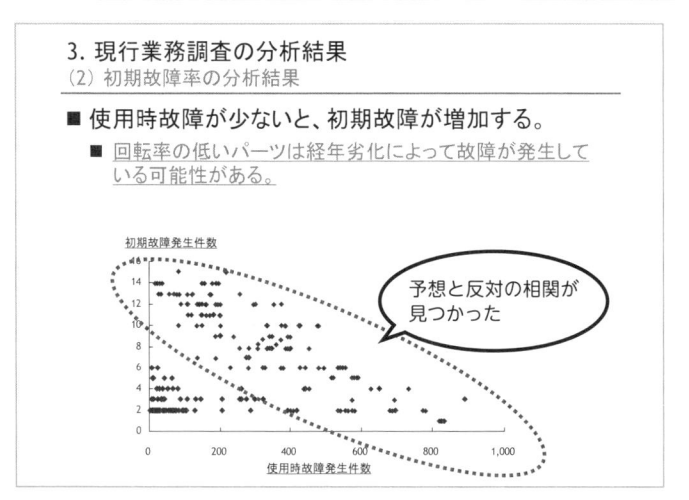

> 3. 現行業務調査の分析結果
> （2）初期故障率の分析結果
> ■ 使用時故障が少ないと、初期故障が増加する。
>   ■ 回転率の低いパーツは経年劣化によって故障が発生している可能性がある。

（予想と反対の相関が見つかった）

この仮説が正しいのであれば、回転率の低いパーツを中心に定期的な故障チェックをすれば、初期故障は減らすことができる。

6 2次元マッピング

何をどうする分析手法?

複雑な事象を、たった2つの基準だけに注目して整理する分析手法。

4象限マトリクスとも呼ばれ、プロダクト・ポートフォリオやSWOTのように有名なフレームワークも多数ある。適切な2軸を見つければ、複雑な状況を平面上にマッピングすることで、それぞれの位置関係や今後目指すべきポジションなどが格段に理解しやすくなる。

使用例:営業強化プロジェクトでの、ナレッジマッピング

図表N-10は、営業力を強化するために販売にまつわるナレッジ(ノウハウや提案書のひな形など)をどのように組織として蓄積し、活用しているかについて整理したものだ。

図表N-10 営業強化プロジェクトでの、ナレッジマッピング

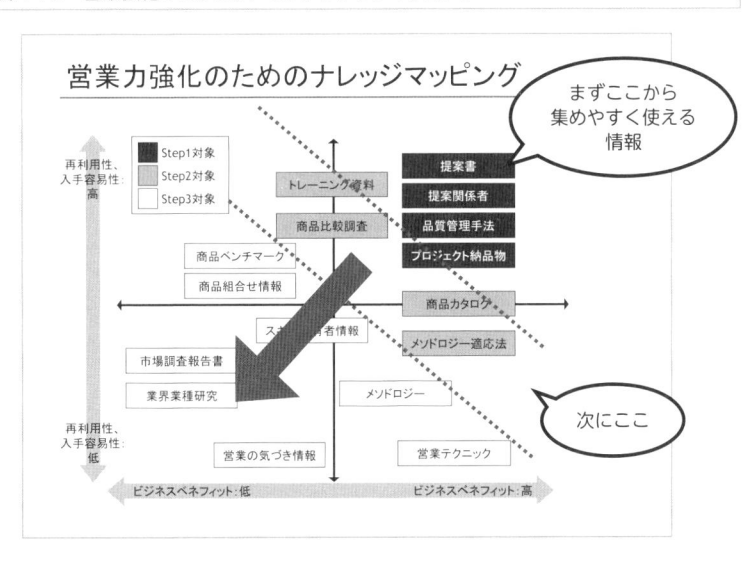

縦軸に入手容易性（集めやすいか、みんなが使える状態にしやすいか）、横軸にコンテンツの価値（入手できて嬉しい情報か）をとり、営業部門で扱う様々なナレッジをマッピングした。現在保有しているコンテンツの全体像が一目で分かり、それぞれの特性も理解しやすい。

　例えば「提案書」などは、集めやすく再利用もしやすいため、営業部員の手持ち資料を集め、いち早く皆で共有できるようにする。一方、「営業テクニック」などは皆がほしがるものだが、言語化しづらく集積が進みづらいと分析している。

　全体としては図の右上から始め、ナレッジマネジメントに皆が慣れたタイミングで、右下の価値が高いが導入が難しい領域に進めば良い、という展開方針も見えてくる。

7 ツリー分解

何をどうする分析手法?

> 様々な現象を要素分解して、真の原因を探る分析手法。
> 　課題は複数の原因が絡み合って発生していることが多く、ツリー分解によって課題発生のメカニズムを解明する必要がある。そうすることで様々な課題の元となっている課題が見つかる。これを「元栓の課題」と呼んでいるが、元栓を締めることができれば、そこから派生している課題を根こそぎ解決できる。逆に元栓を放置したままで、場当たり的対応をいくらしても、いっこうに根本的な解決にならない。

使用例：配達ミスの原因分析でのツリー分解

現場ヒアリングで多く聞かれた課題「配送ミスの多発」の原因を調べてみると、商品のピッキングとピッキング結果の照合に問題があると分かった（図表N-11）。

このまま浅い分析で済ませてしまうと、ピッキングでのミスを防止するための施策を打ちましょう、ということになる。だがこの時は、元栓の課題を探るべく、ツリー分解を続けた。具体的には「なぜ××が起こるのか？」を問いかけ続け、原因を紐解いていくのだ。

図表N-11　配達ミスの原因分析でのツリー分解

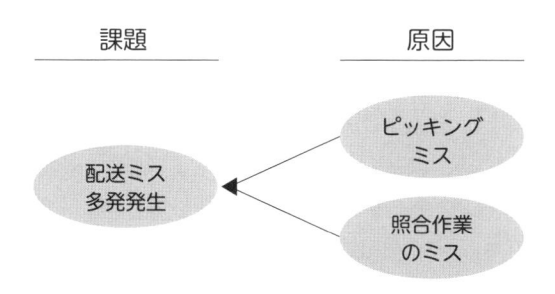

図表N-12　配達ミスの原因分析でのツリー分解

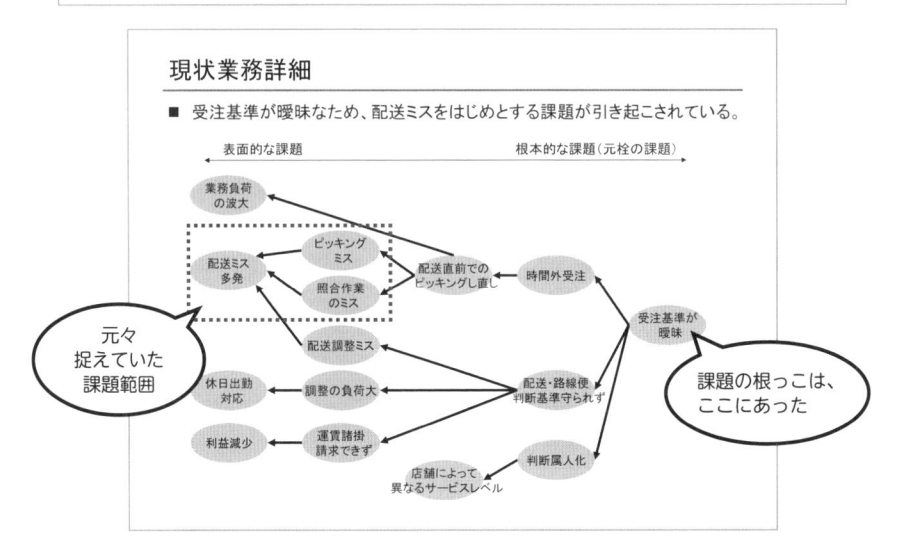

現状業務詳細
■ 受注基準が曖昧なため、配送ミスをはじめとする課題が引き起こされている。

表面的な課題　　　　　　　　　　　根本的な課題（元栓の課題）

（元々捉えていた課題範囲）

業務負荷の波大
配送ミス多発 ← ピッキングミス
　　　　　　← 照合作業のミス
配送直前でのピッキングし直し ← 時間外受注
配送調整ミス
休日出勤対応
調整の負荷大
利益減少
運賃諸掛請求できず
配送・路線便判断基準守られず
店舗によって異なるサービスレベル
判断属人化
受注基準が曖昧

（課題の根っこは、ここにあった）

・ピッキングミスは、配送直前の「ピッキングやり直し」が原因
・ピッキングやり直しは、規定時間外に受注するときに起こる
・規定時間外に受注を受けているのは、受注基準が曖昧だから

と、次々に問題が起きる原因を探っていく。図にすると、図表N-12のようになる。

ここまで見ていくと、分析から得られる示唆としては「受注基準が曖昧なため、配送ミスをはじめとする課題が引き起こされている」となる。

配送の担当者としては、別の担当者がやっている受注作業のことはよく分からない。まさか受注基準が諸悪の根源であったとは思っていなかったから、この分析結果を見て驚いていた。

課題の原因には、自己反省を込めよ

ツリー分解は強力な分析方法なのだが、客観的な分析にはなりにくいことを覚えておこう。例えば「現場の俺達は悪くない」という固定観念を持った人が因果関係をツリー型に書きだすと、「結局、戦略を決めない社長が悪い」とか「システムが古いのが諸悪の根源」といった、どこかに問題を押し付けたストーリーになってしまう。社長が悪いといくら言っても、現状は何も変わらないのだからたちが悪い。

図表N-13　課題の循環図

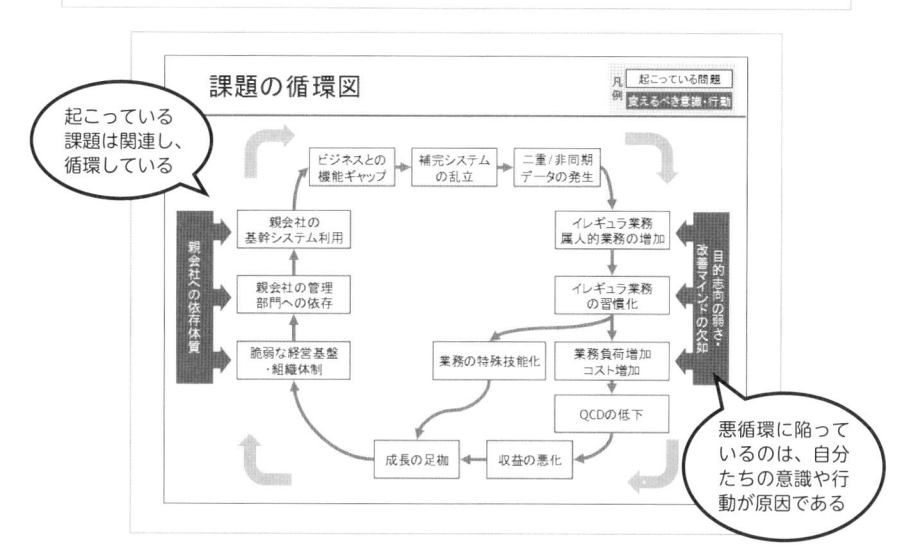

　抜本的な変革が必要というほど今の業務に問題があるのであれば、これまで関わってきた自分たちに責任がないはずがない。他人のせいにしているうちは、現状を変えることは難しい。改めて自分たちの責任を自覚する、というスタンスでツリー分解に臨むべきだ。

　あるプロジェクトでも現状調査が終わった段階で、課題の因果関係図を作成した。この時のプロジェクトリーダーは、課題発生の原因は、業務を行なっている自分の意識や行動にあると考え、強烈な自己反省を因果関係図として表現した（図表N-13）。

　そしてプロジェクト全員とこの図を見ながら「課題だらけの現状を作り出したのは、間違いなく僕らなんです。僕らの意識が変わらなければ、業務が一時的によくなったとしても、立派なシステムができても、また同じ状態に戻ってしまう。だから、今、自己反省が必要なんです」と熱く語った。きちんと因果関係を示すことで関係者に自己反省を促し、だからこそ変えるのだ、と宣言したのだ。

第 3 部

将来の姿を描く
Business Model

調査／分析で分かったことをベースに、いよいよ業務改革後の姿を描くフェーズだ。「将来どうなりたい？」を議論するのは、理屈抜きに楽しい。みんなの思いが形になり、夢がどんどん現実味を帯びてくれば、ワクワクする。

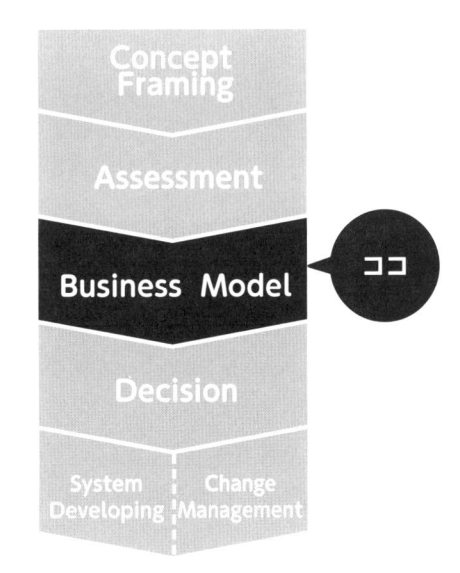

- Concept Framing
- Assessment
- **Business Model** ← ココ
- Decision
- System Developing / Change Management

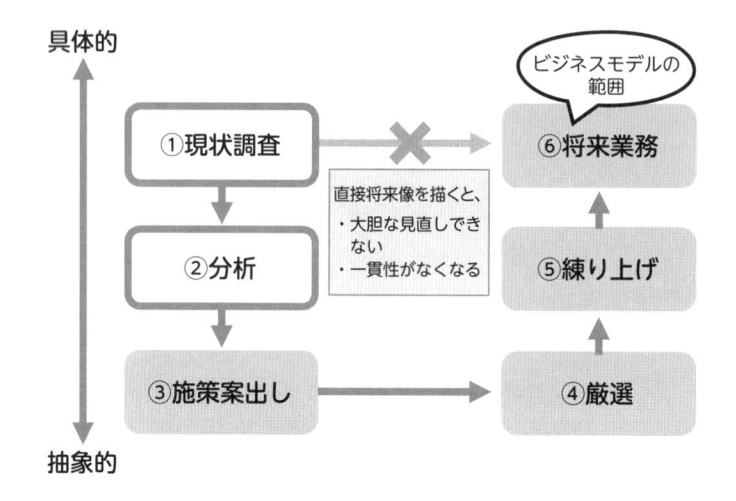

```
具体的 ↑
   ①現状調査  ──✗──→  ⑥将来業務  ←(ビジネスモデルの範囲)
        ↓        直接将来像を描くと、      ↑
        ↓        ・大胆な見直しでき       ⑤練り上げ
   ②分析          ない                    ↑
        ↓        ・一貫性がなくなる
   ③施策案出し  ────────→  ④厳選
抽象的 ↓
```

Assessmentフェーズで分かったことをベースに、将来像（業務改革後の姿）の検討をするフェーズだ。まずは大雑把で構わないので施策をたくさん考え、その中から効果が高く、実現できる施策を選びとる。選んだ施策についてはより具体的に、施策を練り上げていく。

変革を始める4つのPのうち、このフェーズでは主にProcessとPropertyが明らかになる。

Process

Processとは、ゴールである山頂に向かう道すじのことだ。業務改革で言えばプロジェクトゴールを達成するための施策のこと。最初は大雑把に「このルートなら山頂に辿り着けそうだ」と決め、徐々に期間やベースキャンプの位置などの具体的なことを詰めていく。

Property

施策を実現するために、新しい情報システムが必要なのであれば、今までのシステムと何が違うのかを明確にしておく。ただし、システムの要件定義自体は、業務改革の全貌が明らかになってから実施した方が上手くいく。この時点でシステムのことで頭をいっぱいにするのは避けよう。

O 施策をひらめく

■ この章のレッスン
- これまで調査してきたことを土台にして、溢れんばかりに施策を考え付くための、様々な方法を学ぶ
- 「施策を出し切ったか？」に確信が持てなければ、プロジェクトの腹が据わらない。網羅的に検討したことを関係者全員で確認しよう

　これまでのConcept Framingフェーズ、Assessmentフェーズを実施していれば、いくつか施策のアイディアは浮かんでいるはずだけれど、それだけでは全然足りない。効果がなさそうなアイディアを捨てるのはいつでもできるのだから、この段階では業務を良くする施策はいくらあっても困らない。限界まで考え抜こう。

ひらめき方その1　課題解決アプローチ

　Assessmentフェーズで見つけた課題に対して、解決するための施策を1つずつ考えていく方法。課題と施策が1対1で対になっているから施策が漏れなく出せ、納得感も得やすい。

　ただし、こうした課題と施策を1：1で考えていくアプローチは、施策案が小ぶりで効果も小さいものになりがちだ。事業の構造を大きく変えたり、多くの人の思い込みを覆すような大胆な発想につながりにくいからだ。したがって、数多くの施策を徹底してやりつくすような覚悟が必要となる。

図表O-1　課題一覧と対になる施策案

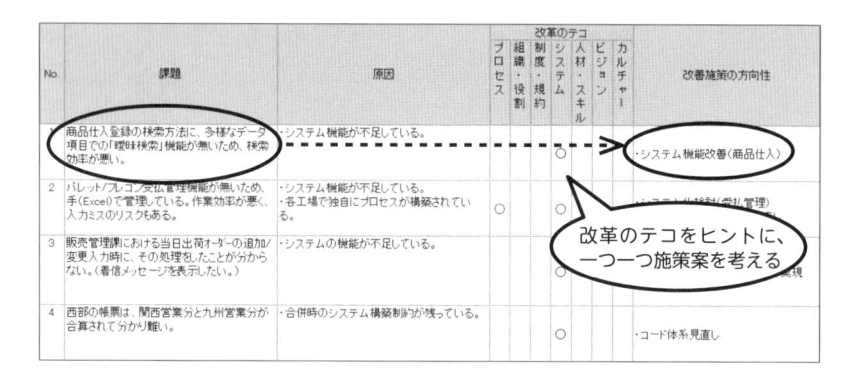

No.	課題	原因	改革のテコ プロセス	組織・役割	制度・規約	システム	人材・スキル	ビジョン	カルチャー	改善施策の方向性
1	商品仕入登録の検索方法に、多様なデータ項目での「曖昧検索」機能が無いため、検索効率が悪い。	・システム機能が不足している。				○				・システム機能改善（商品仕入）
2	パレット/フレコン受払管理機能が無いため、手(Excel)で管理している。作業効率が悪く、入力ミスのリスクもある。	・システム機能が不足している。・各工場で独自にプロセスが構築されている。	○							・(システム化検討/受払管理)
3	販売管理課における当日出荷オーダーの追加/変更入力時に、その処理をしたことが分からない。（着信メッセージを表示したい。）	・システムの機能が不足している。				○				
4	西部の帳票は、関西営業分と九州営業分が合算されて分かり難い。	・合併時のシステム構築制約が残っている。				○				・コード体系見直し

改革のテコをヒントに、一つ一つ施策案を考える

このアプローチでは、図表O-1のようなシンプルな検討資料を使う。抽出した課題を左側に並べて、右側に考えた施策案を書いていく。もちろん、異なる課題が同じ施策で解決できることもある。

ただし、単に課題を眺めるだけではよい施策は生み出せない。緻密に検討するために、「改革のテコとECRSの原則」を活用している。

改革のテコ（何を変えるか）

「何を変える施策なのか」を考える切り口を「テコ」と呼んでいる。例えば「書類の捺印が多く、煩雑」という課題に対して、
・「業務プロセス」を変えたらどうだろうか？
・「ルール（制度・規約等）」を変えたらどうか？

図表O-2　改革のテコと、ECRSの原則

改革のテコ（何を変えるか）
顧客・マーケット
製品・サービス
業務プロセス
ルール（制度・規約等）
組織・役割
人材・スキル・報酬
設備・情報システム　など

×

ECRSの原則（どのように変えるか）
(E) そのプロセスをなくせないか（Eliminate）
(C) そのプロセスを他のプロセスと統合できないか（Combine）
(R) プロセスの順序の変更はできないか（Rearrange）
(S) そのプロセスをもっとシンプルにできないか（Simplify）

・「組織・役割」を変えたらどうか？

と順番に変えるものを考えていく。こうすれば抜け漏れなく考えることが可能になる。

これらのテコのうち、最も移り変わりが激しいのが「設備／情報システムのテコ」である。例えばタブレット型PCを導入すれば、工事現場でヘルメットをかぶりながらPCを利用できる。だとしたら、工事の品質管理はタブレットのカメラで専門家が遠隔チェックするのがいいかもしれない。保険証券を電子化しWebで閲覧できるようにしたら、保険証券を印刷して郵送する必要がなくなるかもしれない。最新のシステムでできることを足掛かりにして考えると、今の仕事のやり方が必ずしもベストとは限らないことが見えてくる。

ECRSの原則（どのように変えるか）

変えよう変えようと思っても、「どのように変えるのか」のヒントがないと、施策を考えにくい。ヒントとなるのがECRSの原則だ。

ECRSとはプロセス改善を行う際の考え方で、4つのステップから成り立っている。

(E)　そのプロセスをなくせないか（Eliminate）
(C)　そのプロセスを他のプロセスと統合できないか（Combine）
(R)　プロセスの順序の変更はできないか（Rearrange）
(S)　そのプロセスをもっとシンプルにできないか（Simplify）

一般的にEが一番効果が大きく、Sの効果が一番小さいから、まずはE（なくせないか）を考える。全ての業務は、やり始めた時には何らかの意図があったのだろう。だが、現時点で改めて考えると、やる意味が分からない仕事は結構あるものだ。規定やルールで決められているので仕方なくやっている業務も、規定を若干変えればなくせてしまうケースもある。

改革のテコとECRSの原則を組み合わせて使う

「書類の捺印が多く業務が煩雑」という課題を解決するための施策を、あるプロジェクトでどう考えたか、順に追ってみよう。

「業務プロセス」×なくせないか（Eliminate）
　承認行為（捺印）そのものをなくしてしまえないか。

数多くの申請書のなかには「一応、知っておいてください」という程度の申請書もある。例えば、社員は会社に「子供が生まれました」と申請しなければならない。これは税金などを正しく計算するためには必要なことだ。

だが、上司の許可をもらうたぐいの話ではない（もう生まれてしまったのだから不承認と言われても困りますよね？）。こういうケースでは、上司が承認するというプロセスをまるっきりなくすことができた。

「組織・役割」×統合できないか（Combine）

何段階も上の上司の承認をもらわないと、仕事を進められないケースは多い。アクションが遅くなることも困るし、偉くなればなるほど「ハンコ押すのが仕事」となってしまう。そこで、課長⇒部長の段階を踏む捺印を、課長か部長、どちらか一回にできないかを考える。課長どまりにすれば権限移譲ということになるし、部長だけにすれば、「中身の相談に乗る課長と、組織としての意思決定をする部長」とに役割分担するイメージになる。

「設備・情報システム」×簡素化（Simplify）

今まで紙でやっていた申請・承認をワークフロー・システムなどに置き換える。置き換えただけでは抜本的な対策にはならないが、紙の現物が要らない分、出張先でも承認が行えるなどのメリットがある。効率化にはならないが、業務がスピードアップできるのだ。

事例

百数十個の施策をしらみつぶしに実現した

当初はシステム再構築をゴールとして始まったプロジェクトだったが、現状調査の際には、システムだけでなく業務についても幅広くヒアリングを行った。ヒアリングをすれば、業務上の課題が自然に貯まっていくものだ。一つ一つは現場レベルの不満や、非効率な業務ルールではあったが、積み重なって、非効率な仕事のやり方になっているようだった。

プロジェクトのメンバーは、この課題を解消するための施策を一つ一

つ考えていった。その数、百数十個。これらは単独では効果が少ない、小粒の施策が多かったが、このプロジェクトでは数で勝負とばかり、貪欲に検討した。

　数多くの検討をしていく中で、プロジェクトメンバーの間で、ある種の手応えを感じるようになっていった。それまで曖昧だったプロジェクトのコンセプトが、プロジェクトメンバーの間でもクリアになってきたからだ。ここに掲げたプロジェクトコンセプトは、プロジェクト当初に大上段に掲げたものではなく、後追いで「ああ、俺たちがやっている業務改革はこういうことを目指しているんだ」と確認しあったものである。

> 【プロジェクトコンセプト】
> ・部分最適から全体最適へ
> ・複数箇所でのインプットをシングルインプットへ
> ・分散型情報管理から統合型情報管理へ
> ・紙から電子へ

　結局、新しいシステムを作る際にこれらの施策検討結果を片っ端から盛り込み、業務ルールや仕事の手順も見直した。老朽化したシステムの単純な再構築プロジェクトと思われていたプロジェクトは、どちらかと言うと業務改革ありきのプロジェクトに変わっていった。

ひらめき方その2　理想像アプローチ

　理想の業務をイメージして、それを実現するための施策を考えるアプローチ。

　現状にとらわれずに理想を追い求めるので、抜本的な施策案を思いつきやすい。だが、「理想の業務」をイメージするのは意外と難しい。そこで以下のようなヒントを取っ掛かりに考えることが多い。

（1） 制約を取っ払って考える

　業務に携わっていれば「こんな風に自動化されたら理想なのに……」とか、「この業務をだれかがまとめてやってくれれば楽なんだが……」など、理想をぼんやり考えることも多いはず。そうしたぼんやりしたイメージを大切にして、夢物語を語ってみる。「こんなだったら理想だ！」を何にも考えず語る。「実現できるのは40年後くらいかもね」という内容で問題ない。

　むしろ「40年後の会社がどうなっているか語ってみよう」と仮定し、ゲーム気分でブレインストーミングしてみるのも手だ。例えば、ハウスメーカーなら「現場での工事を一切やめて、工場で住宅を完成させてから、完成したものをそのまま現場に設置したいなぁ」とか、ぶっ飛んだものでもいい。一度ぶっ飛ぶと、そこから「じゃあ、そこまでは無理にしても、こうすればどう？」などと、実現性と理想のいいバランスが見えてくる。

（2） 競合他社の取り組み／成功例をヒントにする

　制約を取っ払って考えたとしても、比較的すぐにアイディアが枯渇する。やっぱり現状に引きづられてしまう。そこで、競合他社の成功例や取り組みをヒントにする方法もある。

　各社の取り組みの事例は、ニュースリリース、中期経営計画の発表、各社主催の講演会などで収集できる。普段からアンテナを立てておくと共に、過去の記事をさかのぼって調べてもよい。他には、競合他社に直接ヒアリングに行く方法もある。改善の取り組みや成功例のヒアリングをお願いをしてみると、案外OKしてもらえる。

　成功したプロジェクトを振り返ってみると、プロジェクトの初期段階でこうした他社ヒアリングを行なっているケースが多い。ただし、この方法で注意すべきは、他社の取り組みはあくまで発想のヒントに留めることだ。「ベンチマーク」などと称して他社の真似ばかりしていては、決していい業務改革はできない。他社と自社とでは、これまでの経緯や改革に使える資源が違うからだ。

面識ない会社から話を聞くために、執念でアタック

（三井製糖 プロジェクトリーダー 斎藤部長）

　プロジェクトを始めるにあたっては、同じような経験をした他社の方を探し出して、話を聞きに行きました。7社くらいでしょうか。

　とは言っても、そんなに知り合いがたくさんがいるわけではないですから、知り合いの知り合いをたどったり、Webサイトに載っている大代表に電話してケンモホロロだったり。かなり苦労しましたね。

　「少しでも参考になる話を聞ける会社はないか」

　「自分たちが目指すプロジェクトと近いことを経験した先輩はいないか」

　という思いで、なんとか探して、会ってもらうわけです。こちらとしては経験がないから、情報を集めるしかない。必死でした。ですが、他社のプロジェクト経験者から聞いた話は、十分、苦労に値したと言っていいと思います。

　例えば、「プロジェクトを立ち上げる際には、ゴールを明確にせよ」とは、どの教科書にも書いてあります。それを読めば「そうだね」とは思うんですが、実際にプロジェクトで苦労した方の話をナマで聞くと、迫力が全然違います。

　私は当初、「システムが現状に合わなくなったので、再構築をするのがプロジェクトゴール」と考えていたんですね。

　ところが、ある会社を訪問した際に「何のために再構築するのですか？」と聞かれ、上手く答えられなかった。その方からは「ERPパッケージの導入、基幹システムの再構築ってそんなに甘いもんじゃないですよ。再構築したい、という程度の目的意識なら、手を出さない方がいいんじゃないですか？」と言われてしまいました。さすがにガツンと来ましたよ。

　その時をプロジェクトの新たなスタートラインと捉え、「なぜプロジェクトをやるのか」「今、この会社に何が必要なのか？」を考え抜きました。

　ケンブリッジのコンサルタントさんからも「業務自体を見直した方がいいんじゃないですか？」という箇所をたくさん指摘してもらいました

し。
　最終的には会計基準の見直しや、組織をまたいだ仕事のやり方を見直すような、欲張りなプロジェクトになっていきました。

　どういうシステムを作ろうか、という議論をしている時にも、他社の事例がとても役に立ちましたね。
　それまでにも、パッケージベンダーさんから、製品の紹介は色々と受けていました。でも、その会社の営業さんに話を聞くだけでは、もちろん良いことしか分からない。それに比べて、過去にそれらを使ったことがある会社に直接話を聞ければ、ずっと生々しい、深い話を聞けます。
　不思議なんですが、こういう時、本当に正直に話をしてくださいます。良いことも悪いことも含めて。
　「あのパッケージは、バージョンアップができますとセールストークでは言ってますけど、ウチはもう諦めてます。なんでかと言うと……」「製品は間違いなくいいんだけど、保守サービスがねぇ……」という具合です。
　たぶん、会社は違えども、「プロジェクトという困難に向き合っている同志」という意識があるのでしょう。
　変革プロジェクトはものすごく大変で、半端な覚悟では成し遂げられないと思っています。それに比べたら他社に頭を下げて話を聞きに行くなんて、何でもありませんよ。
　むしろ、それくらいやる覚悟がないならプロジェクトの成功はないですね。

（3）　他業界の取り組み／常識をヒントにする

　他業界での取り組みや常識をヒントにしてみるのも価値がある。2つ例を挙げてみよう。

◆製造業の考え方をサービス業に当てはめてみる

　多くの製造業では、生産工程を部品ごとに切り分けることで、各組織が得意とする部品に特化して生産する取り組みを進めてきた。20年前は東京

だけで作っていた工業製品が、今ではタイと群馬で作った部品を使って、中国で完成するということも珍しくない。

この考え方を「顧客への保守サービスの提供」に当てはめてみる。これまでは、ある製品を使っている場所にサービスエンジニアが訪問していたとしても、今後は「1次問い合わせ窓口は沖縄、複雑な問題は東京、英語対応はオーストラリア」というケースだってあり得る。最適な場所で最適な組織が対応し、組み合わせることで安く、良いサービスを提供できる。

◆経理/人事の考え方を販売管理に当てはめてみる

人事や経理などの業務は、会社ごとの仕事の違いが比較的小さい。例えば所得税の計算ルールは法律で決まっているのだから、全国どこの会社でも同じである。そこで、いくつかの会社の人事や経理の業務をシェアードサービスセンターと呼ばれる組織でまとめて面倒見るという方式が近年、多くの会社で広まった。

一方、販売管理などは部署ごとのルールや商品特性の違いが大きく、人事や経理に比べて業務の集約化はあまり進んでいない。だが、丹念に整理していくと、発注文書のやり取りや債権の管理など、どこの営業組織でもほとんど同じように進めれば良い仕事はある。人事や経理で発達したシェアードサービスセンターの考え方を販売管理業務に当てはめる施策は、検討に値する（R章「施策を練り上げる」参照）。

ひらめき方その3　普段から考える

「さあ、今から施策をひらめこう」と机の前でウンウン唸っても、なかなかアイディアは出てくるものではない。会議で「はい、今日は施策を考える会議です」と議論を始めても、いい施策は悲しいほど出てこない。だからプロジェクトメンバーには必ず、「施策はいきなり考えても出てきません。後で施策のアイディア出し会議をやるので、ずっと考えていてくださいね」とお願いする。

これまでいい施策案を出した方に、いつ、どうやって考えついたのかを聞いてみると、会社の外という意見が多い。行き帰りの電車の中や皿洗い中、湯船の中などなど。プロジェクトに熱心に取り組むと、やはり会社を出た後もあれやこれや考えてしまう。そういう時に「あ、以前雑誌で読ん

だ他の業界の取り組み、こう変えればウチの業務改革に使えるのでは？」とひらめくことが多いのだ。忘れないように手帳に走り書きしたり、混んでる電車から携帯で自分宛にメールしたり。
　逆に、会議室で考えるのが得意な人もいる。ただし、施策のアイディア出し会議ではない。それよりずっと前、業務調査のためのヒアリングや分析資料を作っている時にひらめくのだ。Assessmentフェーズで調査や分析をしている時も、単にうなずきながら聞くだけじゃなくて、常に「どうやったらこれを改められるだろうか」「この業務をどう変えたらもっと良くなるだろうか」という観点からも考えておく必要がある。

ひらめき方その4　施策出しで遊ぶ

　ゲーム感覚で施策を出すというのも有効な方法だ。「時計回りに施策を1つずつ発表し、最初にパスした人が罰ゲーム！」というルールで、負けた人がプロジェクトルームのお菓子を買い出しに行ったりする。結構盛り上がるし、罰ゲームを食らわないために、無茶なアイディアをひねり出すことになるのもいい。こじつけで突拍子もない施策でも、議論の取っ掛かりにはなるからだ。
　現状調査を始める前から「1カ月後に施策20個を発表すること」という宿題をメンバー全員に出すのも有効だ。ヒアリングに積極的に参加するようになるし、何かヒントはないかと、雑誌や他社情報を熱心に読むようになる。お昼ごはんを食べる時に「10個くらいはもう考えた？」「考えたけど内緒！　真似されたらかなわん！」などと軽口が出るようになったらしめたものだ。

施策はちゃんと出し切ったのか？

　様々な方法で施策アイディアを出してきたわけだが、少し立ち止まって考えてほしい。
　「業務を変革する施策は、考え尽くしただろうか？」
　「施策を考え尽くしたと、プロジェクトメンバー全員が納得しているだろうか？」
　施策をリストアップした後は、最も効果がある施策を選びとり、それについて具体的に詰めていく。だが、そうやって具体化している最中に「もっとWebを活用した施策があってもいいはずだ」とか「もっと有効な施策を考えられそうな気がするんだけど、もう一度考え直さない？」と言われて困ったことがある。
　口に出してくれればまだいいけど、心の中で「今検討している施策、イマイチだなぁ。こんなんじゃダメだよ」と思っているのはさらに始末に悪い。
　こういうことが起きるのは、施策を出し切っていないか、本当はかなりいい線まで出し切っているのだが、プロジェクトメンバーがそれを実感できていない時だ。

事例

施策出しを急ぎ過ぎて、失敗したケース

　施策のアイディア出しで、大きな失敗をしたことがある。2時間程度の会議一回で、施策出しを済ませてしまったのだ。
　普段はコンサルタントの立場で、変革プロジェクトに参加している。良い施策を考え、提案するのはコンサルタントの本分だから、この時も張り切って前々から施策を考え、会議に「施策のたたき台」として持っていった。
　だが他のプロジェクトメンバーの立場からすると、会議でいきなり「ハイ、今回の会議では施策を考えましょう。私たちが考えた施策を説明するので、他に思いつけば教えてください」と言われたわけだ。

今まで、調査・分析に夢中で全然施策を考えていなかったのに、いきなりこんなことを言われて、施策を出し切れる人なんていない。この時も、新たな案は出てこなかった。

その上、施策案が多過ぎて時間内に全部説明し切れずに「大事そうな施策を中心に説明しますので、残りは資料を読んで確認しておいてください」と会議を打ち切ってしまった。なんとか期限どおりにプロジェクトを進めたくて、焦っていたのだ。

今思えば、これからプロジェクトを共にやっていく仲間を置いてきぼりにするような、ひどい進め方だ。これでは「施策を考え尽くした。もうこれ以上優れた施策はない。この施策に賭けるしかないんだ」とは、とても思ってもらえない。

このプロジェクトでは結局、ずいぶん後になってから「施策について話し合っているけど、そもそもちゃんと施策出し切ったんだっけ？」と言われてしまった。こういうモヤモヤした感情を抱えながらプロジェクトを進めるのは不健全だから、もう一度リストアップをやり直すことになってしまった。

大抵の場合、リストアップをやり直しても新たな施策がバンバン出てくるわけではない。だが「ちゃんと自分たちで考えた」「考え尽くした」という感覚は、前に進むための欠かせない原動力になる。

漏れなく施策を出したかチェックする方法

アイディアはひらめくものだから、「漏れなく出しているか？」をチェックするのはとてもむずかしい。だが前述したように「出し切ったという感覚」がないと、プロジェクトは迷走し始める。

プロジェクトのコアメンバーは毎日施策について考えたり議論しているからいずれは「出し切った」と感じるようになる。だが、たまにしか参加しないメンバーや関係部署の社員はいつまでたっても「施策出し切れている気がしないな」「施策が抜けてないか不安」と感じてしまう。そういった方にも納得してもらい、変革プロジェクトに協力してもらう必要がある。そういういう時には、図表O-3に掲げたような「施策一課題マッピング表」を作る。

図表O-3　漏れなく施策を出したかチェックする方法

	①シンクライアント化	②外部デバイスへの出力制御	③プリンタ認証基盤の導入	④メール送受信の制御	⑤DRM基盤の導入	⑥PCログ監視基盤構築	⑦ネットワーク認証の確立	⑧機器持出ルールの徹底	⑨メディア使用ルールの徹底
情報漏えいルート									
PC本体の持ち出し	◎				○			△	
メディアでの持ち出し	◎	◎			○	○			△
印刷物の持ち出し	◎		◎			○			
メール本文での流出				◎					
メール添付ファイルでの流出				◎	○				
外部サーバ経由での流出	◎				○	○	○		
ハッキングによる流出	◎					○			
ウイルス感染による流出	◎				○				

【凡例】
◎：阻止
○：抑止
●：利用制御
△：けん制等

どの課題が、どの施策でカバーできるのかわかる

①④で全ての課題がカバーできる

　縦軸にAssessmentフェーズで分析した課題、横軸には考え出した施策を並べ、対応関係が一目で分かるようにしてある。こうすることで、全ての施策をやれば課題が全部解決できることや、それが無理な場合はどの施策から手をつければよいのかを議論できる。この例だと、「シンクライアント化」と「メール送受信の制御」の2つの施策を実施すれば、全ての課題がカバーできる。予算には限りがあるのだから、当然この2つから実行することになる。

業務改革の王道施策6選

> **この章のレッスン**
> ● 多くの業務改革で確実に効果を出してきた施策を6つ選定した。ゼロから施策を考えるのに行き詰まったら、この6つが自社に当てはまらないか、検討して欲しい
> ● 6つの施策は相互に関係しているため、単独では効果をあげない場合もある。何と何をセットで実施するかを、慎重に検討する必要がある

現状をしっかり調査/分析したとしても、よっぽどのアイディアマンでない限り、筋の良い施策を思いつけるとは限らない。やはり業務改革の定石として、他社で効果をあげた業務改革について知り、自分の会社の現状に適用できないかを貪欲に検討したい。

この章では、これまで多くのプロジェクトで効果をあげた施策を6つに絞り、紹介する。

```
【業務改革の王道施策6選】
施策1：標準化
施策2：一元管理
施策3：業務集約
施策4：アウトソース/オフショア
施策5：承認プロセスの見直し
施策6：納期短縮
```

施策1 標準化

　標準化とは言うまでもなく、それまで各自がバラバラなやり方で仕事をしていたものを、揃えることだ。

　業務やシステムを分析していくと、実に様々なものがバラバラなまま行われている。会計の計上基準、値決めのタイミングなどの商慣習、人事規定、取引先との契約パターンなど、ルールがバラバラなケース。マスターへの登録の仕方やコード体系など、システムの使い方がバラバラなケース。組織の形や人事異動の仕方など、人にまつわる習慣が事業部によって異なるケース。ありとあらゆるものがバラバラになりうる。

　仕事の仕方がバラバラである裏には、様々な原因がある。事業部ごとにビジネスモデルが違うので、当然の帰結としてバラバラな場合もあれば、単に時間の経過とともに、なんとなく違った方法で仕事をしているだけ、という場合もある。合併してできた会社の場合は、合併前の名残りで様々な仕事のやり方が違っていることだろう。

　経緯はともかく、バラバラな仕事の仕方が企業全体から見ると大きな問題であることは多い。「個別に見れば、それぞれのビジネスにとって最適であっても、全体として見ると、バラバラの非効率さを許容できない」というケースだ。

　特に指摘したいのが、標準化ができていない状態では、この後に説明する「一元管理」「業務集約」「アウトソース」などの施策をやっても、効果が出ないことだ。バラバラなものを一箇所にまとめても、非効率なままである。

　システムを構築する際でも、ルールが5種類あれば、5倍とは言わないまでも、ずっと複雑なシステムを作るハメになる。

　最悪なのは、何種類のルールがあるのか誰にも分からないし、日々新しいルールができていくようなケースだ。こういう場合は「完成しないシステム構築」になってしまう（残念ながらよくあることなのだが）。

　したがって、「標準化」がキーワードにならない業務改革はほとんどない。標準化は王道中の王道の施策である。

> **事例**
>
> ## 事業部のビジネスモデルが違うので、
> ## 何もかもがバラバラな会社
>
> ある大企業では、「顧客とは何か？」という考え方がずれていた。
> A事業部はB2Cなので顧客とは個人のことだが、B事業部はB2Bのビジネスなので、顧客と言えば法人のことだ。さらにC事業部は大企業を相手にしているため、顧客企業自体ではなく、顧客企業の担当部署、または担当者個人を顧客と呼んでいる…。
> それぞれ商売の相手が違うので、「顧客」の概念が違っているのは、自然ではある。だが、B事業部とC事業部が共同で1つのお客さまに提案しようとすると、途端にこのズレが厄介な問題になる。せっかく同じシステムを使っていても、肝心な「顧客とは誰か？」がずれているので、1つの商談としてシステム上で管理しにくいのだ。
> さらに首尾よく商談がまとまった後に「顧客ごとの販売実績を調べたい」という、ごく単純なことをしようとしても、顧客の定義がずれているから単純な足し算では意味のある情報が手に入らない。実に厄介なのだ。
> 結局この時は、顧客を3階層に定義し（法人－担当部署－個人）、部署ごとに実態に合わせた登録の仕方をすることになった。ビジネスモデルの違いを無視して強引に標準化しても、実態に合わない。どの部署も乗っかれる、標準的なルールやシステムを作ることは非常に難しい。

施策2　一元管理

　それまでバラバラに管理していたものを、1箇所でまとめて管理することを一元化と呼ぶ。例えば、企業グループ内の人材を関連会社/子会社がそれぞれ個別に管理していた形から、グループ本社で一括して面倒を見る形に切り替えるのが典型例だ。他にも、資金繰りを一括管理したり、各

店舗に任されていた在庫管理を本部で全てリアルタイムに把握して在庫の削減を図るケースなど、幅広い業務で行われている。

① 把握のメリット

近年「連結経営」というキーワードと共に、企業グループ一体での管理の重要性が高まっている。まずは、経営者が「グループ全体でどうなっているのか？」を把握し、正しい経営判断を下せるようになるのが当面の目標となる。

② 共通言語のメリット

多くの外資系企業では、グローバルで人材が一元管理されている。これは1つのデータベースに全社員が登録されていることはもちろん、スキルや役職などの基本情報が同じ尺度で評価され、その尺度を使って登録されていることを指している。

例えば「ファイナンスのスキルレベル3と言えば、1支社の財務コントローラーを任せられるレベル」という共通定義を使っているので、「こういう人が欲しいんだ」というリクエストがしやすい。人材の評価という観点で、共通言語があるからだ。

③ 最適配分ができるメリット

全体像が把握でき、共通言語でコミュニケーションできる土台があれば、資源の最適配分ができるようになる。A事業部で同じスキルを持っている人が2人いても無駄ではないのだが、1人をB事業部に回したら、今まで暗中模索していたことをすぐに解決できるかもしれない。

④ 資源の移動を簡単に行えるメリット

全てが共通の土台に乗っていれば、右から左に資源を動かすのも、とても簡単なはずだ。

統合在庫システム上で全社の在庫を管理してあれば、事務処理上は「在庫の現在地」を書き換えるだけで済んでしまう。もしも倉庫ごとにバラバラな体系で管理していたとしたら、出庫伝票と入庫伝票をそれぞれ書いて、商品情報を読み替えて……と大変面倒な手続きになる。

> **事例**
>
> ## 40%の効率化よりもインパクトがある一元化
>
> 　古河電工での人事BPRプロジェクトは様々な効果をあげたプロジェクトだったが、経営者視点で一番効果が高かったのは、人材の一元管理かもしれない。
>
> 　古河電工はドラスティックに組織改編をする企業グループだ。関係会社同士が合併したり、古河電工本社の事業部が分社化されたり、逆に吸収したりといった組織改編にしばしば取り組む。
>
> 　人材を一元管理する前までは、そういった改編をする度に、1つの会社で2つの人事システムを使い分けたり、情報を統合するのに長い期間が必要だった。人事BPRプロジェクトによる業務とシステムの改革の末、30社ほどのグループ企業にいる1万2,000人もの社員を1つのシステムの上で管理できるようになった。
>
> 　今後はこの30社同士で組織改編があっても、1つのデータベース上で対応できる。「人材の一元管理」というと何か漠然とした話にも聞こえるが、実際に経営スピードへのインパクトは大きい。

施策3　業務集約

　これまで部ごと、事業部ごと、会社ごとにやっていた業務を集め、1つの部署で一括して担う施策だ。まとめた業務をまとめてこなす部署をシェアードサービスセンターと呼ぶ。主に人事、経理などのスタッフ部門の効率アップの施策として発達したが、近年は販売事務などでも活用されるようになった。

　1箇所でまとめてやっても、仕事の総量が減るわけではないのだが、まとめてやったほうが効率が上がる仕事は多い。例えば社員数100人の関係会社が10社ある場合、10社それぞれで100人分ずつ仕事をするよりは、1000人分を一括処理するほうがずっと楽だ。

「これまで、一人ぼっちで給与計算を担当していて、誰にも相談できないし、不安でした。今はみんなで集まって仕事をしているので、相談できるし、仲間がいるから楽しいです」という嬉しい話を、業務集約の1年後にしてくれた方もいる。

ただし、闇雲に仕事をまとめただけでは効果が上がらないことを、再度強調しておこう。業務ルールやプロセス、システムの標準化ができていないと、1000人分をまとめても、一括処理とはいかない。結局100人分の仕事を10回やるはめになってしまう。集約の大前提は、標準化なのだ。

施策4　アウトソース/オフショア

シェアードサービスセンターからさらに1歩踏み込み、仕事自体を外部業者に委託する施策だ。給与計算事務や決済事務などの定型作業を、この15年で多くの企業がアウトソースするようになった。

だが近年、業務を社外にアウトソースしたものの、不満に感じていたり、社内に業務を戻したりするケースが増えている。

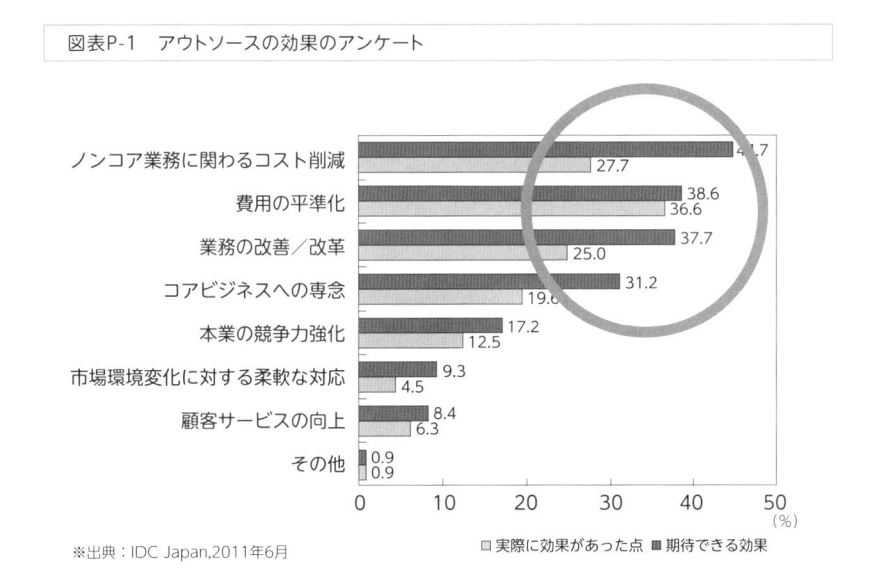

図表P-1　アウトソースの効果のアンケート

項目	実際に効果があった点	期待できる効果
ノンコア業務に関わるコスト削減	27.7	41.7
費用の平準化	36.6	38.6
業務の改善／改革	25.0	37.7
コアビジネスへの専念	19.6	31.2
本業の競争力強化	12.5	17.2
市場環境変化に対する柔軟な対応	4.5	9.3
顧客サービスの向上	6.3	8.4
その他	0.9	0.9

※出典：IDC Japan,2011年6月

この図表P‐1のアンケート結果は、コスト削減や業務改革など事前の期待が大きかったものほど、実際には期待はずれだったことを示している。
　まず、アウトソースすることで業務改革が進むことへの失望が大きい。だが、これははなから無理な期待である。業務を標準化したり簡略化することには、必ず痛み（部分的に非効率になること）やリスクを伴う。これらを考慮しながらも効率化することは、アウトソース先の企業にはできない。自社の判断が必要になる。
　思ったほどコストダウンできなかったり、コアビジネスに専念できないことの原因としては、アウトソース先を管理することに、意外と手間がかかるからだ。良い仕事をしているかをチェックする必要もあるし、イレギュラな対応は結局自社で判断しなければならないので、一般社員は削減できても、管理職だけは残さなければならないケースが多い。企業で一番不足しているのは優秀な管理職なのだから、これでは本末転倒だ。
　アウトソースしさえすればコストが下がり、優秀な人材を他業務に回せるわけではない。どのような業務をアウトソースし、何は自社でやり続けるのか、慎重な判断が必要だ。

業務集約とアウトソースの対象業務を決める
　それでは、どんな業務が集約に適しており、どんな業務がアウトソースしやすいのだろうか。対象業務を適切に選ぶためのマトリクスを紹介する。

図表P-2　集約業務判断のマトリクス

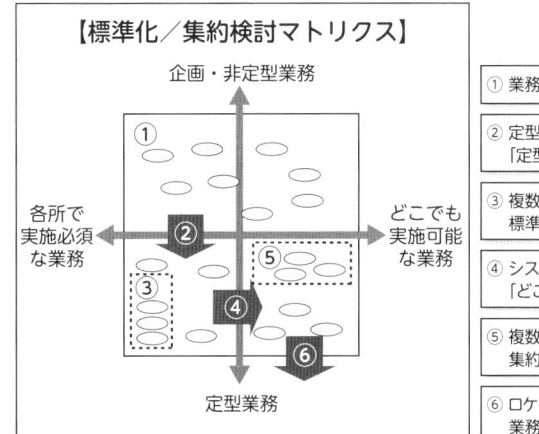

【標準化／集約検討マトリクス】

縦軸：企画・非定型業務 ／ 定型業務
横軸：各所で実施必須な業務 ／ どこでも実施可能な業務

① 非定型＋特定の場所
② 標準化・集約の方向
③ 定型＋特定の場所
④ システム化
⑤ 定型＋どこでも可能（集約化）
⑥ アウトソース

検討のステップ

① 業務をマッピング
② 定型化して、「定型業務」エリアに移せないか
③ 複数の定型業務を標準化できないか
④ システム化して、「どこでも可能」エリアに移せないか
⑤ 複数のロケーションフリー業務を集約化できないか
⑥ ロケーションフリーかつ、より定型的な業務を、アウトソースできないか

ステップ1：マトリクスに業務を分類

まずは、業務改革の対象部門の全ての仕事について「定形業務か否か」「どこでも実施可能か否か」の2軸で評価し、マトリクスの形に整理しよう。

例えば経理部門で「資産のオフバランス化を計画する」といった仕事があったとしたら、「非定型＋どこでも実施可能」と言っていいだろう。「工場の製造部長と原価低減の相談をする」であれば「非定型＋特定の場所のみ」となり、「経費申請と領収書の付き合わせチェック」であれば、「定型＋どこでも実施可能」である。

ステップ2：定型化できないか？

マトリクスの左上「非定型＋特定の場所のみ」にある仕事は、業務ノウハウを整理し、左下「定型＋特定の場所のみ」に移動できないか、考えてみる。組織には「100％クリエイティブな仕事ではないのに、ノウハウが棚おろしされていないから、あの人しかできない」という仕事が意外と多いものだ。

ステップ3：標準化できないか？

左下「定型＋特定の場所のみ」に整理されている仕事の中には、現場

にいるからこそできる仕事というものが確実にある。先ほど挙げた「現場のキーマンと膝を突き合わせて相談する」といった仕事がそれにあたる。

逆に、本質的にはどこでやっても良いのだが、ルールや手順が標準化されていないから、集約できない（集約するとかえって効率が落ちる）という仕事もある。経理の例で言えば、経費扱いにできることの基準が工場ごとに違うような場合だ。だが、こういう細かいルールの違いを標準化することで、左下の領域にあった仕事を右下の「定型＋どこでも実施可能」に移動できる。

ステップ4：システムインフラがあれば、空間をジャンプできるか？

「経費申請と領収書の付き合わせチェック」は、多くの会社で、左下「定型＋特定の場所のみ」として扱われている。申請処理を紙でやっているからだ。もちろん紙のままでも、申請書や領収書を輸送すればどこでもできる。だが、誤りがあって差し戻す時のことまで考えると、結局は輸送などしない方がてっとり早い。

そこで、申請書をワークフローシステムに乗せたり、領収書をスキャンして承認者に電子データで届けるルールにすれば、場所はどこでも良くなる。つまり、右下の「定型＋どこでも実施可能」に移動できる。

ステップ5：集約できるか？

右下の「定型＋どこでも実施可能」な仕事（ここまでの取り組みで、左下から移動してきた業務も含む）は、言い換えれば、他人に渡しやすい仕事である。他の誰かが、まとめて面倒を見てくれるなら、渡してしまった方が、全社として仕事が楽になるかもしれない。それが業務集約の発想である。

ステップ6：アウトソースできるか？

右下の中でも、特に定型度合いが高い（イレギュラが発生しにくい）作業は、ソックリそのままアウトソースできないか考えてみたい。前述のように、アウトソースしさえすればコストダウンできる、と考えるのは危険だが、選択肢として検討する価値はある。

図表P-3は、実際にこの考え方に沿って人事部門の業務を整理し、シェアードサービスセンターとして切り出す業務を決めた際の資料である。

図表P-3　業務集約マトリクス 分類結果

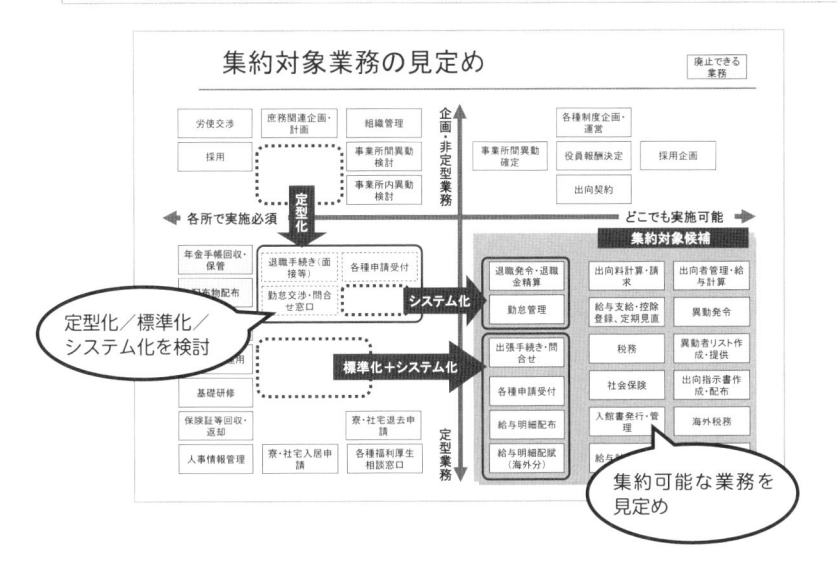

集約対象業務の見定め

（図中テキスト）
- 廃止できる業務
- 労使交渉／庶務関連企画・計画／組織管理／各種制度企画・運営
- 採用／事業所間異動検討／事業所間異動確定／役員報酬決定／採用企画
- 事業所内異動検討／出向契約
- 企画・非定型業務
- 各所で実施必須 ← → どこでも実施可能
- 定型化
- 年金手帳回収・保管／退職手続き（面接等）／各種申請受付／退職発令・退職金精算／出向料計算・請求／出向者管理・給与計算
- 勤怠交渉・問合せ窓口／給与支給・控除登録、定期見直／異動発令
- （定型化／標準化／システム化を検討）
- システム化
- 勤怠管理／税務／異動者リスト作成・提供
- 出張手続き・問合せ／社会保険／出向指示書作成・配布
- 標準化＋システム化
- 各種申請受付／入館書発行・管理／海外税務
- 基礎研修／給与明細配布
- 保険証等回収・返却／寮・社宅退去申請／給与明細配賦（海外分）
- 人事情報管理／寮・社宅入居申請／各種福利厚生相談窓口
- 定型業務
- 集約対象候補
- 集約可能な業務を見定め

施策5　承認プロセスの見直し

「事務ミスが多いので、チェック体制を強化したい」という課題と、「承認ルートが多すぎて、あまりに効率が悪いから簡略化したい」という課題。一見、逆の話に見えるのだが、根っこにあるのは「効果的なチェックプロセスが設計できていない」という、同じテーマである。

ミスが多いことの対策として、とにかくチェックリストを増やしたり、チェックする人を増やした結果、「俺以外の誰かが見てるだろ症候群」や「とにかくこのリストに○をつければいいんでしょ症候群」などで、かえって組織としてのチェックがなおざりになっている。

こういった症状に有効な対策が2つある。1つは人間がやっているチェックをシステムに肩代わりしてもらうこと。システムは誤りを見逃さない。あらかじめ正解を教えてもらっている場合に限るけれども。

もう1つの対策は、形式チェックと承認を分けること。人間の注意力は限りある資源なので、「形式要件を満たしているかどうかをチェックせよ。その上で、会社としての高度な意思決定もせよ」といった無理な注文を管理職に求めるべきではないだろう。

だから形式要件のチェックをシステムなり担当者なりに事前にやってもらい、管理職には高度な意思決定に集中してもらうように、業務プロセスを設計し直す。こういった役割の整理・統廃合（チェックのリストラ）をすることで、効率化とミスの減少を同時に達成できる。

施策6　納期短縮

　これまで紹介してきた5つの施策は、どちらかと言うと効率化を目指したものだったが、最後に紹介するのは時間軸に注目した施策だ。

　決算短縮、サービス提供までのリードタイム短縮、開発期間短縮など、業務に必要な時間を短くする。そのことでスピーディーな経営判断ができたり、顧客満足度を上げたり、市場での競争に打ち勝つのが狙いだ。

　時間を短縮するために使う技をいくつか紹介する。

　①　自動化
　当たり前だが、機械は人間よりも仕事が速い。システム化すれば早くなる。
　②　並行化
　今まで順番にやっていた仕事を、同時にやれないか検討する。情報をキッチリ一元管理することで、今まで順番にしかできないと思われていた仕事を同時に実行できるようなケースがある。
　業務の依存関係をスイムレーンチャート（J章「業務とシステムを棚おろす」参照）などで整理すれば、並行化できる/できないが見えてくる。
　③　権限委譲
　これまで部長の許可を得るのに時間がかかっていた業務を課長承認でも良いことにすれば、スピードアップする。ただし権限委譲にはリスクもあるので、本当にそれで良いのかは見極めなければならない。
　④　セルフサービス化
　これまで特定の部門だけがやっていた仕事を、一人一人の社員や顧客にやってもらうことで、仕事が終わるまでの時間をぐっと短縮できることがある。仕事がなくなるのだから、同時に効率化にもなる。一石二鳥の作戦である。
　これまで紙の書類や専用のシステムが必要だった業務をWebベースの

システムでこなせるようになったことで、セルフサービス化できる業務がかなり増えた。「それを任せてしまって本当に大丈夫なのか？」という議論は欠かせないが、効果がとても高いのでぜひ検討してほしい。

事例

「24時間以内」を目指しての総力戦

　機械が故障してから、修理完了までの時間は、極力短くしなければならない。故障している間は仕事が完全にストップしてしまうのだから、当然だ。

　ある精密機械メーカーでは、「故障が起きてから24時間以内に故障部品を顧客のもとに届け、修理を完了する」という目標を立てた。

　故障部品を素早く顧客に届けるための作戦は2つあった。

　まず、顧客に近い倉庫に部品を常備する方法がある。だが、めったに壊れない部品を全世界の倉庫に備蓄すれば、それだけ在庫コストが膨らむ。だから壊れやすい部品を見極めたうえで、費用と効果のバランスを見ながら備蓄する部品を慎重に選んでいく。

　次に、顧客に近い所に常備していなくても、飛行機などで24時間以内に届ける方法もある。この場合、アジアであれば昼までに発覚した故障を翌日までに届けられるが、ヨーロッパの場合は……などと、顧客のロケーションに応じた対応を細かく考える必要が出てくる。

　まずは現状分析として「どの国の顧客へ、どこから部品を送った場合、何%が24時間以内の修理に成功しているのか？」を調べた。顧客がアジアの時とヨーロッパの時とでは、2つの作戦のどちらが有効かは変わってくるので、全体像を睨みながら有効な施策を選んでいった。

図表P-4　「24時間以内」を目指しての総力戦

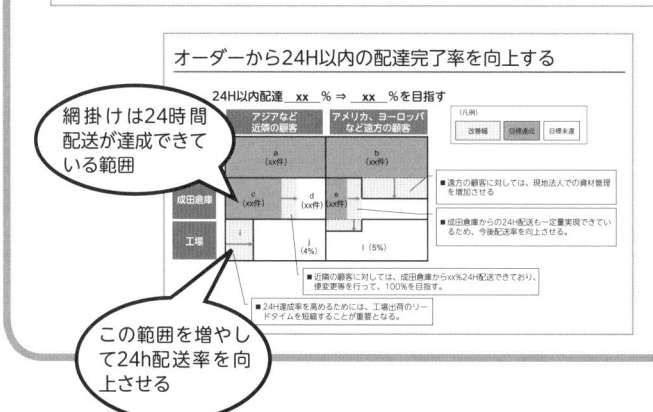

Q ダメ施策を捨て、良い施策を残す

■ この章のレッスン
- ●全ての施策を同時に実現することはできない。でも、下手な選び方をすると、後からちゃぶ台返しが起こる
- ●後からモメないために、合理的で納得度の高いステップで施策を選定する方法を学ぶ

▶ 施策一覧で全関係者と合意する

本当に効果がある施策以外は、思い切って捨てる

　施策を目一杯出したら、次は絞り込む。人にも時間にも予算にも限りがある中、全ての施策を一気に実現するのは難しい。あれもこれもとなって、結局どれも実現できないのが最悪だ。このタイミングできちんと施策を絞り込もう。

　絞り込みはプロジェクトの方向性を決定付ける重大な決断になる。だからこそ、施策を選ぶ／捨てる は、慎重に進める必要がある。この選定プロセスをきちんと進めないと、後から「なぜあの施策をやらないんだ」「このプロジェクトはどうでもいいことばかりやっている」と部外者がやかましくなる。

　万が一、捨てる施策がないなら、施策を出し切れていない証拠だ。前のステップに戻って施策を出し切ることに専念しよう。

　施策を絞り込む際に必ず使う「施策一覧」というフォーマットを紹介しよう。

　図表Q－1は、あるプロジェクトで実際に作った施策一覧だ。ずらっと施策が並んでいる。プロジェクトの規模にもよるが、だいたい30個以内にした方が議論しやすい。

　右よりには優先度の項目がある。ビジネスベネフィット／組織受入態勢

図表Q-1 施策一覧

（これまでリストアップしてきた施策）
（誰が、いつやるか？ それはなぜか？）

	改革施策	施策備考	実現フェーズ	優先度 ビジネス・ベネフィット	優先度 組織受入態勢	優先度 コスト	主担当組織	備考 対象外にした理由
1	分散されているデータの一元化	各種システムで分散管理されているデータを一元管理し、正しい情報を管理できる仕組みを実現する。	1	H	H	H	シス企	
2	組織連携を強化するための情報共有基盤の構築	情報共有するためのITシステムを導入し、組織間のコミュニケーションロスによるお客様のクレームをなくす。	1	H	M	M	シス企	
3	企画、管理業務へのシフト	各種オペレーション業務を効率化し、RFP提案、運用改善に向けての企画・提案型にシフトする。	1	M	M	M	情シス	
4	運用体制の効率改善	障害の発生から解決まで、横断的なステータス管理を実現し、組織を横断した改善活動を行う。	2	M	M	M	品管	まず第1フェーズで基盤を構築し、第2フェーズで改善につなげる改善を行う。
5	組織の役割、ミッションの見直し	プロダクトマネジャーやメーカー担当、パートナーのマネジメント強化など、役割・ミッションの見直しを行い、利益構造の強化を図る。	－	H	M	H	経企	中間マネジメント・ボードで本プロジェクトとは切り離して検討することとした。
6	情報分析基盤の構築	BIツールを導入し、マーケティング活動の質を上げる。	2	M	H	L	営企	高コストであるため、実現フェーズは再検討する。
7	属人化している業務オペレーションの標準化	特定の担当者にしかわからない業務ナレッジをシステム化、マニュアルに落とし込み、標準化する。	－	M	M	L	事務管理	別プロジェクトとして立ち上げ管理、実現する。

／コストの3つの評価基準で施策を評価し、評価結果に応じて実現時期を振り分けている。白い行が最初にやる施策、グレーの行が時期をずらしてやる施策、黒い行がやらない施策だ。

施策一覧は実行したい施策をずらりと並べた、かなりシンプルなツールだが、威力は絶大である。変革プロジェクトの背骨になる表なのだ。

施策一覧の威力①：意思決定のプロセスが明確になる

プロジェクトには色々な立場、色々な思惑の人々が参加するが、結局は声の大きい人の「○○の施策を最優先にすべき」という意見が通ってしまいがちだ。しかし、声の大きい人の意見が必ずしも正しい意見だとは限らない。そして他の参加者には、納得できないモヤモヤとした感情が残る。

「なぜこの施策が選ばれたのか？」を後からだれも説明できなくなってしまうからだ。「この施策は○○さんがご執心だったらしいよ」というのも最悪だ。

図表Q-1のように、施策ごとの「ビジネスベネフィット／組織受入態勢／コスト」を明確にしておけば、選ばれた理由が一目瞭然になる。いつでも、だれでも、一発で経緯が分かる。

例えばビジネスベネフィットがHighでコストがMediumの施策は「施策を実行すると効果が高いし、コストもそれほどはかからない」という意味だ。何をもってビジネスベネフィットをHighとするのかについても明快な基準があるから、優先的に実現することの納得性は高い。

施策一覧の威力②：やらないものが明確に示される

プロジェクトの中盤戦で「あの施策ってやるんだっけ？」「この施策なんでやらないの？」「この機能がないと、業務が回らないよ」と、もめることはよくある。

だから、
- だれかが主張したが、全社的に考えると優先順位が低い施策
- どうしてもやりたいけれど、コストが高いので後回しにせざるを得ない施策

などを、理由付きで「今回、これは○○の理由のためやりません」と書いておくのだ。こんな風に、やらない施策を明確に示しちゃぶ台返しや議論の蒸し返しを防ぐことで、劇的に手戻りが減る。

先ほどの施策一覧を見ると、やらない施策は削除せず、グレーアウトしているのが分かる。やらないことまで漏らさず書いて、初めて「後でもめない施策一覧」が完成する。施策を選んだら、「実行する施策」よりむしろ「先送りした（やらない）施策」を大事に扱ってほしい。

施策一覧の威力③：中期計画としての価値

施策一覧を作る際には、変革プロジェクトのゴールからは少し外れた施策についても載せることにしている。Assessmentフェーズで網羅的に調査をしていると、プロジェクトとはちょっとずれるけれども、改善の余地が大きいネタがたくさん見つかるからだ。

そうしてリストアップされた施策を、その部門の長が参加して優先順位

を決めれば、それはそのまま「部門にとっての中期計画」として使える資料になる。施策一覧の議論から、変革プロジェクト以外にもいくつもワークグループが立ち上がったり、個人の年間目標に施策の実現を掲げる人が多くなる。

施策一覧の威力④：プロジェクト後に残る宝の山

先送りした施策、やらないことにした施策も、いつか実現したい施策には変わりない。後日、時間に余裕ができて新たな変革に取り組めるようになった際、改めて現状調査をせずとも取り組むべき施策が整理されているのは強い。すぐさま施策に取り掛かれるからだ。

事例

残った宝の山を一つ一つ実現させていく

日野自動車での人事業務とシステムの改革プロジェクトでのこと。

いつものようにプロジェクトで実現したい施策をありったけ出し、絞り込んだ。絞り込みから漏れて、後回しになってしまったものも多く、お客さんは納得しながらも、少し残念そうだった。

それから1年半かけ、紆余曲折はありながらも、当初ねらっていたゴールを達成することができた。ずいぶん業務も安定し、新しいルールも定着してきたのでケンブリッジはプロジェクトからはずれることになった。

最後の日、お客さまのプロジェクトマネージャーが簡単なスピーチをしてくれた。

「苦労して、プロジェクトゴールを達成できました。でも、プロジェクトの最初に決めた施策一覧には、最初に実現させるのをあきらめたけれども、絶対やった方がいい施策がまだまだたくさんあります。私はこれを宝の山だと思っています。ケンブリッジさんがいなくなった後も、これをどんどん実現させていきます。」

そしてさらにその1年後にお会いした時に「あのとき言った宝の山のうち、○○と△△は実現させました！」と言ってくださったのは、本当に嬉しかった。

施策一覧の作り方

以後、施策一覧の作り方を順を追って説明しよう。

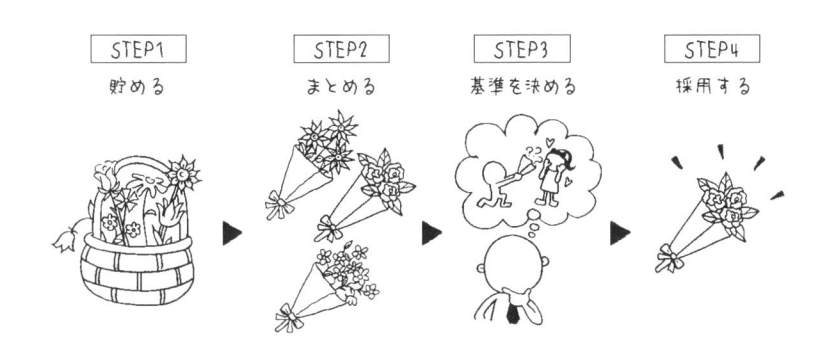

STEP1	STEP2	STEP3	STEP4
貯める	まとめる	基準を決める	採用する

ステップ1　施策一覧にアイディアをどんどん貯める

ひらめいた施策は、漏らさずどんどん施策一覧に入れていく。調査の途中で思いついた施策、帰りの電車の中でひらめいた施策、飲んでる時にだれかがポロッと言った施策。しっかり煮詰まった施策じゃなくても全く問題ない。

せっかく思いついた施策の種は、忘れないようにちゃんとリストに貯めておこう。貯まってさえいれば、芽が出る可能性は十分にある。

ステップ2　施策をまとめる

施策アイディアが貯まったら、大小ある施策を程よい大きさに束ねていく。

適当なまとめ方をしてしまうと、それだけで議論がしづらくなるので気を使った方がいい。まとめ方が大き過ぎると、施策を推進する所管部署が曖昧になってしまったり、関係者が多過ぎて会議が開けなかったりする。

逆に小さいと、他の施策と密に連携せねばならず、単独で議論を進められないこともある。

経験上、以下の点に注意すると良いまとめ方ができるので参考にしてほしい。

1) 一目で何をする施策か分かるようにまとめる
2) 優先順位付けの議論がしやすいようにまとめる
3) 独立して実行できるようにまとめる
4) 施策の数は多くても30個まで

ステップ3　施策の選定基準を決める

いざ「施策を選びましょう！」という段になると、「どれも大切だから選べない」という声をよく聞く。

それでも選ばなければ次に進めないので、根気よく議論すると、選べないのは「何を重視して選べばいいのか分からない」からだと気づく。「現場の負荷が大きいとやりきれない……」とか、「今効果が少なくても将来的に有効でして……」とか、「コンプライアンス上必須だからコスト度外視で……」とか、様々な選定基準があるから迷うのだ。

だから、まずはプロジェクトにとって本当に重要な選定基準を3つだけ決める。それは、ビジネスベネフィット、受入態勢、コストの3つである。

（1）　ビジネスベネフィットを定義する

「ビジネスベネフィット」とは、その施策がどれだけビジネスに貢献するかを示す指標だ。プロジェクトゴールへの貢献度と言ってもよい。

効率化をゴールにしているプロジェクトなら、10人分効率化できる方が1人分効率化できる施策より「ビジネスベネフィット」の評価が高い。品質の向上をゴールにしている場合、品質をいかに向上させられるかがポイントになる。

ここで大事なのは、ビジネスベネフィットの採点ルールを明確にしておくことだ。「なんとなくだけど、たくさん効率化できそうだなぁ」では、公正な評価にならない。選定の基準と、基準に対する採点ルールをセットにするから「なぜこの施策が選ばれたのか？」が明確に説明できる。だれが見ても理解できる明解な採点ルールを作ろう。

ちなみに、採点は3段階（High／Medium／Low）で行うことが多い。将来の予測なので、10点満点、100点満点で全て数値化するのは不可能だし、施策を選ぶ際にはそれほど細かい採点は必要ない。

　＜プロジェクトゴールが明確な場合のビジネスベネフィットの例＞
　　・High：プロジェクトゴール達成のために欠かせない施策
　　・Medium：プロジェクトゴール達成に寄与する施策
　　・Low：プロジェクトゴール達成に直接影響のない施策
　＜コスト削減を目指したプロジェクトでのビジネスベネフィットの例＞
　　・High：20人月以上の削減が見込める施策
　　・Medium：10人月程度の削減が見込める施策
　　・Low：上記に当てはまらない施策

（2）　組織受入態勢を定義する

「組織受入態勢」は施策を実施する上で、組織としての変化がどの程度必要かを示す指標だ。

例えばある組織を解散し、それまでやっていた仕事を社外にアウトソースする施策は、労使交渉や心理的抵抗、人員配置の変更などを覚悟する必要がある。つまり、受入態勢が非常に低いと言える。

また、紙中心の業務をパソコン中心に変えるような施策は、本社の人々にとっては大きな問題ではないだろうが、工場や販売現場に対してやる場合は、教育が大変になる。他にも、取引先など他社の協力が必要となる施策や、多数の関係者に周知・教育をする施策も、組織受入態勢が低いと言える。

　＜組織受入態勢の例＞
　　・High：部内の周知・教育だけで済む施策
　　・Medium：他部署や全社員に教育や協力依頼が必要な施策
　　・Low：取引先等の社外に、協力を要請する必要がある施策

（3）　コストを定義する

「コスト」は文字通り、施策実現に必要な投資額（ランニングコストを含めることもある）を示すものだ。

設備や情報システムへの投資、新しい建屋に移転する引越し費用、業務ルールを検討するために必要となる工数など、施策を実現するためには

何かとお金がかかる。

　基幹システム刷新のプロジェクトの場合、コストの大部分はシステム構築費用になるので、システム関連費用のみに注目するケースもある。
　＜コストの例＞
　　・High：システム改修が不要な施策
　　・Medium：5人月未満のシステム改修が必要な施策
　　・Low：5人月以上のシステム改修が必要な施策

ステップ4　基準にそって施策を採点する

　基準と採点ルールが決まったら、それに沿って施策にHigh／Medium／Lowをつけていく。

　選定基準の作り方がまずい場合は、全ての施策がHighになってしまうことがある。「全ての施策が重要」というのは、結局何も捨てていない（＝何も選んでいない）ことになる。選定基準を見直さなければならない。繰り返しになるが、時間も人も予算も有限の中、全ての施策を一度に実現することは難しいからだ。

ステップ5　施策の実現時期を分ける

　採点が終わったら、いよいよ施策を選んでいく。

　3つの基準すべてがHighの施策があるなら、効果も高く実行も簡単なのだから、当然真っ先にやることになる。

　問題は「ビジネスベネフィットHigh／組織受入態勢Low／コストMedium」のような、効果は高いが実行は難しい施策を早い段階から実施するかどうかだ。ここはしっかり議論して選ぶ理由、捨てる理由を明確にしておきたい。

　また、即効性のある施策を意図的に選ぶこともある。例えば、「ビジネスベネフィットMedium／組織受入態勢High／コストHigh」なら、効果はソコソコだが、すぐに実現できる。こういった施策をクイックヒットと呼ぶが、小さくてもすぐに効果を出せれば、プロジェクトに勢いが付けられる。

R　施策を練り上げる

> **この章のレッスン**
> - 施策を考えついても、それだけでは実行に移せない。もっと具体的に、何をどうする施策なのかを詰めていく必要がある。この工程を「施策の練り上げ」と呼ぶ
> - 施策を練り上げるためには、「選択肢をリストアップし、一つを選びとる」というプロセスを無数にこなさなければならない

　施策の練り上げとは「風呂敷を広げてたたむこと」である。つまり、論点に対して取りうる選択肢を洗い出し（風呂敷を広げ）、その中から一つを選択する（広げた風呂敷を畳む）ということ。この繰り返しで施策が練り上がっていく（具体化・詳細化していく）のだ。これを「発散／収束モデル」と呼んでいる。

　ここでは伊藤忠テクノソリューションズ（以下 CTC）での実例を追いながら、詳しく説明しよう（資料上の数字などは加工してある）。

▶ 発散/収束モデルで施策を練り上げる

　CTCの営業業務改革プロジェクトで解決しようとしていたのは、「顧客との交渉といった難しい仕事も、書類の手配といった定型的な仕事も、全てを営業担当者が担っている。この状態を何とかして、もう少し大事なことに時間を使いたい」という課題だった。

　そこで「定型的な営業事務をバラバラにやるのではなく、数人の専門家が一箇所でやることで効率化する」という施策が考えだされた。一言で言えば、営業事務の集約化だ。練り上げを始める前に決まっていたのは、施策の目的だけ。

【営業業務改革のねらい】
以下の効果を狙って、営業の事務作業を集約化する
・業務の効率化（学習効果による処理効率の向上）
・ワークシェア（繁忙の波を平準化する）
・営業担当者を作業から開放し、より価値の高い仕事へシフトする

　何を集約の対象とするか？　集めた仕事をだれがやるのか？　現在、各地で営業事務をやっている人はどうなるのか？　といったことは、何も決まっていなかった。
　さて、ここから何をどう検討していけばいいだろうか？

ステップ1　「どの業務を集約するか？」を発散/収束モデルで検討する

　まずは、営業事務の中で何を集約するのかを検討した。
　この時に最初に考えるべきは、集約して効果がありそうな仕事を片っ端からリストアップすることだ。このプロジェクトでは最終的に3つの選択肢が挙がった。この3パターンに風呂敷を広げた状態、と言っても良い。

図表R-1　集約対象業務の検討

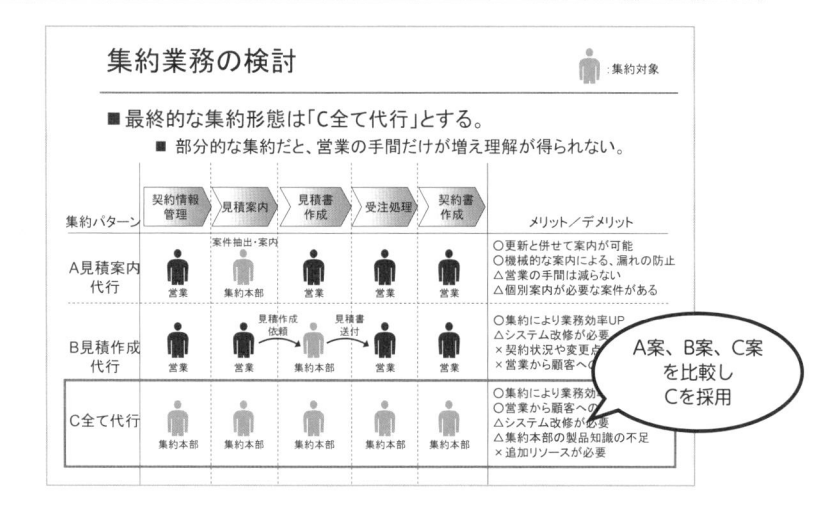

集約パターン	契約情報管理	見積案内	見積書作成	受注処理	契約書作成	メリット／デメリット
A 見積案内代行	営業	案件抽出・案内 集約本部	営業	営業	営業	○更新と併せて案内が可能 ○機械的な案内による、漏れの防止 △営業の手間は減らない △個別案内が必要な案件がある
B 見積作成代行	営業	営業	見積作成依頼→集約本部　見積書送付	営業	営業	○集約により業務効率UP △システム改修が必要 ×契約状況や変更点 ×営業から顧客へ
C 全て代行	集約本部	集約本部	集約本部	集約本部	集約本部	○集約により業務効率 ○営業から顧客への △システム改修が必要 △集約本部の製品知識の不足 ×追加リソースが必要

■最終的な集約形態は「C全て代行」とする。
　■部分的な集約だと、営業の手間だけが増え理解が得られない。

（吹き出し）A案、B案、C案を比較しCを採用

A案「お客様への見積案内」のみを集約する
B案「見積の作成」のみを集約する
C案「契約業務の全体」を集約する

　選択肢が出たら、それぞれのメリット・デメリットを整理して、横並び比較できるようにする。この時は、「A案やB案のように、仕事の流れを部分的に切り出しても、かえって連絡の手間が増え、効率化にはならない」という議論になり、C案の業務全般を集約する方針に落ち着いた。もちろん、この議論を後でぶり返さないですむように、落とした選択肢と落とした理由も明確にしておく。

ステップ2　集約対象案件を発散/収束モデルで検討する

　契約締結業務全体を集約することが決まったので、次にどのような案件を集約対象とするかについて議論した。営業案件にも単純な事務処理として淡々と進めればよいものから、お客様とガッチリと交渉したうえでの契約が必要な案件まであるからだ。

　少し調査すると、営業行為の複雑さは、おおよそ「初回契約か、2回目以降の更新か？」と「契約条件の見直しが必要か？」の2つで決まることが分かった。そこでこの2つの軸で表を作り、それぞれの案件が年間何件あるのかを調べた（図表R－2）

　結果、件数が圧倒的に多いボリュームゾーンが「単純更新可能かつ、2回目以降の更新」であることが分かった（Bの枠）。ここさえ集約できれば効果が上がりそうだ。

　一方、個別の対応が必要な案件（A＋Cの枠）は集約しても効率が高くならないだろうから、これまでどおり営業担当者がしっかりと顧客と契約を交渉した方が良い。つまり、業務集約には向かないことも確認できた。

　この時は、運良く「業務集約に向いた案件」がボリュームゾーンに一致していたので、営業担当者以外の人に任せると大きな効果が出る見込みがたった。逆に、単純な案件の件数が少なく、ケースバイケースで対応しないといけない案件の件数が多かったとしたら、残念ながら業務集約という施策は諦めなければならない。

図表R-2　集約対象とする案件の検討

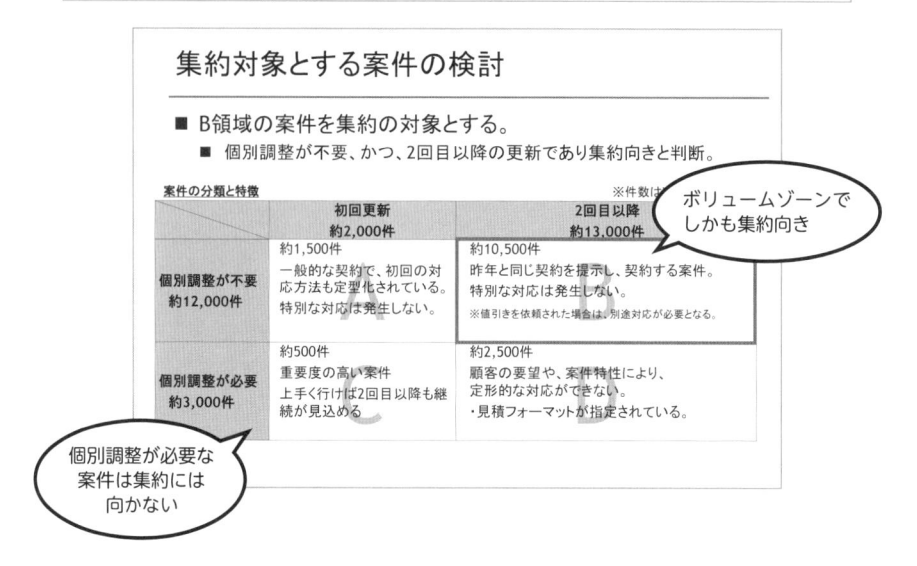

集約対象とする案件の検討

■ B領域の案件を集約の対象とする。
　■ 個別調整が不要、かつ、2回目以降の更新であり集約向きと判断。

案件の分類と特徴	初回更新 約2,000件	2回目以降 約13,000件
個別調整が不要 約12,000件	約1,500件 一般的な契約で、初回の対応方法も定型化されている。 特別な対応は発生しない。	約10,500件 昨年と同じ契約を提示し、契約する案件。 特別な対応は発生しない。 ※値引きを依頼された場合は、別途対応が必要となる。
個別調整が必要 約3,000件	約500件 重要度の高い案件 上手く行けば2回目以降も継続が見込める。	約2,500件 顧客の要望や、案件特性により、定形的な対応ができない。 ・見積フォーマットが指定されている。

（吹き出し）ボリュームゾーンでしかも集約向き

（吹き出し）個別調整が必要な案件は集約には向かない

　ここまでのステップで、どの業務を集約対象とするか？　どのような案件を集約するか？　という集約の将来像がおおよそ固まった。検討がすんでいないこともまだまだある（例えば、単純更新できるかどうかの判断基準については、この時点で何も決まっていない）。だが、キリがないので「業務集約って何をどう集約するの？」のイメージをプロジェクト関係者で共有できれば、まずはよしとしよう。

ステップ3　切り替えステップを発散/収束モデルで検討する

　ここまでで、集約する業務と案件が決まり、業務の将来像が見えてきた。そこで「どんなステップで集約を進めるか？」を検討した。
　ここで挙がった選択肢は、3つ。
　A案：製品ごとに少しずつ、集約を進める。
　（まずはA製品の案件を集約、1カ月後にB製品の案件を集約、といった進め方）
　B案：業務ごとに、段階的に集約を進める。
　（まずは見積作成業務だけ集約、1カ月後にお客様への案内を集約といった進め方）

C案：全てを一気に集約する

C案の「全て一気に集約」は不採用となった。すべて一気に集約するのは、やはりリスクが高いだろう、というのが理由だ。さらに、業務切り分けを段階的に集約すると、切り替え途中でのルールが煩雑になり混乱するため、B案も難しい。消去法でA案「製品ごとに集約を進める」が選択された。

図表R-3　集約体制への移行

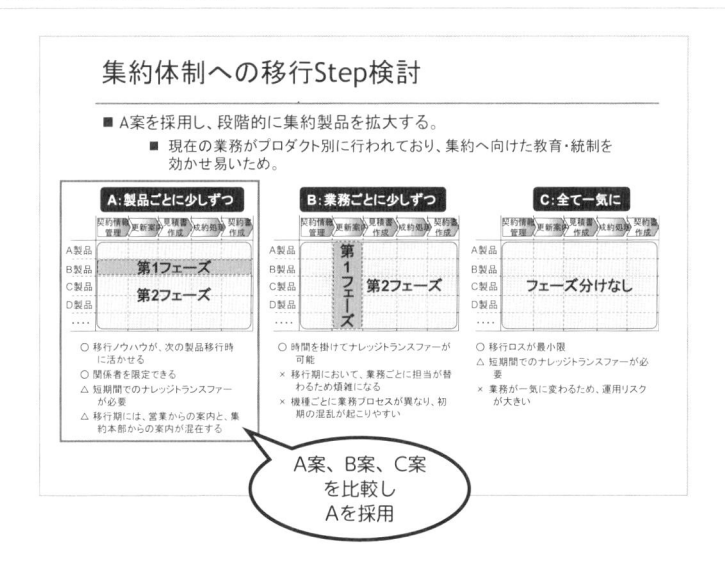

以上、三つの論点について「発散/収束モデル」を使って施策を練っていく様子を紹介してきた。ここでの議論は全て、「選択肢を挙げる（風呂敷を広げる）」→「選択する（風呂敷を畳む）」という流れに沿っていることが分かると思う。

当初は営業事務を集約することしか決まっていなかったが、ずいぶんと施策について具体的になってきた。この後も施策を練る作業は続く……。

図表R-4　発散/収束モデル

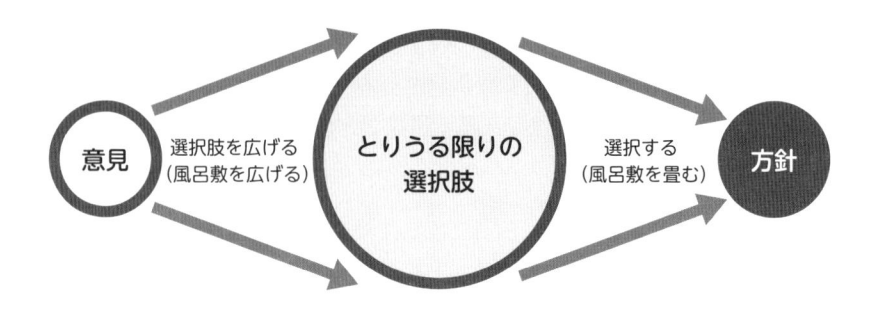

意見 →選択肢を広げる（風呂敷を広げる）→ とりうる限りの選択肢 →選択する（風呂敷を畳む）→ 方針

施策練り上げのコツ

　さて、こうして順を追って事例を紹介していくとスムーズに検討が進むように思うだろうが、実際には揉めたり、議論が戻ったりすることもある。それはたいてい、何を議論するのかきちんと示されておらず、各自が自分の思いを語りだして空中戦になっている時だ。
　論点が適切に設定され、論点に対する選択肢が出揃っており、選択に足りる情報があれば、自ずと結論が見えてくる。この3つこそが練り上げのコツである。

> 【上手に風呂敷を広げて、素早く畳むために外せない3要素】
> ①適切な論点
> ②出しきった選択肢
> ③選択に足りる情報

　①　適切な論点を選ぶ
　まずは、論点リストを作る。論点というのは、先ほどの例で言えば「業務集約をする範囲はどこからどこまで？」といった、具体化するために決めるべきことだ。

決めなきゃいけないことを、思いつく限り書きだす。さらに、議論中に出てくる懸念点などを余さず書き留める。業務改革の経験があれば過去のプロジェクトで何が問題になったのか、どこで悩んだのかを思い出しながらリストアップできるので、なるべく経験者の助言を求めよう。

```
【論点リスト】
✓ 集約の対象はどんな案件にするのか？
✓ どうやって移行するか？
✓ 集約元と集約先の連携はどう担保するのか？
✓ クレーム対応するのはどこの組織か？
              ・
              ・
              ・
```

　論点が出てきたら、どの順番で議論するのかを考えていくのだが、これが結構難しい。

　論点同士が相互に関連していたり、つい議論しやすい各論に話が流れてしまったり……。場合によっては、論点Aを少し話して、結論は出ていないが、論点Bを少し話して、ぼやっと方向性が見えたら論点Aに戻って……みたいなことも必要になる。

　業務改革の経験が一番ものをいうのはこの時だ。経験がある人には「今はこれについては悩まなくていい。そのうち自然に明らかになるから」や「今、これを固めておかないと、他の事の議論も進まない」といったことが見えてくるからだ。

　基本的には、一番根本的な論点、他の論点に影響を与えそうな論点から議論していくようにしよう。先ほどの事例で言えば、集約する業務や対象とする案件が決まらないうちに、集約のステップについて検討しても意味がない。

> **細かいところばかり掘っても先に進まない**
>
> （中堅物流会社 総務部 Iさん）
>
> プロジェクトリーダーとして、業務の将来像を考えていましたが、何をどこまで議論すればいいのか、とても悩みましたね。仕事がら、細かいところがきちんとできるのか、とても気になりますから。
>
> ただ、色々なテーマについて議論を重ねるなかで「細かいところばかり掘っても先に進まないぞ」と気づきました。例えば、決裁ルートをどうシンプルにするか？という議論の時に、個別の「あの書類だけは部長のハンコが必要で……」と言っていたらキリがないですよね。
>
> かと言って、表面だけ撫でていても意味がない。ここを変えれば大きく変わる、という点を上手くつかんで議論するのがコツですが、それが難しかった。
>
> このプロジェクトでは、ケンブリッジさんが議論の仕切り役をやってくれていたので、その辺りは安心して任せていましたけど。私の方は内容をどうするか、本当にこれで問題が起こらないか、社長をどう説得するか、といった方に集中できましたからね。

STOP 次に進む前の、チェックポイント
- ☐ 議論すべき論点は、洗い出せているだろうか？
- ☐ 他の論点を先に検討しなくて大丈夫だろうか？

② 選択肢を出し切る

議論すべき論点が明確になったら、選択肢を全て洗い出す。先ほどの例で言えば、「A案、B案、C案‥」という案のことだ。

ここでは、風呂敷を広げきるのが大切になる。そのためのコツは、極端な選択肢、一見あり得なさそうな選択肢もいったんは議論に乗せることだ。例えば、業務を社外にアウトソースする検討であれば、「全く任せない場合」から「今やっている仕事を100%他社に任せる場合」まで、まずは挙げる。一番適切な選択肢は、0から100までの間のどこかにあるはず

だ。

　そして、あり得ない選択肢については「あり得ない」の一言で済ますのではなく、「○○だからありえない」というところまで明確にしておこう。後からちゃんと説明できるように。

STOP　次に進む前の、チェックポイント　●
- □ 選択肢は全部出せただろうか？
- □ 実現性に囚われて視野が狭くなっていないだろうか？

　③　選択するための情報は十分か？

　出揃った選択肢から１つを選ぶための情報は足りているだろうか。先ほどの例で言えば、「２回目以降の契約更新案件のうち、顧客と条件の変更交渉が必要ない案件は7500件」というのは、ここを集約対象とするかどうかを決める際の、決定的な情報となる。もしこれが1000件足らずなら、そこだけ集約しても効果が薄いという判断になるのだから。

　件数、金額といったデジタルな情報が決め手になる場合もあるが、その業務に詳しい人の感触を聞いてみることも大切だ。「うーん、そりゃ上手くいかんねぇ」と、まず感触をお聞きし、その後でそれが単なる変化への拒否感なのか、言葉にしにくい問題が隠れているのかを探っていくことになる。

　どちらにせよ、この段階で考えるべきは「どんな情報があったら、決断できるのだろうか？」ということ。Assessmentフェーズですでに集めた情報で足りる場合もあるし、追加調査が必要な場合もある。そのときにはヒアリングのときに信頼関係ができているかがモノを言う。

STOP　次に進む前の、チェックポイント　●
- □ あなたが選択するなら、どんな情報があれば決断できるだろうか？
- □ 選択肢を選ぶに足りる情報が揃っているだろうか？

S 抵抗勢力と向き合う

この章のレッスン
- 業務を大きく変えるなら、必ず抵抗される。だが、業務改革を磨くために抵抗を上手く利用することもできる
- 最も大切なことは、抵抗のレベルが低いうちにきちんと対応し、コントロールできるレベルの抵抗にとどめることだ

　変革プロジェクトを実行しようとする際には、多かれ少なかれ批判・抵抗を覚悟しなければならない。これまでずっとやってきたことを変えるのだから、ある程度は覚悟が必要だ。

　批判や抵抗は程度により、毒にも薬にもなる。まっとうな批判、つまり適度で建設的な批判は歓迎すべきものだ。受け止めることで、より良い変革にしていくことができる。だがそれも度を越すと「理屈なき批判」「変革を潰すための抵抗」となっていく。

　多くの変革プロジェクトをやってきた経験から、やり方次第で批判や抵抗をかなりコントロールできることが分かってきた。それを考えるために、抵抗の5段階モデルを紹介しよう。

```
【抵抗の5段階モデル】
抵抗レベル1：無言の抵抗
抵抗レベル2：正面からの批判
抵抗レベル3：屁理屈での抵抗
抵抗レベル4：話すら聞いてくれない
抵抗レベル5：反対運動を繰り広げる
```

　極めて重要なのは、レベルが低い段階で対処することだ。レベル2でとどまるのであればむしろ変革プロジェクトにとって有益だし、レベル3で

とどまるのであれば、対応は少々厄介だが、プロジェクトに致命的な影響は与えない。何も対処しなかったり、マズイ対処をすることで、抵抗レベルが次の段階に進んでしまうのが一番避けるべきことである。

抵抗レベル1　無言の抵抗

「和をもって尊しとなす」ということなのか、変革プロジェクトを始めた時に、いきなり大反対されることは稀だ。むしろ、本当は批判的なのに表に出してくれない人が圧倒的に多い。

「議論を止めてしまうのでは？」とか、「ちゃんと言語化できていないから発言しないでおこう」など、他の参加者に対して気を使ってくれているからだろうが、こうした懸念や不安を放置すると、立派な抵抗に育つ時がある。

見えない批判をしっかり拾うためには、色々な形で現れる小さなサインを見逃してはならない。抵抗の現れ方を見てみよう。

図表S-1に載っているのは、全て抵抗の兆候だ。しかめっ面している人がいたら「おやっ？」と思うようにしてほしい。

不穏なサインを見つけたら、会議が終わったあとで個別に「今日の会議どうでした？　なんか不明なとこありますか？」などと話しかけよう。会

図表S-1　抵抗のタイプ別現れ方

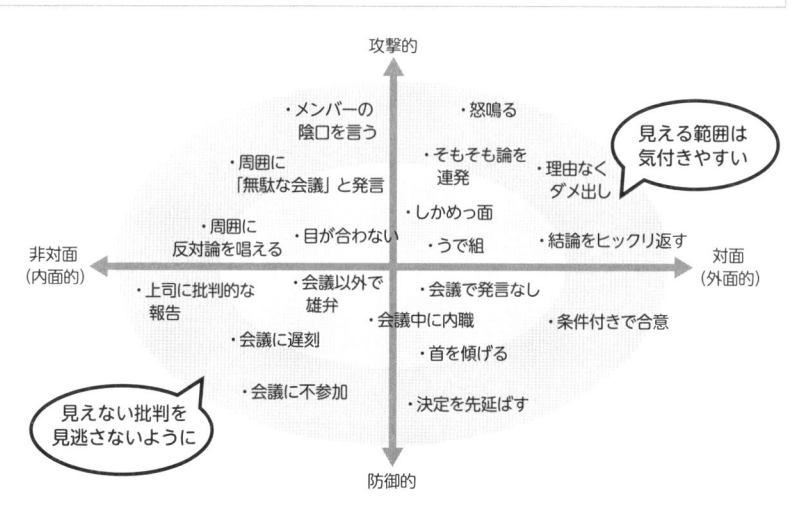

（縦軸：攻撃的／防御的、横軸：非対面（内面的）／対面（外面的））

- メンバーの陰口を言う
- 周囲に「無駄な会議」と発言
- 周囲に反対論を唱える
- 上司に批判的な報告
- 会議に遅刻
- 会議に不参加
- 怒鳴る
- そもそも論を連発
- しかめっ面
- うで組
- 目が合わない
- 会議以外で雄弁
- 会議中に内職
- 首を傾げる
- 決定を先延ばす
- 理由なくダメ出し
- 結論をヒックリ返す
- 会議で発言なし
- 条件付きで合意

見える範囲は気付きやすい

見えない批判を見逃さないように

議の場では遠慮してしまう方も、1対1なら「上手く言えないんだけど、こんな感じのことがモヤモヤしているんだよね」と話をしてくれる。

こうした目に見えない批判を引き出すには、会議中に追及するよりも、会議が終わった後などに探りをいれるのがよい。抵抗や批判でなく単なる勘違いだったとしても、「気にかけてくれてありがとう。大丈夫ですよ」ですむ。

> **事例**
>
> ### 「批判になっていない批判」を見過ごし、痛い目にあった
>
> プロジェクトのコアメンバーの一人が、会議のたびに、なんとなく施策に後ろ向きな発言をしていた。しかし直接的な批判ではなく、「論理的にはそうだね」「本当にだいじょうぶかな〜」「人の確保が心配だね」と何かを匂わす程度の発言が続いていた。一見すると、批判には見えない。
>
> 発言が気になっていたので、会議のたびに「気になるところはありますか？」「これで実現できそうですかね？」と意見を伺っていたのだが、なかなか言語化してもらえなかった。そのため、本当のところ何を気にしているのかが分からない。
>
> ところがプロジェクトが進み、施策が具体化していくにつれ、じわりじわりと批判のトーンが強くなり、最終的には最大の抵抗勢力となってしまった。裏では「あのプロジェクトはあり得ない」「絶対上手くいかない」と誰彼かまわず話していたらしい。
>
> 後から思い返すと、会議での発言も変化していた。
>
> 序盤：「本当に大丈夫かな〜」
> ↓
> 終盤：「初めからハッキリ言っている通り、このプロジェクトは上手くいかない、ありえない」
>
> その方の中ではいつしか「初めからハッキリ意見していた」という構図になっていた。この段階になってから、「初めから言っていた」「いや、言っていない」などと子供の喧嘩のような議論をしてもしょうがない。こうなる前に、見えない批判をしっかり拾ってケアする必要があったのだ。

抵抗レベル2　正面からの批判

　自分たちで変革プロジェクトを立ち上げ、懸命にヒアリングを重ね、施策を考える。こういう地道な努力を積み上げて考えてきた施策に対して、意見されると、必要以上に「批判された」「抵抗勢力が現れた」と身構えてしまうものだ。

　だが、それらの批判を客観的に聞いてみると、適切な批判であることが多い。自分たちが知らない事実を考慮すべき、という指摘かもしれない。今後起こるだろうトラブルを事前に指摘してくれているだけかもしれない。

　「アイツは抵抗勢力だ」などとレッテルを貼り、拒絶して聞く耳を持たなければこうしたまっとうな批判を活かすこともできないし、意見をくれた方との関係も一気に悪くなる。まずはありがたい意見として、正面から受け止めよう。

　しっかり批判を受け止めて、しっかり対応することができると、検討している側は「あれだけ多くの意見をもらって、あらゆる角度で検討したんだ！」と自信を持てる。また、批判する側は「俺の指摘を真摯に受け止めて検討してくれたみたいだな」と思うようになる。

　指摘された点が改善し、優れた施策に仕上がっていくのを見ると、「この施策ならいける、この計画で自分たちが変わるんだ」と、思えるようになっていく。こうした思いはプロジェクトには欠かせない原動力となる。

批判を受け止めた事を示す

　何度も何度も、執拗に批判を受けてしまうことがある。たいていは、受ける側の「受け止める姿勢」が悪いから、そういうことになる。「あなたのご指摘をきちんと聞きました。これから対策を考えていきます。あなたにも協力していただきたいのです」という姿勢が伝わる方法で受け止めよう。

「課題洗い出し会議」と題した会議を開く

　課題や批判を集めることを主目的とした会議を開くのは、聞く耳を持っているということだ。真剣に施策を良くしたい、そのために協力してほし

い、ということを示すことでもある。

批判はリスト化する

　真剣に考えてくれている方こそ、自分が言っている批判が相手に伝わらないと思えばイライラするし、何度も批判する。逆に正しく伝わり、解決に向けて動き出していることを確認できれば、むしろアイディアを出してくれる。そのためには、批判や懸念を聞いたらその場でホワイトボードなどに書き出すことだ。そして後日、だれでも見られる資料にきちんとリスト化し、解決状況も見えるようにしておく。

　同じような批判を何度も受けたら「以前お聞きした懸念ですね、こういった形で書き留めてありますよ。今検討している途中なので、もう少し待ってください」と言えばいい。

状況を報告に行く

　状況をリスト化して書いておく必要はあるのだが、それを批判者が見るとは限らない（たいていは見ない）。そこで、適宜「今、こんな解決策を議論しているのですが」と話しに行く。きちんとした会議でなくても良い。ちょっと席に行ったり、立ち話でも良い。

　こういった方法でプロジェクトの姿勢を示し続けることで、施策を磨けるのはもちろん、抵抗レベルの悪化を防止できる。そしていずれは、当初批判をしてきたような方こそ、変革プロジェクトの強力な味方になってもらえる。

事例

ある執行役員からの批判

　あるプロジェクトで、会議に参加されていた執行役員に激怒されたことがあった。
　「ちゃんと実際の仕事を分かってるのか!?」
　「これは読んだか!?」（マニュアルを机の上にバーンと出しながら）
　「この手順書は知っているのか!?」（これまた机にドーンと広げながら）
　執行役員の方に、施策プランを説明した時のことだった。現場叩き上

げのこわもてで、業務もよくご存知の方。さすがにちょっと慌てた。説明しに行った全員が固まっている……。

　一瞬、「読んでますよ。いきなり何言ってるんですか？」と説得モードに入りそうになった。だがハッと気づいた。この方は単に、考慮漏れがないか、気にしてくれているのだ。プロジェクトチームにはこの貴重な意見を、施策に活かす義務がある。言い訳をすることには価値がない。

　それまではお忙しい方だからと遠慮していたが、ここまで言われたからには「ご指摘ありがとうございます、その資料の内容は、盛り込めていると思いますが、一緒に確認していただけますか？」と言ってみた。

　結局、仕事の流れを一つ一つ一緒に確認する時間を割いてもらった。その方が若い頃に決めたことの経緯など、将来像を考える上で参考になる話も伺えた。そして丁寧に話を聞けたことで、会議が終わる頃にはこの方の心配も解消されていたようだ。語気が荒くなるというのは、それだけ本気だということ。会社をよくしたいという思いは、皆一緒。関心を寄せてくれているのだから、こちらが遠慮せずに時間をいただくお願いをした方が良い。

　この方とは、また別のプロジェクトでご一緒した事がある。施策の説明会で「できっこない」「手間が増える」と批判が爆発して収拾がつかない状況だったが、説明を受ける立場で同席していたこの方が「まぁ、あいつが言うんだから、ちゃんと聞こう。間違ったことは言わないと思うぜ？」と周囲を説いてくれたのだ。

　きちんとしたやり取りの末に、信頼してもらうと後で効いてくる。

抵抗レベル3　屁理屈での抵抗

　変革に反対する人の理屈は様々だ。会社全体では効果が高い施策について「大変になる部署があるから、やりたくない」という、全体感を欠いた主張もある。めったに起こらないリスクを挙げて「リスクが大きいから、実行すべきでない」と強硬に主張する場合もある。

　そういった合理性を欠いた反論をされることはよくあるし、もっとひどい屁理屈としか言いようのないことで、変革に反対する方もいる。「理由

は説明できないが、とにかく嫌なんだ」と面と向かって言われたこともあるし、「全体としてはいい変革だと思いますが、この部分はやるべきではないと思います」と、その方の部署が担当するところだけ変革を拒否されたこともある。

これらに丁寧に反論していくのは非常に骨が折れるが、変革プロジェクトとしては我慢のしどころだろう。何点か、合理的な議論をするためのコツを挙げよう。

自分のことではなく、他人事としても考えてもらう

人はとにかく変化や不確実なことを嫌う。心理学や行動経済学の実験では、「将来手に入ると期待されるものよりも、現在持っているものを大事にし過ぎてしまう」という、人間の不合理な性質が実験により何度も確認されている。人間はそもそも合理的には判断できない生き物なのだ。だから、現在の業務やシステムに問題があったとしても、実際以上に価値があるように感じてしまう。そして変化への一歩が踏み出せなくなる。

こんな問いかけをしてみるのが良い。

「今、この業界に新規参入する会社が、ゼロからこの仕事を設計するとして、やっぱり同じようなやり方をしますかね？」

自社のしがらみを一旦取っ払って考えることができるので、現状維持から抜け出すきっかけが作れる。実際、「いやー。そうならこんなことしないよ」と言ってくれることも多い。そのあとで大抵は「でも、ウチの現状では無理だな」と言われるが、話のきっかけとしては良い。

他にも「ライバルのA社さんだったら、同じようにやりますかね？」など、仮定を無理矢理おいて考えることを促すことは有効だ。

群れるとタチが悪いので、個別に話す

「おれの周囲はみんな反対している」と嬉しそうに言う方がいる。自分の行動を他者の言動に合わせる、または近づけることを「同調効果」というのだが、反対の後ろ盾があると、深く考えずに反対してしまうことがある。

こういった場合は一人一人と膝を付き合わせて、しっかり話をしよう。会議のようなオフィシャルな場ではなく、席に行って個別に話すと「〇〇さんが大反対しているでしょう？　僕は彼ほど反対じゃないんだけどね。

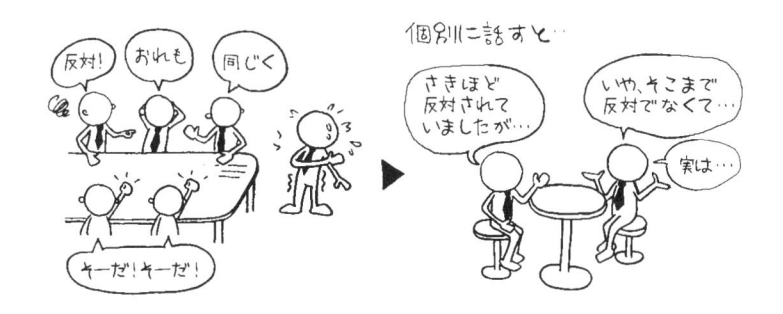

懸念は1つだけだから」といった流れになることが多い。ここまで話ができればしめたもの。きちんと懸念を払拭して、賛成側に付いてもらおう。

反対派が大勢を占めていると辛いが、個別訪問が進んで賛成派が大勢を占めてくれば、賛成側の同調効果を期待することもできる。

反対意見を撤回しやすくする

一度「反対」と宣言してしまうと、引くに引けない状況に追い込まれてしまう。

自分の行動（反対）を正当化するために、反対につながる情報だけを集めたり、反対につながる情報を重要視したりしてしまう。宣言が強ければ強いほど、大勢の前で「反対である」と宣言すればするほど、その傾向は強くなり、かたくなな抵抗勢力になってしまう。

こうなったら、宣言を撤回しやすい雰囲気を作るしかない。

「あの時と、前提が変わりましたからね。今の状態だと賛成してもらえるんじゃないかと、ちょっと期待しているのですが」

「あの時は、この情報をちゃんとお伝えできてなかったんですね。すみませんでした」

などと、一言そえる。議論に勝って相手をやり込めるのが目的ではないのだから、間違っても「おや？　反対って言われてましたよね？　ご意見を変えるってことでいいですか？」なんてやらないようにしたい。

数字で示し、感情論から脱出する

　合理性を欠いた判断をしてしまうのは、事実をもとにした定量的、客観的な議論ではないことも一因となっている。お互い「きっと、こうに違いない」という思い込みをベースに議論していても、合意できない。
　そこで、「どれくらい効果があるのか」「デメリットはどの程度インパクトがあるのか」などについて、数値を使って定量的に示す分析を行う。つかみどころがない推測や感情論が入りこむ余地を小さくするためだ。
　この、変革プロジェクトを定量的に捉える試みを費用対効果分析と呼ぶ。変革自体をやるのか、やらないのかを判断するための、極めて重要な分析だ。「Ⅳ章　プロジェクトの価値をお金で示す」で詳しく説明する。

結局は高い視点から話をし続けるしかない

　個別に話す、他人事と考えてもらうなどのちょっとしたテクニックを紹介してきたが、最後はやはり「理は我にあり」をしつこく示し続けるしかない。
　これまでの工程で課題認識やプロジェクトゴールが明確になっていれば「なぜこの変革プロジェクトを成功させなければならないのか」という説明に使える。プロジェクトコンセプトが定まっていて、施策が具体化できていれば「なぜ成功する勝算があるのか」を説明できるはずだ。
　高い視点から話すことで「効率が悪くなる箇所も一部あるが、全体としてはこの変革を絶対やり遂げるべき」「プロジェクトの最中は大変だが、数年先をにらんでやっている」といったことを分かってもらえることは多い。
　ここで説得力がある説明ができないようならば、反対派の方が言う通り、これまでの検討が甘いのかもしれない。調査をし直すか、施策を修正して出直すしかない。

抵抗レベル4　話すら聞いてくれない

　説明もろくに聞いてくれず、頭ごなしに批判されることもある。
　「何やら業務改革を検討しているが、悪い噂ばかり聞くし、どうせダメな施策を出してくるに違いない」といったように、話を聞いたり判断する以前に、「ダメ」と決め打ちされてしまう。

結局は「信頼残高」が不足しているのだ。

相手が社内の人間でも、よく知らない人なら信頼関係はないし、所属している部署に対してマイナスイメージを持っていることもある。例えば、「営業企画部は、昔から現場のことをろくに考えもしないで変更を通達してくるばかり。どれだけ現場が大変な思いをしてきたと思っているんだ。今回も営業企画部が中心の話だしな…どうせ現場を無視した施策なんだろう」といった具合だ。話を聞いてもらう以前の段階だ。

こういう場合では、まず最低限の信頼を得ることから始めなければならない。一朝一夕にはいかないが、少しずつ信頼を勝ち取るための工夫はできる。

会う回数を増やす

心理学では「繰り返し接すると好感度や印象が高まる」という、単純接触効果が知られている。要するに、顔を合わせれば合わせるほど信頼してくれる。1分で良いから顔を合わせに行く機会を増やそう。「次の会議よろしくお願いしますね」とか「あ、こないだ言い忘れましたけど……」など、きっかけはなんでもいい。

それでも無理なら代打を立てる

手を尽くしてもなかなか信頼されないこともある。時間がなくて信頼を勝ち取れないこともある。そんな時は、既に信頼を得ている別のメンバーに窓口になってもらおう。同じ話でも説明する人が違うと、全然受け取られ方が違う。必ずしも自分が信頼される必要はない。

あるプロジェクトでは企画部門の方が業務改革のリーダーだったが、現場の方からは「俺らより業務のこと知らない奴じゃ、話にならんやろ？」という目で見られているようだった。なぜか最初から喧嘩腰である。

この時は施策プランを説明したり質問に答えるのは、プロジェクトリーダーがつとめたが、施策のメリットを強調したり、現状から脱却することの大切さを説明するのは、別のプロジェクトメンバーが担当した。その方は以前にその部署にいたので、「現場を分かってくれている同志」と映るからだ。

「だれが話そうが、良いプランは良いプラン」というのは、なかなか通じない。組織を動かすには「だれの口から話されるか」も中身と同じくら

い重要なのだ。

> **事例**
>
> ### まずは批判を受け止める　～ある課長のケース
>
> 　施策検討の最中に、案に対してご意見を伺いに行った。
> 　将来の業務の流れを説明したのだが、相槌がやたらと早い。「うんうん」「なるほど」とかぶせ気味に相槌を打ってくる。まるで、早くこちらの話を切り上げたいように見える。
> 　ひと通り話が終わり「どうでしょうか？」と聞くと間髪入れず「まず、△△が懸念点ですね、××も不安が残るし、□□については考えてますか？　○○はたぶんムリですね。というか、今より良くなる気がしないんですが。これ本気でやります？」と一気に畳み掛けてきた。どうやらこれが言いたくてしかたがなかったらしい。アレもコレもソレもダメ。だから君たちの話を聞いても意味がないよ、と言わんばかりだ。
> 　まさに話を聞いてくれる状態ですらないため、この状態でこちらから何を説明しても無駄。やれることは、まず共感だ。相手の立場を理解し、共感する。
> 　「ご指摘よく分かります。この辺りよく分からないですよね……。説明不足で大変申し訳ありません」「しかも、いきなりこんなふわっとした施策の話されても困りますよね。業務もお忙しいのに……。」
> 　それから「批判の見える化」を行った。
> 　「もう一度ちゃんと説明したいので、まず、ご懸念のポイントを全部書いてもいいですか？」こうして、ご指摘を全て書き出し、懸念を1つずつ解消していくことに努めていった。
> 　こうして一つ一つほぐしていくと、誤解されていた事について丁寧に説明すれば済む話、解決策を一緒に考えてもらわなければならない話など、様々なことが混ざっていた。まずは受け止め、順番に話すことが基本だ。

抵抗レベル5 反対運動を繰り広げる

　レベル4までに留めることに失敗すると、組織の表にせよ裏にせよ、露骨な反対運動が行われる。公式の場では何も言わなくても、裏で「アレは上手くいかない」「俺は最後まで反対する」と言って回る人もいるし、役員、経営陣にあることないこと吹き込むケースもある。

　ここまでこじれてしまうと、全面対決しか方法がない。抵抗勢力よりも早く、大きな声で変革の正当性を訴え、社内に味方を一人でも多く作るしかない。もちろん役員など、社内で発言力がある人に理解してもらうことも必要となる。

　Concept Framingフェーズで「役員層に会いに行き、いざという時に味方になってもらう」ことの重要性について書いたが、抵抗勢力の反対運動が盛り上がってしまった時は、「いざという時」にあたる。

　反対のためにはあることないこと言うのが抵抗勢力というものだが、「○○常務のお考えとは違うはずだ」などと勝手に言い出すケースは、当の○○常務に変革プロジェクトへの考えを宣言してもらえれば、すぐに化けの皮が剥がれる。組織を変えるためには、やはりトップの意思も必要なのだ。

T　変革に関係者を巻き込め

この章のレッスン

- プロジェクトを開始したら、自動的にいいチームが作れるわけではない。人は放っておいても協働できないのだから、意図的にまとめていく必要がある
- 「みんな、1つになろうよ！」とスローガンを掲げるよりも、自然に1つになれるような仕掛けをプロジェクトに沢山組み込もう

「命令されたから」から「俺のプロジェクト」へ引き上げろ

　成功する業務改革は、後から聞いた人がびっくりするくらい「関係ある人、協力してくれそうな人を巻き込むこと」を意識している。

　そもそも最初に「山に登ろう」と言い出した数人を除けば、後から参加したメンバーは全員、後から巻き込まれた側だ。この人達が「辞令が出たからいやいや参加してます」というマインドのままなら、全く戦力にならない。みんなの足を引っ張るだけだ。

　なぜか。

　プロジェクトでは、これまで経験したことのないことがしょっちゅう起こる。それら全てについて、プロジェクトリーダーがイチイチ指示はできない。個々人が自分の持ち場で、プロジェクトゴールを目指す上で最適だと思うことを自分で考え、実行していくしかない。受身の姿勢の人は、棒立ちになってしまう。

　「何か貢献できることはないかな？」が望ましいし、「よく分からないけど、ワクワクするから参加してみよう」でもいい。全ての参加者にこういった姿勢でいてもらうことは、プロジェクトの成否を分ける最重要ポイントとなる。

　この章では、参加者を主体的なプロジェクトメンバーに引き上げるためにできる工夫を紹介していく。プロジェクトの立ち上げ期に気をつけるこ

ともあれば、業務改革を検討していく日々の中で注意すべき仕事の分担や情報の伝え方もある。

(1) プロジェクトに名前を付ける

「全社基幹システム刷新プロジェクト」といった正式名称でもいいが、ちょっとかっこいいコードネームを付けると効果が絶大だ。キックオフミーティングで、案を出しあって投票で決めることが多い。最初は照れくさいかもしれないが一度名前を付けると、どんどん愛着が湧いてくる。

プロジェクト名とロゴを全社員で決める

（三井製糖 MACSプロジェクト ケンブリッジ側マネージャー柴田）

これが、私たちのプロジェクトのロゴマークです。スプーン印は三井製糖のブランドマークなので、お砂糖の袋に付いているのを見たことがあると思います。まずプロジェクト名を公募し、情報システム部員が提出したMACS（Mitsui-sugar Action、Active、Create Systemの略）が採用されました。せっかくの大規模プロジェクトなのだから、夢は大きく、仕事のあり方を抜本的に良くしたい、というイメージです。

プロジェクトをやる度に思うのですが、チームビルディングというか、全ての関係者がプロジェクトに対して主体的になることが成功には絶対に欠かせません。だから、プロジェクト名にはこだわります。

プロジェクト名やロゴにプロジェクトの目的や熱い思いを込めておけば、「これは自分達のプロジェクトなんだ」という気分が盛り上がりますよね。プロジェクトが始まってからも、「こういう意味なんですよ」「こうやって決めたんです」などと、話の取っ掛かりになりますし。

ロゴを作れば愛着も増します。このロゴは全てのプロジェクト資料に付けています。こういうのがあると「特別な事に参加している」「一員で

ある」という気になってくるものです。

　このロゴは最初、打ち合わせの最初にやるアイスブレーカー（会議を温めるためのちょっとした余興）の時に、半分お遊びで考えようと思ったのです。ところが、話しているうちに盛り上がり、どうせだからプロジェクトメンバーだけじゃなくて全社員から募集しよう！ということになりました。

　結果的にはプロジェクトとは全然関係ない社員からの応募も多く、20くらいは集まりました。MAXの3つのアルファベットが巧みに織り込まれている図案や、角砂糖をモチーフにしたものなど、力作ぞろいで感心しましたね。

＜惜しくも選ばれなかった候補作たち＞

　ちょっとした賞金も付けて注目を集める作戦が、結果的には大成功でした。単にいいロゴが集まったというだけでなく、「今度こんなプロジェクトが発足しました」という社内への広報にもなったので。

　全社的なプロジェクトなので、いずれは全ての社員が巻き込まれることになります。その時に「なにそれ」となるのか、「ああ、ロゴ募集の時に聞いたよ」となるのかでは、大違いです。もちろん改めてプロジェクトの主旨や協力依頼は丁寧に説明するのですが、ベースができているから話が早い。

　MACSプロジェクトがとてもいいプロジェクトになったので、三井製糖社内で大きなプロジェクトを立ち上げる時は、最初に全社員に周知して、プロジェクト名やロゴを募集するのが恒例になったそうです。

　もちろんこうやって巻き込みを意識しても、最初のころは「なんで俺がこの会議に呼ばれんの？」という雰囲気もあります。これはもう説明しても無駄だから、まずは1回来てもらう。そして濃い打ち合わせを体験してもらえば、意義があることをやっていると直感的に分かりますから。

（2） キックオフミーティングをただの儀式にしない

　本格的に始めるにあたっては、どこのプロジェクトもキックオフミーティングといった会を開くことだろう。

・なぜプロジェクトをやる必要があるのか（現状認識）
・どういうプロジェクトにするか（ゴールとコンセプト）
・プロジェクトオーナーの考え
・今後のスケジュール
・チームの体制図、役割分担
・協力依頼

　こんなところだろうか。確かにこれで、「活動に参加するための情報提供」としては十分だ。だが、この情報をもらっただけで、プロジェクト参加者に求められる高度な主体性が身につく人はほとんどいない。やはり主体性はリーダーが、意図的に引き出さなければならないのだ。

　ケンブリッジのプロジェクトでは大抵、キックオフとは別に「ノーミングセッション」を行う。とかく情報提供の場、偉い人が出席しての儀式の場になりがちなキックオフと違って、もっとカジュアルで本音ベースのコミュニケーションの場である。

・個人的な、プロジェクトにかける思い
・自分が得意なこと（頼ってもらいたいこと）
・自分の弱点（みんなにフォローしてほしいこと）
・他のチームメンバーへの期待（教えてほしい、助けてほしいこと）

などが、極めて率直に話し合われる。

　「この仕事を7年やってきて痛感しているのは……」とか「以前のプロジェクトはこういうことで、みんなに迷惑をかけました。今回もそういう傾向があったら、口に出して注意してください」といった具合だ。

　みんながそういうトーンで話せるように、まずは中心メンバーが「がんばります」のようなありきたりなことではなく、ちょっと踏み込んだことを言って口火を切る。例えば「なぜ君に変革プロジェクトに参加してもらおうと思ったのか」を一人一人、リーダーから語りかけるとか。

　話し合われる内容はもちろんだが、「このチームは、本音ベースでガツガツ言い合うチームである」とみんなが感じることも、成功するチームをつくるうえで重要だ。プロジェクトでは、だれもが迷ったり困ったり怒ったりする。他のメンバーへの不満や不信も感じる。そういった時に、意見

を出し合わないのが一番良くない。徐々にチームが崩れていってしまう。正解がない仕事をしているのだから、口に出して意見を言い合い、ベストな進め方を模索するしかない。あとからチームが壊れるくらいなら、最初っから「思いをぶつけあう」土台をノーミングセッションで作ってしまえばいい。

　※ノーミングセッションについては、影山明著『プロジェクトを変える12の知恵』（日経BP社）に詳しい記載があるので興味のある方は参照してほしい。

（3）　手応えとワクワク感がある場を作れ

　プロジェクト自体が持つ魅力がなければ、リーダーがノーミングで語りかけるだけではじきに息切れしてしまう。プロジェクトゴールが有意義、といった大義名分的な話とは別に、「場」自体が持つ魅力についてもこだわろう。

　場の魅力として重視すべきは、「今やっていることが前向きな何かにつながっている」という感覚である。例えば、プロジェクトで開催する会議は、絶対に有意義で生産的でなければならない。これは単に「効率を良くしましょう」というだけでなく、「この会議に出ていると、物事がどんどん決まる。そしてそれが明日の仕事を良くするのに役に立っている」という実感を持ってもらうことが、プロジェクトにとっての生命線だからだ。

　そういう手応えがあれば、少しくらい忙しくても、プロジェクトに関わり続けようとしてくれるし、貢献してくれる。

（4）　知的好奇心を刺激する

　「ケンブリッジから盗め」が合言葉になるプロジェクトが多い。プロジェクト計画の練り上げ方から会議の進行（ファシリテーション）に至るまで、ケンブリッジのやり方はお客さんには新鮮に映るらしく、しょっちゅう「やり方を教えてください」「別のプロジェクトでも試しています」と言われる。

　プロジェクトの一つ一つのタスクについて、何をどういう理由と手順で進めるのかについて詳細なメモを作り、社内に向けてレポートする方もいる。

　ケンブリッジとしては喜んでノウハウを教えるから、中にはケンブリッ

[写真: 会議室でホワイトボードを使った打ち合わせの様子。吹き出しで参加者の立場が示されている: ケンブリッジ、ファシリテーター＝若手メンバー、若手メンバー、ケンブリッジ、ケンブリッジ、お客様、若手メンバー、お客様、お客様社長]

ジのコンサルタントよりもファシリテーションがうまくなる若手の方も出てくる。

　ノウハウを教えるのは、それがプロジェクトの成功率を高める秘訣だからだ。「このプロジェクトに参加していると、ビジネスパーソンとして普遍的な能力が身に付くのでは？」という予感を持ってもらいたい。そういう好奇心や向上心は、プロジェクトへの自主的な参加意欲をぐっと高める。その効果は「上司に言われたからやっている」という義務感に比べてずっと強い。

立場の違う混成部隊を「立場を越えたOne Team」に変える

　ほとんどのプロジェクトは、混成部隊である。
　例えば「経理部会計1課」という単独組織だけで解決できるような課題は、日々の仕事のなかで解決されるものだ。プロジェクトを立ち上げるからには、販売管理部門と経理部門のように、部門をまたいで協力し合わなければ解決できないようなテーマに取り組むことになる。そしてこれまでも述べてきたように、情報システム部門や社外コンサルタントが参加することも多く、普段は机を並べていない人々が集う、混成部隊になるのだ。

混成部隊に集う人々が、それぞれの出身母体の利益代表に成り果てているようなチームをよく見かける。「マーケティング部門としては、断じて呑めません！」のように。

逆に、大成功したプロジェクトを振り返ると、そこには必ずOne Teamとしか言いようがない関係があった。例えば、会社の壁を越えた信頼関係や協働。損得よりもプロジェクトの成功を第一に考える思考パターンなどである。普通に考えれば、立場が違うのだからOne Teamなどなれっこない。でも、プロジェクトの成功には絶対に必要。秘訣のようなものをいくつかリストアップしてみたい。

（1） 志の高さで変革の同志を選べ

幕末を舞台にした時代小説を読むと、志士達が多少の意見の違いを乗り越えてでも、「志の高さ」で付き合う相手を選んでいたことがよく分かる。

プロジェクトの初期段階では必ずしも同じ意見である必要はないが、「プロジェクトの目標や経営に対して、高い視点を持っている」という同志感覚は共有しておきたい。

システム開発業者など、社外からのプロジェクト参加者を選ぶ場合も同様だ。単に売上を上げたいだけではなく、こちらがやりたい変革に共感し、一緒に燃えてくれるような人々を選ぶべきだ。割合は少ないが、そういうベンダーは必ず存在する。

（2） 他人を変えるには、まず自分がOneTeamを前提に振る舞え

カーネギーの『人を動かす』という有名な本がある。本のメッセージはただ一つで、「人を変えるなら、まず自分から」である。『人を動かす』という本なのに、人を動かすノウハウはどこまで読み進めても出てこない。ひたすら「自分の行動をどう変えたか」のエピソードだけが書いてあるからだ。

他部門からのプロジェクトメンバーや他社の人とOne Teamを作りたいなら、まずこちらの行動を変えよう。自分が徹底的に「全社最適、全プロジェクト最適な視点」からモノを考え、発信するのだ。自社の利益、自部門の都合をいったん棚に上げて。

ずっとそうしていれば、一緒に仕事をしているみんなもそうなっていく。プロジェクト内で一人だけ所属組織の利益代表みたいな考えだったら、いたたまれなくなるからだ。そういうのって、本質的に格好わるいものだ。

（3）　徹底的にOPENに開示せよ

　「こちら側の事情」を腹に隠し持っている相手とは、利害関係を越えて問題解決にあたろう、というチームにはなれない。「選択肢Aだと、僕らの工数を多少減らせますから、代わりに○○もできます。一方、選択肢Bだと……」と、こちらの事情もOPENに開示し続け、その上でプロジェクト全体にとって何が良いのかを議論する。

　これも「まず自分から」やるしかない。

（4）　同じ釜の飯を食え

　ともに悩み、

　ともに休む。

この写真には3部署から来たメンバーが混ざっているが、もはや区別はつかない。同じ場所や時間を共有するというのは、昔からチームビルディングの基本だ。だからプロジェクト立ち上げ当初から「皆が集うためのプロジェクトルーム」を極力確保し、話し合いの基地とする。「ゴールやコンセプトをひねり出すために合宿をすべし」と「F章　ゴールやコンセプトをどうやってひねり出すか？」で書いたが、濃密な時間を共有することがチームの立ち上げに欠かせないからでもある。

　「役員から猛烈なダメ出しをともに食らった仲」「飲み会で、体育会系事業部長にタバスコを大量投入された仲」なんていうのも、なかなかバカにできない。変革プロジェクトが無事成功したお祝いの飲み会や、何年か経った後の同窓会で思い出して笑い合うのもいいものだ。

▶ メンバー全員が本気で「変わろう！」と思っているか？

　こういった姿勢でプロジェクトをやっていくと、まずプロジェクトメンバー自身が熱意で溢れてくる。そしてプロジェクトメンバーを核として、現場や上層部へ自然と熱意が伝搬していく。

　プロジェクトメンバー全員が熱意を持つようになった例として、「R章　施策を練り上げる」で紹介したCTC営業業務改革での、説明会の様子を紹介しよう。以下は、コンサルタントの立場でこのプロジェクトに参加していた僕が当時書いたメモだ。

　説明会は、営業の事務処理を新設の「集約課」に任せてください、という主旨だった。こういった場では「コンサルタント vs 現場の方」という図式になりやすい。だが、この時は違った……。

20xx年x月x日　CTC営業業務改革プロジェクト 現場説明会メモ
今日、営業さん50人に対して、業務集約の説明会を開いた。
　まずは、本部長Iさんからは業務集約を検討し始めた背景を話してもらった。
　部長Sさんから、新たな組織体制と営業としての将来像（外に出る、攻めの営業を目指そう！）を。

新設された集約課課長Hさんからは、集約課課長として今後の意気込みと、部員に対する協力依頼と、「集約を上手く使って自由な時間を持ってほしい！」という集約課からの願いを。

それぞれ熱く語ってくれた。ほとんど質問は出なかったが、参加者は真剣に聞いていた。

そして僕からは、業務集約の具体的な流れ、オペレーション、集約課での業務手順、集約の基準、差戻しの基準、注意事項、今日自席に戻ったらやってほしいことなどを説明した。

僕の説明の最中から、質問がどんどん来た。みんな今日から業務が変わるのだから必死だ。丁寧に質疑に答えていったのだけれど、すごく嬉しかったのは、一緒に検討していた課長たちが、コンサルタントである僕より早く答えてくれること。

こうした説明会では、どうしても説明する人に集中砲火が浴びせられる形になるが、この時は全然違った。現場の質問には、やはり現場の人間である、これまで一緒に議論してきた検討メンバーがどんどん答えてくれた。皆第一線の営業だから、現場の不満や不安は理解している。その上で不安を取り払い、鼓舞してくれる。

営業担当者「集約の基準からすると、○○のパターンは対象になるのか？」

検討メンバー Y課長「そのパターンはさっき書いてあったでしょ？対象になるよ」

営業担当者「直前で価格交渉が入って差し戻されると辛いんですが」

検討メンバー K課長「直前で価格交渉が入るのはいままでと何も変わらないでしょう。集約の妨げにはならないと思います」

営業「トラブルがあった時や見積に関する問い合わせは、集約課が受けるの？」

集約課H課長「業務集約課はあくまで代行・黒子だ。顧客に対するカウンターは担当営業と考えてほしい」

検討メンバーは現場を預かる身として説明を受ける立場でもあったので、聞き手側の席にバラバラに座っていたのだが、それぞれの席から次々と答えてくれた。

> そして一緒に検討してきた営業課長からは「この集約課を使いこなせるかは、ある意味、自分達にかかっている。集約課に任せられるように、事前にお客さんと調整するとか、やれることはいくらでもある。このチャンスを活かして、本来の営業の姿に戻れるかは、お前達次第だ」という言葉をもらった。これまで一緒に議論してきた方々の本気の「変わろう!」をめちゃめちゃ実感した。

　この時は、座っている位置はバラバラだったけれど、身震いするほど一体感と情熱を感じた。
　後に、このプロジェクトは大きな成果を残すことになる。プロジェクトを成功させるのは本当に難しい。まずは、一緒に検討した課長達が本気になれなければ、絶対に成功はありえない。

第4部

計画の価値を示し、Goサインをもらう
Decision

ゴールを定め、現状をくまなく調べた。将来像を描き、変えることを明確にした。
さて、それはいつ実現できるのだろうか？ リスクはないのだろうか？ やったら本当に儲かるのだろうか？
全てに答えられた時、業務改革はようやくGoサインをもらえる。

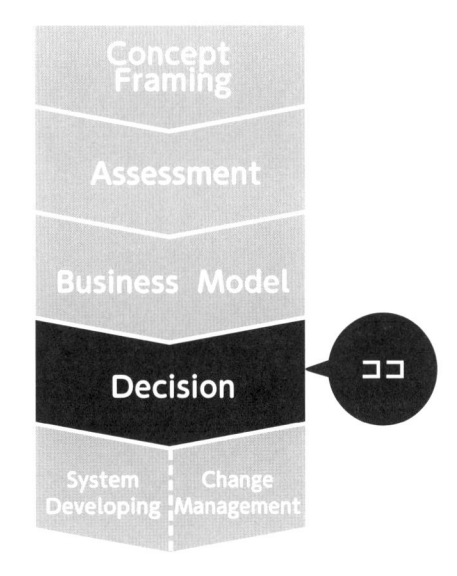

- Concept Framing
- Assessment
- Business Model
- **Decision** ← ココ
- System Developing / Change Management

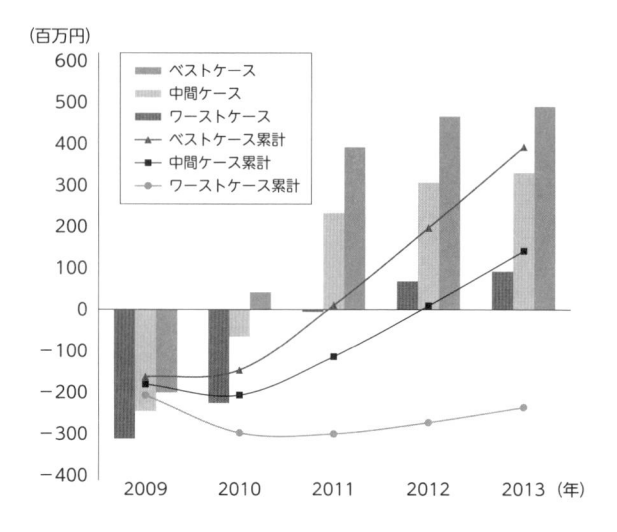

Decisionフェーズでは、これまで練ってきた業務改革を立ち上げる計画の総まとめをする。施策の実行スケジュールを描き、施策が実現した際に得られる効果を計算する。さらに計画の価値とリスクを天秤に掛け、組織を挙げて取り組むのかについて、最終的に決断する。
　逆に言えば、「このままでは成功しない」と見切りをつけて撤退するとしたら、ここが最後。ここを通過すれば、後は成功するまで突っ走るしかない。

U マスタースケジュールを描く

この章のレッスン
- 変革はスケジュール化されてようやく実行できる。実現性の高いスケジュールを描けなければ、変革は頓挫してしまう
- スケジュール作成時に、どんな点に気をつければ実現性が高くなるだろうか？

　Business Modelフェーズで、変革プロジェクトで取り組む施策が出揃った。それをプロジェクト全体として、どう成し遂げていくのかをマスタースケジュール（プロジェクト全体計画）として描く。

　マスタースケジュールを見れば「今後何が起こるのか」「どういう順に取り組むのか」「これを取り組むまでに、何が終わっているのか」「半年

図表U-1　マスタースケジュール

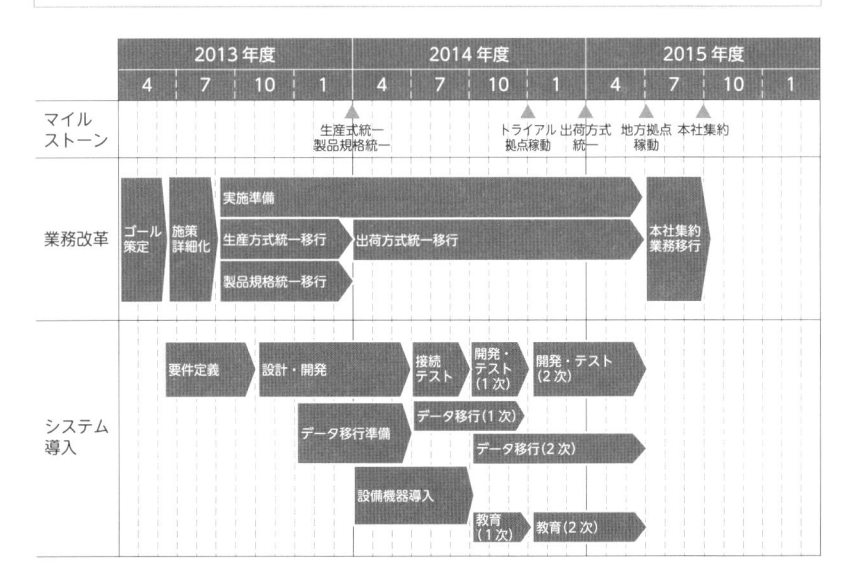

	2013年度				2014年度				2015年度			
	4	7	10	1	4	7	10	1	4	7	10	1
マイルストーン				生産式統一 製品規格統一			トライアル 拠点稼動	出荷方式 統一			地方拠点 稼動	本社集約
業務改革	ゴール策定 → 施策詳細化 → 実施準備／生産方式統一移行／製品規格統一移行				出荷方式統一移行				本社集約業務移行			
システム導入		要件定義 → 設計・開発			接続テスト／データ移行準備／設備機器導入	開発・テスト(1次)／データ移行(1次)／教育(1次)			開発・テスト(2次)／データ移行(2次)／教育(2次)			

先、1年先に何が変わるのか」が分かる。

　全社業務改革のような大掛かりな取り組みでは、変革プロジェクトの関係者、関係部門はかなりの数にのぼるが、こういった人々に協力を依頼したり説明をする際に、なくてはならないコミュニケーション・ツールになる。だからこそ、簡潔で曖昧さのないマスタースケジュールがプロジェクトの幹となるのだ。

【マスタースケジュール作成時のポイント】
1：締め切りを確認する
2：積み上げよりも逆算で
3：ボトルネックは業務担当者
4：繁忙の波を避ける
5：段階的に変えるか？　ビッグバンか？
6：クイックヒットは先に
7：優先度の低い施策は後に
8：やりきれるか？（時間と体制）
9：やはりバッファは必要
10：関係者と合意してこそのスケジュール

ポイント1　締め切りを確認する

　マスタースケジュールを立てるうえで、一番気にしなければならないのが締め切りだ。

　最も一般的なものが「○○年××月をもって、コンピュータシステムが利用できなくなる。それまでに新しいシステムを構築しなければ」という、保守切れ、サポート切れである。少し意味合いが違うが、古くは2000年問題などもシステムの事情で決められた締め切りにあたる。

　もちろん、システムとは無関係の締め切りも数多くある。下記はいずれも過去にプロジェクトとして取り組んだものだ。
・他社と1年後に合併することになり、その準備を待ったなしで進めることになった。
・外国機関投資家が株主になり、2年間のうちに大幅な間接部門のコス

トダウンを実現する必要性が生じた。
- 会計の計上基準を〇〇年4月1日をもって変更する。
- 3年後に社員番号が桁あふれしてしまい、このままでは新入社員を迎えられない。
- 上場にあたり、親会社から会計や人事の業務やシステムが独立していることが求められた。

こういった経営レベルのテーマまでいかなくても、「この業務を詳しく知っているのはAさんだけ。あと2年で定年退職してしまう」という個人レベルの動向が無視できない締め切りになる場合もある。

マスタースケジュールを立てる際には、これらの締め切りを漏れなく洗い出し、必ず「Must」と「Want」に分類しておく必要がある。

Mustは、絶対に守らなければならない締め切りだ。もし守らないと企業や事業が立ち行かなくなる。または重大な法律違反状態になってしまう、といったレベルだ。

それに対してWantは、守らなくても何らかの方法で解決できる締め切りだ。例えば、1年後にシステムの保守切れを迎えてしまうが、システムベンダーに追加費用を払えば、もう2年保守してくれる場合。コストを抑えるためには、追加費用を支払いたくないのはもちろんだが、「無理矢理締め切りを守ることのデメリット」と天秤にかけることはできる。

マスタースケジュールの議論をしていると、人によって「何をMustだと思うのか？」がずれていることがとても多い。本当にMustなものとそうでないものを区別して議論しないと、最適なマスタースケジュールは作れない。

ポイント2 積み上げよりも逆算で

スケジュールを引く際、必要な時間を見積もって、いつまでかかるかを予測する方法（積み上げ法）と締め切りを決め、それに間に合うようにやりくりする方法（逆算法）の2通りのやり方がある。

「プログラム30本をいつまでに作れるか？」を考える時とは違って、マスタースケジュールを考える時には逆算法で考えていこう。この時点では、プロジェクトメンバーは総勢何人なのか、社外に発注するのか、なども決まっていないから、見積を積み上げてもあまり意味がない。「すでに

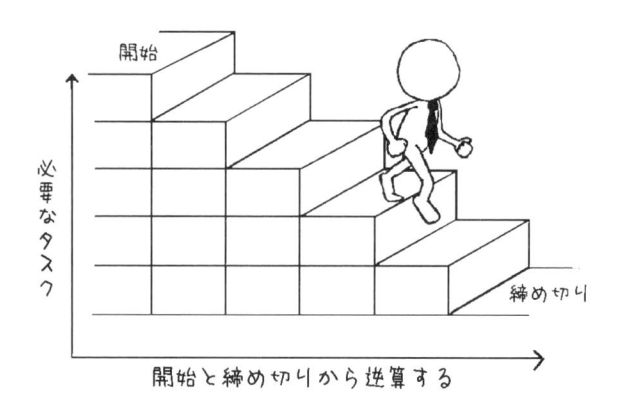

[図: 開始と締め切りから逆算する／必要なタスク]

社長が社外に発表してしまった」というように、見積以前に締め切りが決まってしまっているケースも多い。

以後の「やり切れるか」という議論の結果、理想のマスタースケジュールは変更を強いられるかもしれないが、まずは「ビジネスの都合を考えると、これが理想のマスタースケジュール」と思えるものを描き、議論の土台とする。

ポイント3 ボトルネックは業務担当者

「やり切れるか？」という議論をするうえで、一番の制約になるのが改革の対象となる業務を実際に担当している方々の時間である。

なぜなら、例えばシステム構築はある程度社外から人を連れてきたり、外に発注しやすいのに比べ、業務担当者やその上司である部門の責任者の方の時間は買ってくることができないからだ。業務変革なりシステム構築をするうえで、実際に業務をやっている人々しか判断できないこと、検証できないことは数多い。そういった方々がプロジェクトにどれくらい時間を割けるかが、実質的にプロジェクトのスピードを決めるのだ。

このことは、AssessmentフェーズやBusiness Modelフェーズでも変わらない。これまでそれぞれのフェーズにどの程度時間をかけるかについてあまり触れてこなかったが、あえて言うならば「業務担当者、責任者が割ける時間次第」ということになる。業務を知っている方、責任をもって意思決定できる方が「変革プロジェクトに専念できるのか？」「できないに

しても、30%くらいは時間を割けるのか」。関与度がプロジェクトのスピードを左右する。

ポイント4　繁忙の波を避ける

以前、人事システム構築の経験豊富な方と話していて唖然としたことがある。

「データの移行が楽だから、システムの切り替えは1月にさせてもらう」と言っていたからだ。人事業務は年末調整などの関係で1月から12月までが1つのサイクルになるから、確かに1月稼動だとデータの移行が楽になる。そこだけに注目すれば正しい。

だが、10月から1月というのは、やはり年末調整のために人事部（特に給与計算担当者）が最も忙しい時期だ。その時期だけ派遣社員を雇うケースは多いし、毎日終電などという話もよく聞く。プロジェクトのボトルネックは業務担当者なのだから、いくらシステム担当者が楽できるからと言って、業務担当者が一番忙しい時期にシステムを立ち上げるわけには

図表U-2　繁忙期マトリクス

	人事企画系担当	人事業務系担当	給与系担当	労務系担当
4月	・評価 ・人事予算策定	・新卒受入		・新卒受入
5月				
6月	・昇給 ・組織変更	・定年退職	・昇給	
7月		・標準月額報酬変更	・賞与	
8月				
9月		・定年退職		
10月				
11月			・年調	
12月	・定期異動 ・組織変更	・定年退職	・年調 ・賞与	
1月	・定期異動 ・組織変更			・春闘
2月	・定期異動 ・組織変更			・春闘
3月	・評価 ・人事予算策定	・定年退職 ・新卒受入		・春闘 ・新卒受入

やはり、夏が狙い目！

：繁忙期

いかない。

　人事のように、年度サイクルで繁忙の波が激しい業務で新しいことを始める際には、繁忙の波を図表U-2のように表し、どの業務をどの時期に立ち上げるのが、一番負荷が低いのかを議論する。

　人事と同様に経理も、四半期決算のサイクルで忙しさがかなり変わる部門だ。一般的には「経理システムは4月1日稼動」と思われているが、必ずしもその必要はない。ゼロベースで緻密に検討した結果、四半期の中月の月中（4月、5月、6月で四半期だとしたら、5月15日のあたり）に新業務と新システムの稼動日を設定したこともある。

　この時も鍵は「経理担当者の繁忙の波をいかに避けるか」だった。近年はどの部門でも余分な人員を抱えている会社はほとんどないので、新しいことに取り組む時間を組織として捻出することが難しくなってきている。だからこそ、あらかじめきちんと検討し、覚悟しておく必要があるのだ。

　さらに、定常業務だけでなく、別のプロジェクトが終わっていないのでこちらの業務改革には人手を割けない、という場合もある。関連部署で大きなプロジェクトが走っていないかも必ずチェックしよう。

ポイント5　段階的に変えるか？　ビッグバンか？

　コンピュータ黎明期からの著名なコンサルタントであるジェラルド・M・ワインバーグは著書の中で「新しいことは上手くいかない。だから一度にたくさんの新しいことを始めてはならない」と簡潔に言い切っている。

　新しく業務を切り替えたり、システムを稼動させる際には、対象範囲を極力小さくしよう。つまり一度に何もかも変える「ビッグバン型稼動」ではなく、何回にも分けて稼動させていく「段階型稼動」を目指すべきである。

　これを「大変さの山を切り崩す」と言っている。新しいことを一度に始めると、瞬間的に仕事がものすごく大変になる。業務担当者の時間は社外から買ってこれないのだから、そうなるとにっちもさっちも行かなくなる。そういう計画は立てるべきではないのだ。

　段階型稼動では、次のような考え方で稼動時期を分散させることが多い。

U マスタースケジュールを描く 209

図表U-3　稼動時の業務負荷をどう下げる?

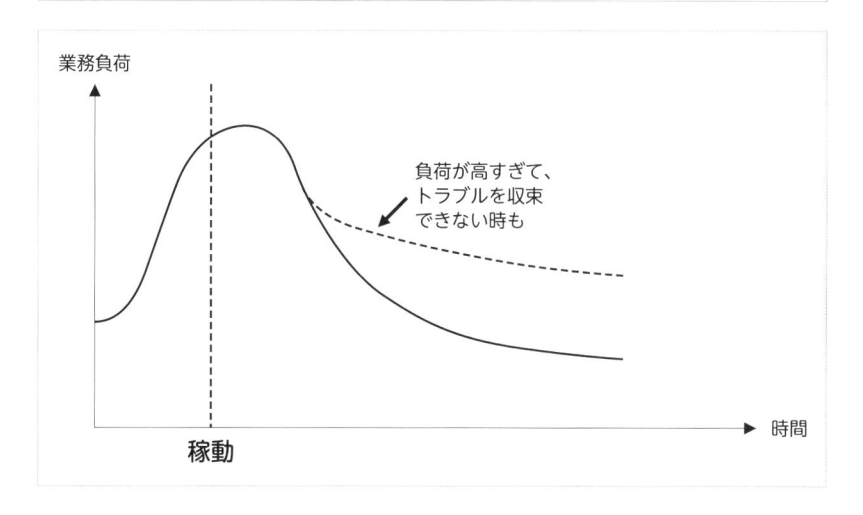

業務負荷／時間

負荷が高すぎて、トラブルを収束できない時も

稼動

図表U-4　大変さの山を切り崩す

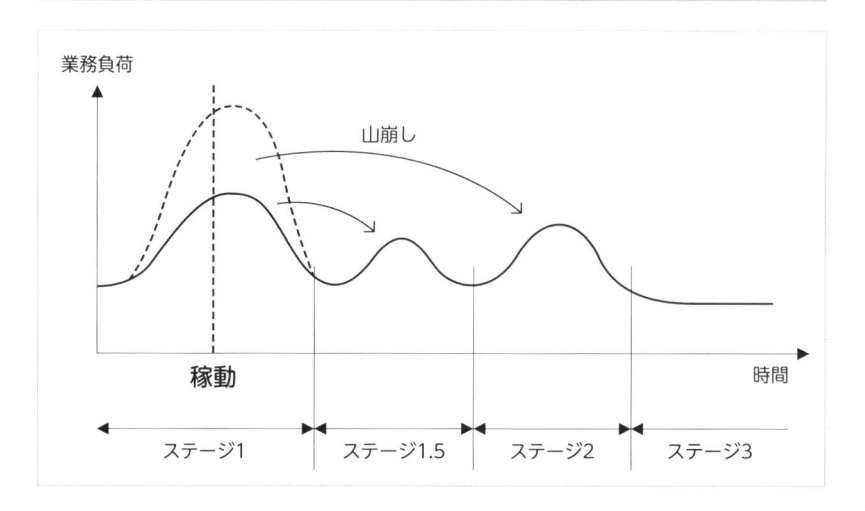

業務負荷／時間

山崩し

稼動

ステージ1　ステージ1.5　ステージ2　ステージ3

- ステージ1：やらないと業務が成り立たないもの
- ステージ1.5：やらないと困るが、必要となるのはもう少し先のもの
- ステージ2：これぞプロジェクトでやりたかったこと
- ステージ3：成功に味を占め、どん欲に成果を出すための取り組み

　また、変革を徐々に広げていく作戦でも段階型稼動の形を取る。例えばある業務を社外にアウトソースする際、いっぺんに切り替えるのではなく、最初は首都圏だけを切り替え、安定してきたら全国へ拡大するパターンだ。小さく始めながらアウトソースのコツを学び、自分たちでうまくコントロールできるようになってから拡大することで、リスクを避けようという発想だ。

　他にもシステムの新規導入が一段落ついてから役割分担や業務ルールをガラリと変えるなど、段階型稼動には様々なバリエーションがある。

　ただし、段階型稼動にはデメリットもある。

　一時的に2つの業務ルールやシステムが混在すると、仕事の効率が落ちたりミスが増えるのもその一つだ。例えば「A社は新システム、新ルールを適用。関連会社のB社は旧システムと旧ルールのまま。A社からB社へ

図表U-5　ビッグバン型／段階型の特徴比較

	ビッグバン型	段階型
効果の出方	● 最初から大きな効果が得られるが、実現時期が遅くなる	● 最初に得られる効果は小さいが、早期に実現できる
余計なコスト	● なし	● 移行期間専用の仕掛けが必要になる ● 新旧システム間のインターフェイス ● 移行期間用の業務設計 ● 移行期間用の教育
リスクのコントロール	● コントロールが難しい 　● 広範囲から課題が一気に出る 　● 範囲が広いため、一発勝負でやり直しが効かない	● コントロールが容易 　● 課題が出る範囲を限定できる 　● 範囲が狭いため、Try&Errorがやりやすい
現場の負荷	● やるべきことが一時期に集中し、負荷が瞬間的に高くなる ● 新業務の研修・教育 ● 新システムの受入テスト ● 業務移行の準備　など	● やるべきことが薄く長く分散し、長期間負荷が掛かる ● 移行期間に、業務やシステムが複数パターン存在し、負荷が掛かる

出向している人は？」といった状況だ。他にもメリット・デメリットで議論すべきことは多く、様々な点を考慮しながら作戦を立てていくことになる。

ポイント6　クイックヒットは先に

　本格的な業務改革には、実行して効果が出始めるまでに短くて半年、長くて数年は必要だ。2年もの間、成果が出ないまま変革の求心力を保ち続けるのはかなり骨が折れる。経験的に、人々のやる気が持続するのは半年くらいではないだろうか。

　そこで、「すごく大きな成果でなくても、すぐに取り組んですぐに効果が出る施策」には手早く着手し、小さい成果を早く出してしまう。これをクイックヒットと呼ぶ。

　例えば現状調査で見つかった「すでに形骸化した業務ルール」「上司が必要としていないのに毎月報告していたレポート」などを廃止するのは、明日にでもできる。

　一般に、システムの新規開発や大幅改修にはまとまった時間とお金が必要だ。その準備をしつつ、こういった「すぐやれて、やった分だけの効果が出る施策」を進めるのだ。

　そして小さくとも効果が出たら、プロジェクト内外にきちんとアピールしよう。「絵に描いた餅のようなプロジェクトではなく、着実に効果を出していけるプロジェクトですよ」という一種の実力証明をしていくことで、以後の協力が得やすくなる効果はバカにできない。

事例

小さく始め、業務改革の価値を示す

　資材発注状況をシステムで一元管理することで、業務の抜け漏れを防止したり、手間を減らすことを狙った施策があった。社内の数多くのシステムから資材に関する情報を連携させ、1つのシステムで一元管理できるようにする計画だ。だが、プロジェクトの計画を詰めていくと、別のプロジェクトで情報システム部の人手が足らず、システムの完成は2年

先になることが分かった。

2年も待っていたらプロジェクトが失速してしまうかもしれない……。

迷った挙げ句、プロジェクトに勢いをつけるため、まずはシステムに頼らずに業務改革のみをやってみることにした。月1回、手作業で情報を集め、ExcelとAccessを駆使して人海戦術で業務を回す。

手間はかかるのだが、それでも業務改革の効果が大きく、お釣りが来る計算だった。なにより、大きなシステムを作らないから投資も小さいし、たった1カ月で実現できる。来月から効果が享受できる。

実際に始めてみると、システムで仕事の枠を決めてしまうことができない分、新しい業務ルールに従ってもらうことにはかなり苦労した。

業務改革の浸透も人海戦術というわけだ。

だが、いざ新しい業務が定着してくると、明らかに仕事が上手く回り始めた。始める前は懐疑的だった人たちも、実際に上手くいっている様子を見ては、反対できない。

結局2年後には、手作業で凌いでいた仕事を、システム化することに成功した。最初に業務改革の効果を示し、勢いを付けていたし、ルールの見直しも終わっていたので、非常にスムーズなシステム構築となった。

ポイント7 優先度の低い施策は後に

これまで何度か、施策の優先順位について触れてきた。プロジェクトゴール段階で「まずは足元固め」と優先順位の指針を出してしまうこともある（「D章 変革のゴールを決める」を参照）。施策一覧の議論のなかで、優先度が一段下げられる場合もある。

いずれにせよ、実際にそれが変革プロジェクトに反映されるのは、このマスタースケジュールを作っている時だ。最初の切り替えから半年、1年後に達成するような位置づけになる。

ポイント8 やりきれるか？（時間と体制）

名著『人月の神話』に、「妊婦を10人連れてきても、子供を1カ月で産む

ことはできない」という逸話が出てくる。どれだけ人を投入しても、時間の短縮には限界があるという意味だ。変革プロジェクトにかかる時間も同様だ。何百人連れてきても、複雑なシステムを1カ月で作ることはできない。

どの施策にどれくらいの時間が必要かを考える際には以下の点を考慮する。

・組織の意思決定のスピードは？
（例えば、制度を変える意思決定にどの程度かかるか？　何かを変えることに慣れた組織か？）
・キーパーソンがプロジェクトに十分関与できるか？
（前述のように、業務担当者が一番のボトルネックになる。他にも「この人しかこのシステムのことが分からない」といった場合のシステム担当者もボトルネックになりうる）
・プロジェクトを適正規模に保てるか？
（体制が大きくなり過ぎると、余計なコミュニケーションの手間が増えるばかりになり、効率がかなり落ちる）

ポイント9　やはりバッファは必要

変革プロジェクトは、かつてやったことのないことにチャレンジする、本質的に不確実な活動である。だから、「たぶんこのくらいの時間でできるだろう」という予測はたいてい外れる。そしてなぜか必ず、外れるとしたら短い方ではなく「思っていたよりも長くかかった」という外れ方をする。

だから、マスタースケジュールにもバッファ（遅延を吸収するための期間的な余裕）は必要である。バッファがないプロジェクトは、全てが予定通りに行く時だけしか成功しない（つまり、決して成功しない）。または、予定が狂った時にプロジェクトメンバーが死ぬほど頑張ることをアテにしたプロジェクトということになる。

スケジュールはカツカツでも、プロジェクト予算に余裕を持たせ、間に合わなくなりそうならば人を雇って力技で帳尻を合わせる、という方法もある。だが、先に述べたように、お金では買えない種類の時間もある。やはりスケジュールにバッファは必要である。

それでも、スケジュールに余裕をもたせると「余裕があるならば、早くやり遂げろ」という圧力がくるケースもある。そういう恐れがあるならば、例えばシステムの並行稼動期間をかなり長めに取り「慎重にうまくいくことを確認したうえで稼動させます」と説明しておく手もある。いざという時はそこから切り崩すわけだ。

ポイント10　関係者と合意してこそのスケジュール

　変革プロジェクトの全ての計画に言えることだが、マスタースケジュールもまた、作っただけでは意味がない。たたき台のスケジュールを書いたならば、それを関係者に片っ端から見せて回ろう。変革プロジェクトに何らかの形で関わる方であれば、マスタースケジュールの問題を「この時までにこれが終わっていないと、大変なことになる」「役割の変更前にシステム切り替えは済ませておかないと。ベテランが異動した後で新システムの立ち上げなんて寒気がしますよ」「この期間じゃ、できません」などと指摘してくれる。

　そういった調整や書き直しを重ね、関係者全てが、
- これでイケる
- マスタースケジュール実現には、自分がこの役割を果たせばいいのだな
- もし自分の担当する仕事が遅れたら、ここに迷惑がかかるな
- よっしゃ、やるぜ

という気分になっていなければならない。

　だから、マスタースケジュールは最初のたたき台を作るよりも、全員の合意を取り付けるのに一番時間がかかる。トップダウンで申し渡すのではなく、意見を吸い上げて練り上げていくイメージだ。

V　リスクを把握し、対応する

この章のレッスン
- リスクを読み、リスクに備えることは計画を作るうえで欠かせないが、漠然とリスクを考えても不安が募るだけだ
- リスク対応の肝は、なんでもかんでも対策を打つのではなく、「無視するもの」「対処を考えておくもの」「今から手を打つこと」に仕分けをすることだ

プロジェクトにはリスクがつきもの

　ロッククライミングをするときにロープやカラビナを体につけるのは、小さな失敗を一回しただけで死なないようにするためだ。
　プロジェクトでも同じように予期せぬことが起きるし、小さな失敗を何度もしてしまう。これまで経験がなく、先が見通せないことにチャレンジするのがプロジェクト。想定しなかったことが起きる、見積りを間違える、協力してほしい人を怒らせてしまう、といった小さな失敗は決してゼロにできない。
　小さな失敗を1回しただけで変革プロジェクト全体を失敗させないために、ロープやカラビナのような仕掛けをプロジェクトに導入する。それがリスク対策だ。
　一方、リスクを過剰に恐れて「結局何もしない」という結論になることも多い。環境自体が大きく変化し続けている近年、何もしないことこそ一番のリスクなのにもかかわらず。そこまでいかなくても、リスクが怖いから何でもかんでも防止策や対策を決めてから走り始めたい、という願望も強い。だが、計画段階で対応方法や防止策を100%決めるのはムリだし、走り始めて初めて分かることも多いから、そういった努力は無駄になる。
　「ここにこんなリスクがある！」と声高に主張することは、リスク対策ではない。単なる後ろ向きの指摘である。この章では、変革プロジェクトに

おけるリスクとの付き合い方を学ぶ。その基本は「対処するリスクと無視するリスクを区別すること」である。

リスクを把握し、対応する4ステップ

ステップ1 まずは不安や懸念を洗い出す

　リスクは日の当たるところに置かないと、プロジェクトが不健康になっていく。プロジェクトメンバーは業務改革の行く末について、大なり小なり不安を持っている。それを各人が抱え込んだり焼き鳥屋での愚痴だけにとどめたりしておくと、「この変革プロジェクトは成功しないのでは？」と皆が思うようになってしまう。そして、プロジェクトに必要なチャレンジができないチームになっていく。

　そうなる前に、溜まっている不安や懸念を吐き出し、見えるようにしよう。リスクのタネとも言える不安や懸念点を洗い出すには、2つの切り口で考えるといい。

(1) プロジェクト遂行上のリスク

　プロジェクトをやり切るために必要な人材が、途中で引っこ抜かれてしまうのではないか？　反対者が多くて現状のルールを変えられないのではないか？　システムが期限までに完成しないのではないか？

　このような、プロジェクトをやり切ること自体への懸念は挙げていけばキリがない。だが、計画を立てる段階で考慮しておけば、対処できるリスクも多い。起きてしまってから慌てるのではなく、今だからこそきちんとリストアップしておこう。

(2) 施策実現上のリスク

　次に、プロジェクト全体というよりは特定の施策のレベルでもリスクを考えてみる。よりイメージしやすいため、具体的なリスクが挙がる。

図表V-1　プロジェクト遂行上のリスクの例

No.	カテゴリ	リスク
1	コスト	データ移行に想定以上の工数がかかる。
2	コミュニケーション	コミュニケーション不足により、サブシステム間のインターフェイスの不整合や共通仕様理解不足が発生する。
3	コミュニケーション	ステークホルダーとの調整がつかない、もしくは想定以上に時間かかる。
4	コミュニケーション	誰に承認・合意を取ればよいか明確になっていない機能がある。
5	スコープ	開発途中に、要件のヌケモレが発覚する。
6	スコープ	マスタテーブルの設計方針が不明確なまま設計・開発をすすめてしまい、手戻りが発生する。
7	品質	As-Is機能について、十分に影響範囲の調査、分析ができておらず、As-Is機能の担保ができない。
8	リソース	特定のメンバーに業務負荷が集中してしまい、進捗遅延する。
9	コミュニケーション	グループ会社、一般ユーザに対する、プロジェクトの取り組みの周知不足、ユーザー教育不足により、利用されない、または反発がある。
10	スコープ	関係部署からプロジェクトの取り組みについての反発、もしくは方針変更を求められる。
11	スコープ	業務プロセスやルールを細分化して定義できていないことで、例外フロー、ルールが多発してしまう。
12	リソース	プロジェクトメンバーが、必要な開発言語スキル、およびアーキテクチャの知識を十分に有していない。
13	コミュニケーション	リリース時の移行、調整がうまくいかない。
14	タイムスケジュール	連携システムの改修が遅れて、計画通りにシステムテストが実施できない。

図表V-2　施策実現上のリスクの例

帳票改訂を進める上で、ボトルネックとなる事項

- ◆ 所管部門の負担、所管部門間の取りまとめ負荷が高い
  - ■ マニュアル・記入見本の変更
  - ■ 帳票見直し案の取りまとめ
  - ■ 現場への教育
- ◆ ホストの改修負荷が高い
  - ■ 帳票改訂に伴うホスト改修負荷が高く、すぐには対応できない

投資対効果算出／施策実施にあたっての留意事項

- ◆ 印刷業者の変更が、コスト増となる可能性がある（2色刷→多色印刷の変更等）
- ◆ 印刷済みの旧帳票がゴミになる可能性がある（改訂したての帳票など）
- ◆ 運用定着までに長期間かかる

帳票見直しの進め方方針

- ◆ 全体の帳票見直しルールを設定する
- ◆ 新システム導入に合わせ、順次導入対象の帳票を見直す
- ◆ 改訂の詳細検討はプロジェクトがリードする

> 事例

「なぜ上手くいかないのか？」を徹底して吐き出す会議

　リスクを洗い出しておけば対応策が打てるようになるが、メリットはそれだけではない。リスクを吐き出してもらい、きちんと対処することは、関係者が抵抗勢力になってしまうのを予防する効果もある。

　東日本大震災により中断していたプロジェクトが再度動き出した時のこと。

　施策は中断前にだいたい固めていたのだが、1年近く中断していたために検討メンバーの大半が入れ替わってしまった。そのせいもあって、固まりかけていた施策プランに対して、懸念や不満の声が続出した。このままでは一丸となって施策を実行するには程遠いため、不満や懸念を自由にぶちまけてもらう会議を開いた。

＜施策リスクの洗い出し＞

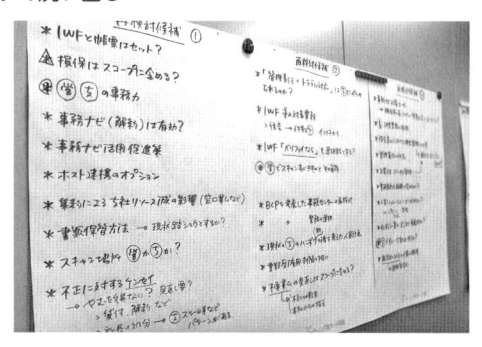

　それぞれの立場から40個ほどのリスクが出され、整理して優先順位をつけた結果、「今後、対応していくべきリスク20個」が会議の成果として残った。これが、この時点でのリスクの全てということになる。

　こうした「見える化」は発想の転換を促す。「アレもコレも問題だ！絶対成功しない」というマインドから「この20個さえ解消できれば、いい施策になる」というマインドへ。さらに、どこかお客さまモードだった新メンバーも、加入前に検討していた施策について深く議論すること

> で、腹に落ちたようだった。
>
> 　もちろんマインドの変化だけでなく、今後起きるであろう問題に先んじて手を打つこともできた。挙がったリスクに対して一つずつ真摯に対策を講じ、リスクを最小化していった。
>
> 　この会議を開かず、不安や懸念が新メンバーの頭のなかにだけしまわれていたら、どれだけ効果が上がる施策でも、絶対に支持されなかっただろう。

ステップ2　リスクを２つの面から評価する

　リスクの怖さには２つの側面がある。簡単に言えば起こりやすさと、起こった時の被害の大きさだ。この２つの側面は本質的に全く違う話なので、分けて議論する必要がある。1000年に１回の地震に備える方法と、明日の雨に備える方法は全く違ってくるからだ。

発生確率
　リスクが起こる確率のこと。確率が高ければ３、低ければ１と評価する。例えば、プロジェクトルームに隕石が落ちてメンバーが全員死んでしまうリスクは、発生確率が極めて低い。一方でシステム稼動が春ならば、チーム内でインフルエンザが大流行する確率は高く、直前の大事な時期に起きてしまうリスクはあなどれない。
　どこまでが３で、どこからが２なのかという評価基準も議論する必要がある。プロジェクトによってマチマチだが、以下くらいが一般的だろうか。
・発生確率３：プロジェクト完結までに、ほぼ発生する
・発生確率２：確率50%程度
・発生確率１：めったに起こらない

影響度
　リスクが起きてしまった際の影響の大きさ。プロジェクトに甚大な影響が出るなら影響３、軽微なら影響１と評価する。隕石がプロジェクトルー

ムに落ちることはめったに起こらないが、一度起きたらプロジェクトは間違いなく頓挫する。そこまで被害が大きくなく、確保していた予算が数%増えるだけのリスクも多いだろう。

影響度についても、一般的な評価基準を挙げておく。
・影響度3：発生したらプロジェクトが頓挫しかねない
・影響度2：被害は甚大だが、お金や期間延長などで対処できる
・影響度1：メンバーが頑張れば対処できる

図表V-3　リスク評価一覧の例

No.	カテゴリ	リスク	発生確率	影響度
1	コスト	データ移行に想定以上の工数がかかる。	3	3
2	コミュニケーション	コミュニケーション不足により、サブシステム間のインターフェースの不整合や共通仕様理解不足が発生する。	3	1
3	コミュニケーション	ステークホルダーとの調整がつかない、もしくは想定以上に時間かかる。	3	3
4	コミュニケーション	誰に承認・合意を取ればよいか明確になっていない機能がある。	1	3
5	スコープ	開発途中に、要件のヌケモレが発覚する。	3	2
6	スコープ	マスタテーブルの設計方針が不明確なまま設計・開発を進めてしまい、手戻りが発生する。	2	2
7	品質	As-Is機能について、十分に影響範囲の調査、分析ができておらず、As-Is機能の担保ができない。	1	3
8	リソース	特定のメンバーに業務負荷が集中してしまい、進捗遅延する。	2	2
9	コミュニケーション	グループ会社、一般ユーザーに対する、プロジェクトの取り組みの周知不足、ユーザー教育不足により、利用されない、または反発がある。	2	3
10	スコープ	関係部署からプロジェクトの取り組みについての反発、もしくは方針変更を求められる。	1	2
11	スコープ	業務プロセスやルールを細分化して定義できていないことで、例外フロー、ルールが多発してしまう。	2	2
12	リソース	プロジェクトメンバーが、必要な開発言語スキル、およびアーキテクチャの知識を十分に有していない。	2	1
13	コミュニケーション	リリース時の移行、調整がうまくいかない。	2	3
14	タイムスケジュール	連携システムの改修が遅れて、計画通りにシステムテストが実施できない。	2	3

ステップ3　対策を練る

さて、リスクを一通り洗い出し、それぞれについて影響度と発生確率を評価したら、いよいよ対策を練る。だが、すべてのリスクに対策を講じる

図表V-4　リスクマトリクス

	影響度1	影響度2	影響度3
発生確率3	個別判断	対策検討	即対策
発生確率2	許容	個別判断	対策検討
発生確率1	許容	許容	個別判断

のはなかなか難しい。そこで、対処するべきかどうかを、リスクマトリクスで考える。

　発生確率と影響度が大きいリスクについては手を打ち、そうでないものは無視しようという考え方だ。順に見ていこう。

即対策 ➡ 予め対策を打っておく

　ほぼ必ず起こり、影響も甚大なのだから、あらかじめ対策をしておく。

　例えば「業務をよく知るコアメンバーがプロジェクトに十分参加できない」というリスクであれば、通常業務の方に人員を補強してコアメンバーの仕事に余裕を持たせたり、一カ月先までの会議スケジュールを出してスケジュール調整をしやすくするなど、プロジェクトの進め方を工夫することで対処できることも多い。

　単純に、プロジェクト予算や体制、スケジュールに余裕を持たせておくのも有効だ。

　起きてしまってからでは遅いリスクについては、あらかじめ予防策を実施することで、発生を未然に防ぐことができる。

対策検討 ➡ 発生した時にどう対応するのか決めておく

発生した時にどうするか考えるのでもなく、今からバッチリ対策しておくのでもない。もし発生したら、こう対処すればなんとかなるよね、を押さえておく。

例えば「プロジェクトリーダーが異動してしまう」というリスクであれば、いざという時にリーダーの仕事を引き継ぐサブリーダーを任命しておくだけでも、ずいぶん違うものだ。

個別判断 ➡ リスクごとに判断する

影響度も発生確率も2の評価のリスクについては、どう対処すべきかを一概には決めにくいものが多い。対策／対策検討／許容、のどれが適切か、リスクごとに議論が必要だ。

許容 ➡ 事前には対処しない

関係者を集めて不安や懸念を洗い出すと、中には「ま、これは気にするまでもないか」というリスクもたくさん挙がる。半年や1年前から心配してもしょうがないリスクは許容しよう。つまり、リストに載せて管理はするが、今の段階では特に対策を講じないことになる。

ただし、リストに掲載されたリスクは半年に1回程度、読み返すと良い。以前は発生確率が低いと思っていたが状況が変わって「今の段階では、対処が必要」というリスクに育っている場合もあるからだ。

ステップ4 費用対効果分析に反映させる

いくら対策を講じても、リスクの発生を100％回避することは不可能だ。リスクのうちいくつかは顕在化し、プロジェクトに影響を与える。事ほど左様に変革プロジェクトとは難しいものだが、それでも成功させなければならない。

その方法の1つとして、費用対効果を検討する際にリスクをきちんと考慮する方法を、次章「プロジェクトの価値をお金で示す」にて解説する。

Ⅳ プロジェクトの価値をお金で示す

> **この章のレッスン**
> - プロジェクトを進める価値を誰の目にもわかるようにしなければ、外部からの支持は得られない。プロジェクトがもたらす様々な効果を、お金で示す必要がある
> - プロジェクトの価値を金額換算する8つのステップを学ぶ

費用対効果分析とは何か？

　人はパンのみで生きるにあらず。同じように、プロジェクトも金勘定だけでやるものではない。

　だが、ビジネスである以上は、「プロジェクトのお金の流れはどうなるのか」のシミュレーションは必要だし、もっとベタに言うと「それをやって儲かるのか？」という質問には答えなければならない。その答えを提供するのが、費用対効果分析である。

　投資判断をする方法はいくつかあるが、費用対効果分析の位置付けは図表Ⅳ-1の左上である。つまり、直感的ではなく論理的に積み上げた分析であり、事後評価ではなく大きな投資の決断前にする分析にあたる。

図表W-1　費用対効果の位置付け

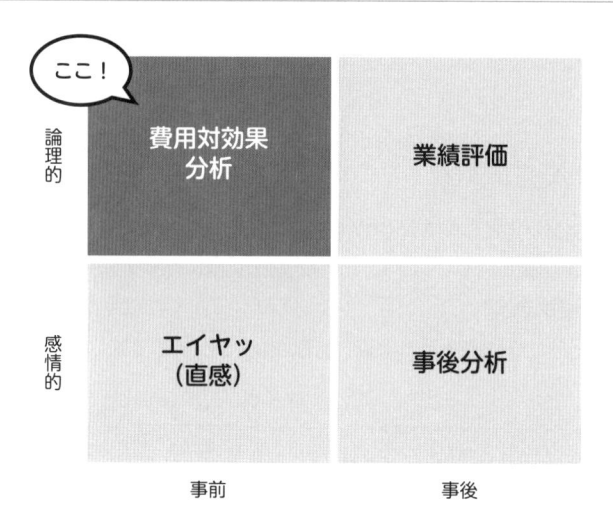

	事前	事後
論理的	ここ！ 費用対効果分析	業績評価
感情的	エイヤッ（直感）	事後分析

最終的には、こんなグラフを書くことになる（図表W-2）。

図表W-2　費用対効果分析の結果グラフ

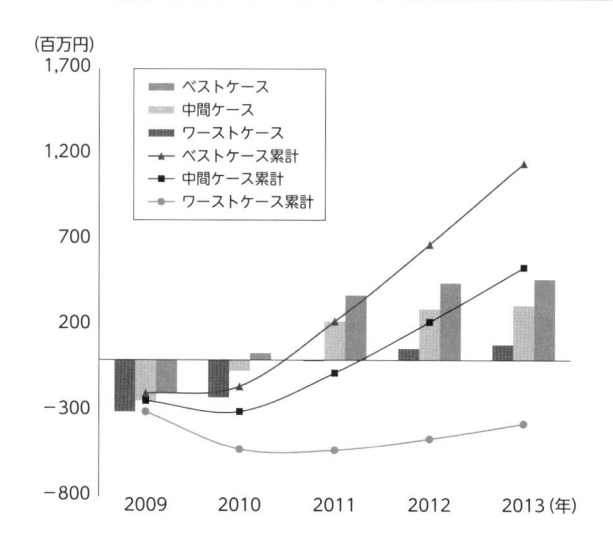

（凡例：ベストケース、中間ケース、ワーストケース、ベストケース累計、中間ケース累計、ワーストケース累計）

縦軸：百万円（-800〜1,700）
横軸：2009〜2013（年）

　プロジェクトをやると、最初に必ずお金がかかる。少ない場合は社員の人件費だけで、数百万円程度。多い場合は、コンタクトセンターの立ち上

げやシステム構築をするために、数億から数百億円かかる場合もある。これが初期投資額となる（上記グラフの初年度、マイナスの部分）。

さらに、プロジェクトがいったん終わった後にもお金はかかり続ける。システムを構築する場合は、維持・保守する費用が毎年かかる。業務改革だけの場合でも、新しい業務に携わる方の人件費がかかるのが普通。これがランニング費用である。

一方、必死にプロジェクトをやる以上は、何らかの効果が出るはずだ。例えばいままで20人でやっていた仕事が8人でできるようになるので、12人分の人件費が浮くケース。これまでシステムの維持費用に年間1000万かかっていたのが300万に削減されるケース。プロジェクトで作り上げたWebサイトで年間1億円の売上が上がるかもしれない。こういった効果が費用を上回れば、上記のグラフのように、毎年利益が積み上がることになる。

折れ線グラフが0を超えることを「黒字転換、黒転」と呼ぶ。初期投資を無事回収できたということだから、当然早ければ早い程よい。普通は良くて3年後、悪い場合にはずっと黒転しない、というシミュレーションもあり得る。

この単純なグラフの裏には、詳細なコストや利益のシミュレーションExcelが埋まっている（グラフ自体も、本物はもっと緻密になる）。

以下、費用対効果の分析の仕方を、順を追って説明していこう。

【費用対効果分析の8ステップ】
1：分析の範囲を決める
2：価値の源泉を洗い出す
3：定性効果と定量効果に分ける
4：効果を金額化する
5：投資金額を見積る
6：時系列で整理する
7：グラフ化する
8：リスク分析を組み込む

ステップ1　分析の範囲を決める

　費用対効果分析は一種の「シミュレーションモデル」なので、モデルの適応範囲を決めておく必要がある。

　例えば、業務改革とシステム構築をやるプロジェクトの場合。効果については業務改善とシステムによる自動化の両方をモデルに組み入れているのに、費用についてはシステム再構築の費用しかモデルに入れていなかったら、フェアな比較にはならない。

　普通は「プロジェクトとして取り組む範囲」≒「費用対効果分析の範囲」となるので難しくはない。難しいのは、こんなケースだ。

> 例）ある施策のために、10万円のスキャナーを100台買うことにした。この費用もプロジェクトの費用と考えなければならないが、スキャナーはプロジェクトとは関係のない業務でも活躍する予定。

　こういった場合は、費用の一部を他の施策に負担してもらうか、関係のない業務へのスキャナー効果も便宜的に費用対効果分析に組み入れるか、整理が必要となる。

ステップ2　価値の源泉を洗い出す

　「価値の源泉」というと硬いのだが、要は「プロジェクトやって良かった〜」と後で思うような、プロジェクトの成果である。プロジェクトから会社にもたらす利益、と言ってもよい。

　大きく2点に分けられる。

〈収益の向上〉
- 顧客満足度が向上して、一回あたりの平均売上額がアップする
- スピーディに配膳できるようになり、ランチの客回転率が上がる
- Webサイトを作って、年間売上1億円を稼げるようになる

〈経費の削減〉
- 不良在庫を年間5000万円分廃棄していたのが、プロジェクトをやることで半減する
- 請求書発行業務を廃止することで、年間200万円の印紙代が不要になる
- 20人でやっていた仕事が8人でできるようになり、12人分の人件費が浮く

こんな風に価値の源泉を洗い出して一覧化する。小さいものも、ひとまずリストアップはしておこう。

ステップ3　定性効果と定量効果に分ける

　理屈上は、全てのものは金額換算できる。だが、「風が吹けば桶屋が儲かる」のように、無理矢理「最後には1億円儲かります」と言っても、分析の信憑性を疑われるだけだ。だから金額換算しにくい価値の源泉（定性効果）は、無理に金額換算をせずに、定性効果のままにしておく方がいい。

・売上／利益向上
・効率化で工数削減

→ 金額換算しやすい

・顧客／従業員満足度向上
・情報を入手して、経営状況が把握できるように
・セキュリティー対策（書類の紛失リスク低下など）
・コンプライアンス対応（官庁からの指摘解消など）
・業務の属人化解消

→ 金額換算しにくいので定性効果として扱う

　注意したいのは、「金額換算できなければ、プロジェクト効果にあらず」ではないということ。例えば顧客満足度や従業員満足度はそれ自体を金額換算することは難しいが、企業経営の上で非常に重要なことなのは言うま

でもない。単に、短期的に売上や利益につながることを証明しにくいだけなのだ。

図表W-3は、ワークフローシステムを導入して、業務改革に取り組んだプロジェクトでリストアップされた定量効果、定性効果である。

定量効果には、多重点検の削減や問合せ工数の削減など、業務効率化の項目。定性効果には、処理状況の可視化や、役割・責任範囲の明確化など、数値にしづらい項目が並んでいる。

このプロジェクトでは、「信憑性の怪しい数値を、効果金額として無理に盛り込むのはやめよう」という結論に達した。ある程度数値換算しやすく、算出根拠をきちんと説明できるものに限定して定量化することにした。

よって、定性効果は金額換算せず、費用対効果のグラフを描く際には含めなかった。ただし、定性効果も大きな効果であることは変わらない（むしろ定性の方が意義が大きい時もある）ので、このプロジェクトが目指す効果として、繰り返しプロジェクト内外にアピールすることは忘れなかった。

図表W-3　定量・定性の効果の仕分け

カテゴリ	定量効果
業務効率化	■ 多重点検・検印負荷の削減 ■ 紙捌き負荷の削減 ■ 不備対応・差戻し中継の効率化 ■ 問合せ対応時間の短縮 ■ 閑散期余剰工数の活用 ■ システム保守コスト削減

カテゴリ	定性効果
統制（牽制）	■ 処理状況の可視化 ■ 事務改善機会の把握 ■ 不正点検精度の均一化
セキュリティ	■ 紛失リスクの低下
営業展開	■ 支社が本来の活動に専念できる ■ 事務トリガーでの営業活動が活発に
全体	■ 事務ノウハウの集約、属人化解消 ■ 事務ノウハウの集約、専門家集団の育成 ■ 判断基準、事務精度の均一化 ■ 柔軟な体制（要員）変更 ■ 役割、責任範囲の明確化 ■ 支社余剰工数の可視化、業務の平準化

コラム
従業員満足度を金額換算してみた

　データ・ウェアハウスを構築しようとしていた時、従業員満足度の向上の金額換算にチャレンジしたことがある。データ・ウェアハウスは「より良い情報を入手できるようになる」という道具に過ぎないので、売上アップや費用削減に直結しにくいからだ。
　・従業員満足度がアップすれば、生産性が向上して残業代が5％減る
　・社員の離職率が15％減り、新しい人を採用して育成するコストが削減される
　・業務品質が向上し、売上UP
など、従業員満足度が上がることのメリットを挙げていき、それぞれに予測数字（離職率が15％減るなど）を決めて金額換算を進めた。
　それなりに大きな金額効果を示すことはできたのだが、このプロジェクトでは結局、費用対効果分析にこの数字は使わなかった。やはり、ちょっと無理があったからだ。
　どこまで定量効果として金額換算に利用し、どこからは定性効果とするのかの線引きは悩ましい。はっきり言えば、費用対効果分析をもとに変革プロジェクトにGoサインを出す人々（たいていは役員）の「大人度」によるのだ。
　「むしろ定性面にこそ、このプロジェクトをやる意義がある」と大人の理解を示してくれる場合もあるし、「なんだ、これしか儲からないのか。こんなプロジェクトやる価値がない」と、数字だけを見て、切って捨てられることもある。こういう場合は多少無理して数字化を目指さなければならないケースもあるだろう。

ステップ4　効果を金額化する

洗い出した定量効果を金額換算するステップだ。
例えば

価値の源泉	算出根拠
承認プロセスの簡略化	「現状では、承認業務にひと月あたり400時間かけているが、そのうち80％を削減できるため、320時間の削減になる。」 「管理職の人件費は1時間あたり3000円で計算するため、96万円の削減となる」

といった感じで1項目ずつ算出していくことになる。根拠となる数字はAssessmentフェーズでの調査結果を利用する。

細かくやり過ぎない

　経験上、現場に近い方ほど細かく算出したがる傾向がある。企業風土にもよる。トップダウンでイケイケの会社ではあっさり「そんな分析に時間かけるな。どうせやってみなきゃ分からん」と言われることもある。ボトムアップで慎重派の会社では、本当に効果があるのかをねっちり細かく分析することを求められる。

　いずれにしても、やりだすとキリがない。いくらでも細かくできるが、あくまで意思決定に使えればよい。分析自体が目的化してしまわないように注意が必要だ。

算出の根拠を示す

　例えば「現在5つある承認を1つにしますので、80％の時間を削減できます」「1時間当たりの人件費は管理職の場合は○○円とします」といった、計算方法のこと。これを後から見ても分かるようにしておく。

　一方で「本当に80％も削減できるの？　5つのステップっていっても、

大変さは均等じゃないでしょ？　最初の承認が一番大変だから……たぶん75％くらいじゃないの？」といった感じで、細かい数字を議論し過ぎるのは建設的ではない。いくら議論しても将来のことなので水掛け論にしかならない。算出根拠を示しておけば、検討が進んで見直すべきだとなれば、簡単に数字を変えるだけで、より確からしい金額換算が手に入る。

大物を狙う

　大きな効果が期待できる項目から金額化していく方がよい。例えば効果が年間10万円しか出ない項目に着目して、「これは年間11万なのではないか？」と議論するのは無駄だ。効果の小さい項目の算出方法で揉めるくらいなら、数値化しない方がいい。分析全体の信頼性が落ちてしまう。

数字の追加調査も覚悟しておく

　金額換算で必要となる数字（例えば、承認行為を5回やっていること、各承認にだいたい10分程度かかること、月に1000件あること、など）は、Assessmentフェーズで業務の棚おろしをする際に集めておく。

　だが、「将来、こんな費用対効果分析をやるかもしれない」と思って全ての数字を記録していると、現状調査がいつまでたっても終わらない。現状調査の段階で先を見据えて、絶対に必要になりそうな数値だけは集めておく。足りなければ、必要になった時にもう一度教えてもらう、くらいでちょうどいい。

コラム

効率化した時間は、どう利益に変わるのか？

効果の見積りをしていて「200時間の工数削減が見込める」などとよく議論するのだが、業務改革が終わった後、この時間は着実に会社の利益につながっているのだろうか？

効率化が金額上の利益になるためには、いくつかのルートがある。事例を踏まえて説明しよう。

図表Ⅳ-4　効率化の表し方

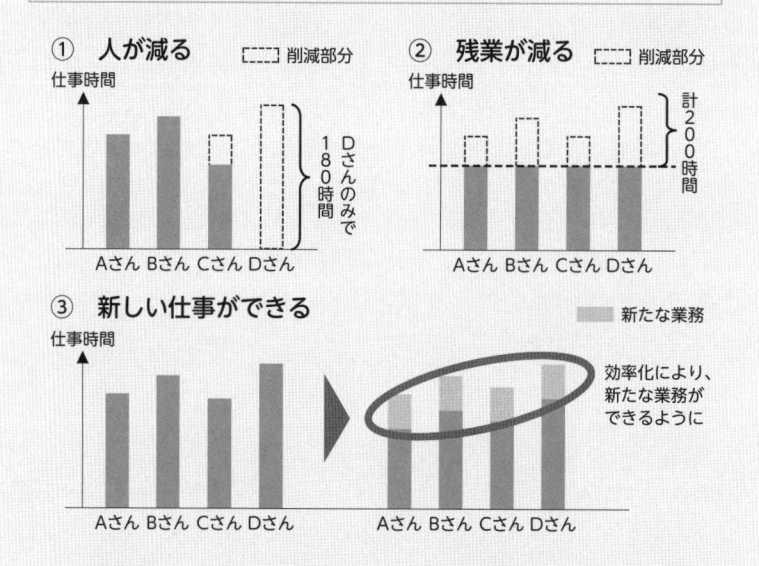

① 人が減る　　削減部分
仕事時間
Aさん Bさん Cさん Dさん
Dさんのみで180時間

② 残業が減る　　削減部分
仕事時間
Aさん Bさん Cさん Dさん
計200時間

③ 新しい仕事ができる
仕事時間
Aさん Bさん Cさん Dさん　　Aさん Bさん Cさん Dさん
新たな業務
効率化により、新たな業務ができるように

① 整数で人が減る（図表Ⅳ-4①の場合）

今まで4人でやっていた仕事を3人でできるようになるのなら、確実にコストダウンにつながる。逆に、そこまでの効果が上がらずに0.3人分の仕事が減ったとしても、その分の給料を払わないわけにはいかない。せっかく無駄な仕事をシェイプアップしても、暇な0.3人分の時間を埋めるた

めに別な仕事を新たに創りだしてしまうのがオチだ。だから、コストダウンを狙った業務改革をやる時は、整数で人が減るかどうかにこだわる。

②　人は減らないが、残業時間が減る（図表Ｗ－４②の場合）

　上記の①のように整数で人を減らすことができなくても、効率化が利益につながることもある。残業が常態化しているケースだ。

　中堅物流会社の間接部門では、恒常的な残業が問題になっていた。普段から残業は多く、月末は特に忙しい。数年前に会社が合併した経緯があり、本社に負荷が集中していたという事情もあった。そして、とにかく手作業が多かったのだ。

　いいシステムも作ったし、無駄な作業を廃止し、業務ルールも変更した。ようやく落ち着いてきた半年ほど後で、アンケートと残業時間の調査をしたら、狙い通り残業時間がかなり減っていた。担当者の方々に本当に喜んでもらえたし、もちろん人件費も下げることができた。

③　同じ人数でやれる仕事が増える（図表Ｗ－４③の場合）

　仕事の効率が上がった時、人を減らすだけが能ではない。特にビジネス規模が拡大している最中は、同じ人数でより多くの仕事をこなせるようになるのなら、業務改革に取り組む価値が十分あるはずだ。会社に大きく貢献できる。

　古河電工グループ約30社の人事業務を一手に引き受ける組織（シェアードサービスセンター）とシステムを立ち上げたプロジェクトは、給与関連業務の30％の業務効率化を目指して始まった。

　関係者も多く、大規模な変革だったために業務が落ち着いて効果を実感できるまでにはしばらくかかった。シェアードサービスセンターでの業務が始まって２年ほどたった時、改めて業務効率を測定してみた。

　結果、仕事の効率が40％も上がっていた。システム構築だけでなく、稼動後も「○○短縮作戦」「ミス撲滅作戦」などと銘打ち、何度も改善活動を続けた結果である。調べてみると、上記の「①整数で人が減る」と「③同じ人数でやれる仕事が増える」の両方の形で、40％の効率アップが現れていた。

> 「①整数で人が減る」の面では、定年退職した方もいたし、社長秘書や経理業務など、別の仕事にシフトした方もいた。
> 「③同じ人数でやれる仕事が増える」の方でも、目に見える効果が上がった。プロジェクトで設立したシェアードサービスセンターで、人員を増やさずに、仕事を請け負う関係会社の数を大幅に増やすことができているのだ。
> 個人ベースで言えば、今まで1つの工場だけの給与担当をしていたある社員は、現在は関係会社を含め、5つの工場を面倒見ている。業務改革前はバラバラだったルールとシステムが標準化されたので、ほとんど同じ手間で、やれる仕事が増えたのだ。

ステップ5　投資金額を見積もる

　効果を金額換算した後は、必要なお金の勘定をする。初期費用（イニシャル）だけでなく、維持費用（ランニング）も忘れずに。

　社外に出て行くお金（キャッシュアウト）が発生するものは分かりやすい。ベンダーに概算見積りを依頼し、その金額をそのまま使う場合が多い。もちろんまだ詳細な要件が固まっていないから、あくまで概算でしかないが、何も分からないよりはずっとマシだ。

・ベンダーに支払うシステム構築に関連する費用（ハードウェア、ソフトウェア、開発費用、ライセンス費用、教育・導入費など）
・コンサルティングを依頼する費用
・インフラを整備する費用（家賃、什器の購入、内装工事費など）

　キャッシュアウトが発生しないが、企業として見込む必要がある費用については、会社によってどこまで含めるか、かなりルールが異なる。

・プロジェクトにかかわる社員の人件費（プロジェクトリーダーやメンバーなど）
・人の異動などに伴う諸経費（異動手当、交通費、引越代など）
・プロジェクトルームやシェアードサービスセンターの不動産コスト

費用項目は先に出しきる

プロジェクトをやっていて、後から「××の費用積んでたっけ？」と確認するシーンはものすごく多い。「費用算出のシートを見る限り……載ってなさそうですね。あれ？　この項目に含んでたっけな？　もともと発生しないんだっけ？」となることも……。

そういった手戻りを防ぐために、可能性のある項目は最初に全て洗い出しておくこと。

不要な項目や、算出から外す項目は削除するのではなく、「今回の見積りでは対象外である」ことを明確に示すために、灰色の網掛けでもしておこう。

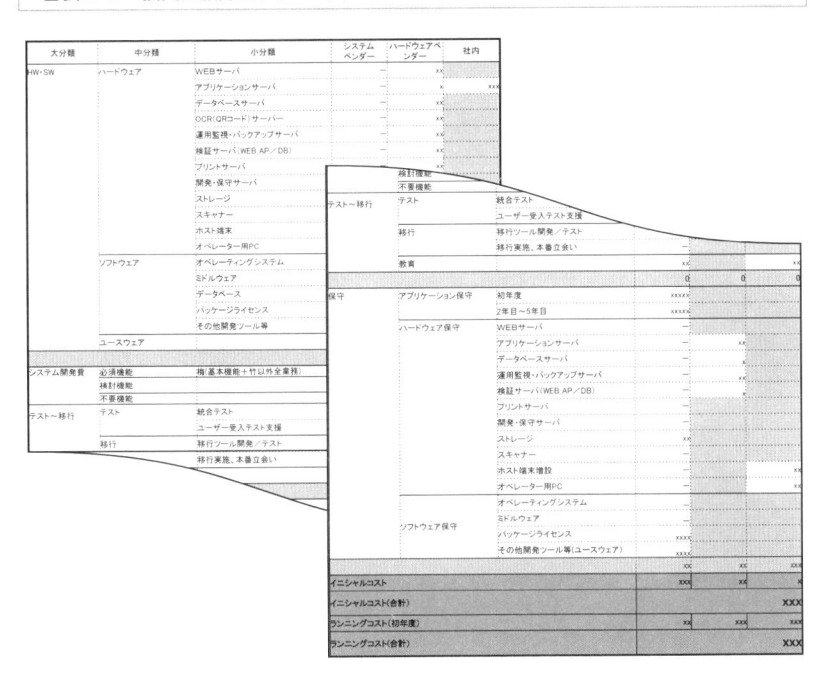

図表W-5　投資金額算出フォーマット

ステップ6　時系列で整理する

効果も費用も発生する時期にはおおよそ目処がつく。例えばシステム構築費は初年度から必要だし、効率化による人件費は業務が安定して効果

が出始める3年後まで待たなければいけないかもしれない。

「どの費用はいつ必要となるか」「どの効果はいつから見込めるか」を考えるベースとなるのは、「U章　マスタースケジュールを描く」で作成したマスタースケジュールである。

緻密な費用対効果分析が求められる場合は、このデータをもとにNPV（現在価値）を算出する。詳細は割愛するが、「今年100万円投資して5年後に100万円効果が上がったとする。でも、現在の100万円と5年後の100万円は価値が違うから、損得はプラスマイナスゼロというわけではないよ」という考え方に沿った調整のことだ。興味がある方は、ファイナンスの教科書であれば初級編でも載っているので参照してほしい。

図表W-6　費用と効果の算出時期を時系列に並べた表

項目		2011	2012	2013	2014	2015
システム投資	ハードウエア投資	19	82	104	70	47
	ソフトウエア投資	8	72	188	190	190
	ハードウエア保守費	0	0	0	0	0
	ソフトウエア保守費	0	0	0	0	0
	開発費	0	0	0	0	0
ECサイト構築		119	39	0	0	0
CRMシステム開発		0	(3)	(14)	(14)	(14)
マーケティング情報基盤		0	0	230	230	230
コールセンター		12	41	64	64	64
販売促進費		100	300	300	300	300
人件費		150	200	250	250	250
システム運用費		216	216	0	0	0
廃棄損		0	50	40	0	0
支出合計		625	997	1,161	1,089	1,066
ECサイト売上	物販収入	0	354	546	546	546
	ポイント手数料	0	30	150	150	150
ECモール収入	広告	0	5	10	10	10
	メール配信広告	7	18	118	118	118
	販促代行サービス（メール）	12	36	48	48	48
	販促代行サービス（店舗）	2	5	10	10	10
CRMサービス	CRMインフラ利用料	47	58	77	77	77
	サポートサービス提供収入	106	106	106	106	106
収入合計		431	1,037	1,540	1,540	1,540

ステップ7　グラフ化する

　効果と費用を年度ごとに算出したのだから、Excelでグラフを書くことができる。通常はその年の収支（効果－費用）を棒グラフで、累積収支を折れ線グラフで描く。

　機械的作業だけど、ミスのない作業が要求される。一桁間違えたらエライことになる……。プロジェクトメンバー数人で費用対効果分析をやっている時でも、Excel職人を1人決めた方がいい。複数人でExcelを変更すると抜け漏れが出るし、非効率だからだ。一人が作業し、別の人がダブルチェックした方が良い。

　また、基礎数値は変数にしておいて、後から数値を入れ替えてシミュレーションできるようにしておく方がよい。例えば、業務委託収入が月1000円徴収できるなら…500円しか受け取れない場合は…などと、施策を見直したり、損益分岐点を見つけたりするのにも活用できる。

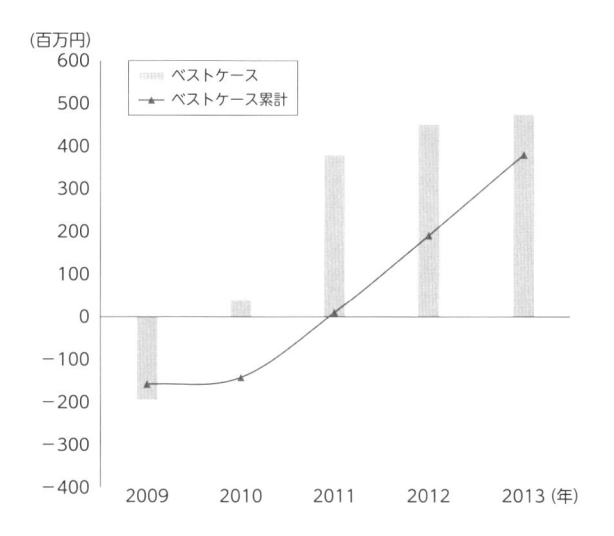

図表W-7　投資対効果分析グラフ（リスクなし）

ステップ8 リスク分析を織り込む

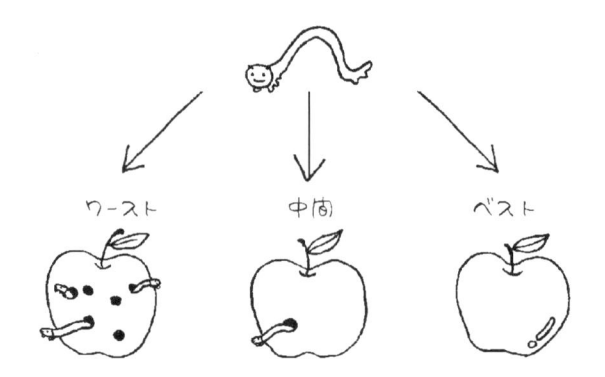

グラフ化してみたものの、いかにもバラ色過ぎて怪しい（現実味が乏しい）図になってしまったのではないだろうか。「こんなに上手くいくはずがないだろう」と、ツッコミが入りそうだ。しょせん将来のことであり、どこまで行っても「予測」に過ぎないのだから。

そこで、前の章で分析したリスクをこの費用対効果にも反映させる。具

図表W-8　投資対効果分析グラフ（リスクあり）

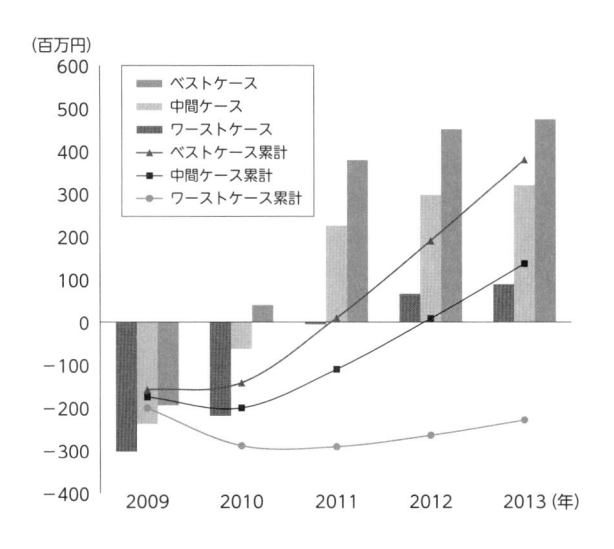

体的には、ベスト・中間・ワーストの3つのケースで費用対効果のシミュレーションをするのだ。
- ベストケース（一番楽観的な予測。リスクはほとんど起こらない）
- 中間ケース（一番ありそうなケース）
- ワーストケース（一番悲観的な予測。致命的なリスクが多く発生する）

具体的な作業としては、ステップ6で時系列に並べた効果や費用の数字を、リスクの発生状況に応じて変えていくことになる。
例えばベストケースだと
- ○○の作業効率が30%アップする
- ××の投資には5000万円必要

なのに、ワーストケースだと
- ○○の作業効率は改善しない
- ××の投資には8000万円かかってしまう

といった感じだ。

3つのケースを書くことで、意思決定を支える

3つの将来像を示すことは、「こういった予測はこれからのガンバリや環境変化によって変わるものですよ」を示すことでもある。

経営陣に費用対効果分析を説明する際、ベストケースしか示さない時には「ここを甘く見ているのではないか」「こういったリスクは考慮してあるのか」と、分析のあら探しをされることが多い。

だが将来像を3つ示すことで、「最悪でもこうなのね」が見え、決断しやくなる。プロジェクトチームの側としても、「この範囲には収めます」とコミットメントしやすい。そして費用対効果分析そのものにも信憑性が出てくる。

さらに、3通りのグラフを書くことで「何がなんでも中間は死守しないとね」という会話が自然と出てくる。「ワーストケースにならないような対策は当然してあるんだろうな」「はい、そのことで経営陣の皆さんにお願いがあります……」といった、建設的な議論が始まることも多い。

X　計画の価値を高める

この章のレッスン
- 費用対効果分析は、一回グラフを描いて終わりではない。使い倒す
- 変革プロジェクトについてお金の面から考える手段を手に入れたわけだから、数字を睨みながらさらに良い計画にすべく、大いに悩もう

施策のバリエーションを選択する

　費用対効果分析は、プロジェクト全体を実行するかしないかの判断に使われるのはもちろん、施策のバリエーション（AパターンとBパターンどっちがいいだろうか？）の選択にも利用できる。

　「R章　施策を練り上げる」で述べた、選択肢から1つを選ぶ際に「費用と効果を両方試算して見比べないと、どちらが良いのか分からない」というケースがある。全ての選択で金額換算するのは手間がかかり過ぎて無理だが、インパクトが大きい選択については金額換算して議論してもいい。

事例

システムだけ作っても、投資を回収できない

　このプロジェクトでは、業務改善、業務集約、システム導入の3つの施策を検討していた。3つの施策全てを一度に実行するのが最も効果が出るのは明らかなのだが、プロジェクト体制や予算に限りがあり、施策を絞り込むことを検討した。

　ただし、3つの施策は相互に関係している。「システムだけ作っても効果が出ないのでは？」「業務改善の前提は新システムなのでは？」など、パターンごとに費用対効果の予測をしてみなければ判断できない状況だった。

施策の組み合わせでバリエーションを出して数値化したのが図表Ｘ－1のグラフ。

図表X-1　投資対効果分析（施策バリエーション別）

■業務見直しを行わないとパターン③へ近づいてしまう。
■投資対効果を出すためにも、見直しを断行しパターン②ラインに近づけていく必要がある

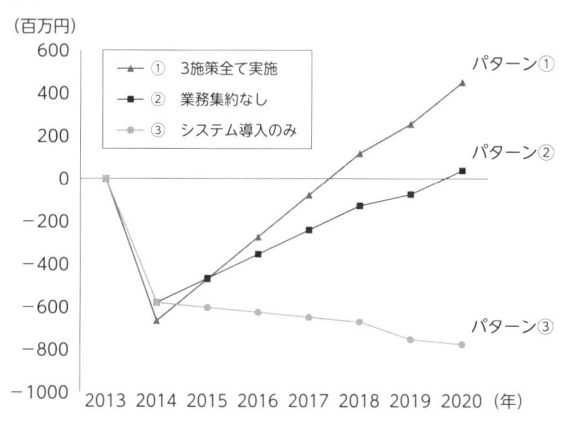

（百万円）

① 3施策全て実施
② 業務集約なし
③ システム導入のみ

パターン①
パターン②
パターン③

2013 2014 2015 2016 2017 2018 2019 2020 （年）

それぞれのバリエーションを検討したことで、
　・業務をそのままにして、システムだけを作っても効果が出ない
　・3施策全てを同時に行うと、初期コストがかさむ
ということが明確になり、パターン②を採用することになった。

黒字転換を目指してもがく

　どんなに高い理念を掲げた変革でも、「やっても儲からないプロジェクト」をビジネスでやり遂げるのは難しい。だから、「投資は回収できるか」を真っ先にみる。回収できていればいいけれど、黒字転換が難しいケースも結構な割合である。
　そこで、グラフと費用対効果の内訳をにらみながら、何を変えれば黒字転換できるのかを考えよう。

① 初期投資を減らす

施策を練っている段階では、施策を良いものにするためには、あんなこともやりたい、こんなシステムがあると効率が上がる、などと夢が膨らむ。だが、そうやって作った費用対効果分析で黒字にならないのであれば、現実を見つめて投資を絞り込む必要がある。パーッと使ったお金をコツコツ効果を出して回収するのは本当に大変だ。そのことが費用対効果分析を通じて実感できるので、真剣に投資額を抑える算段に取り組めるだろう。

② ランニングコストを絞る

5年、10年のシミュレーションをしていくと、初期投資だけでなくランニングコストもバカにならない額になる。例えば、シンプルなルールにしてシステムを保守する人員を減らせないか。アウトソースするとどうなるか。ダイエットの余地は色々あるはずだ。

③ 成果をもっと出す

もし効果が十分でないとしたら、もっとガツンと成果が出る、大胆な施策が必要なのかもしれない。

投資を少し増やしてでも、自動化できることを増やせないか、考え直すべきなのかもしれない。施策を今一度練り直す、良い機会と捉えよう。

事例

当初のグラフがダメだったので、良い施策になった

プロジェクトのコアメンバー内で施策を検討した後、最初に描いた費用対効果のグラフは悲惨なものだった。ベストケースでさえ、黒字転換に6年以上もかかってしまう。ワーストケースでは全く投資が回収できない。

これではプロジェクトが成り立たないので、施策を見直すために現場の方々の意見を聞きに行ったが、ここでも散々な言われようだった。

図表X-2　投資対効果グラフ（Before）

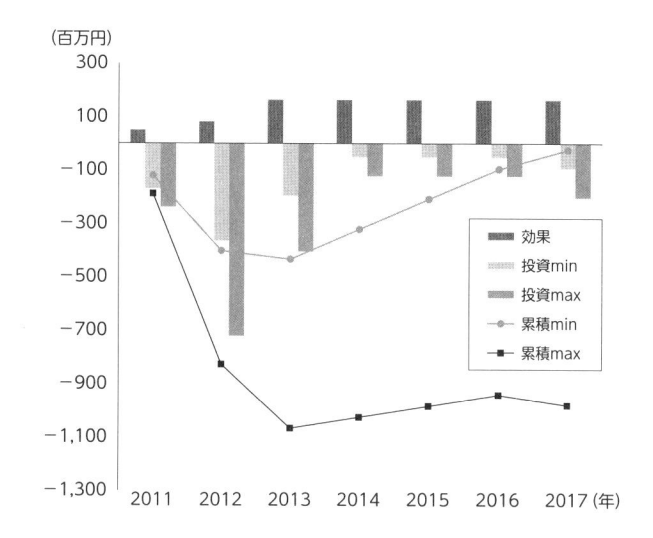

（縦軸：百万円、横軸：2011〜2017年）

凡例：効果／投資min／投資max／累積min／累積max

「○○業務と××業務が一緒に発生したら、どうやって処理するのか？何も考えてないだろう？」

「かえって、今より煩雑になる。あり得ないね。」

ほとんど怒っている人もいた。特に現場の責任者、課長クラスの方々の反発が激しかった。全く新しい業務を設計しているわけだから、ある程度仕方のないこととは言え、考え漏れていた視点、詳細化が甘い点など、コアメンバーだけで考えた新しい業務のツメが甘いことは明らかだ。

そして、細かいところもさることながら、一番の問題は、一部の業務しかシステム化しないという方針のようだった。なんでもかんでもシステム化した方が便利なのは分かっていたのだが、それではシステム構築費用が莫大になり、到底、投資を回収できないと思い込んでいたのだ。

だが、費用対効果分析の結果を見ると、一部しか作らなくても、どのみち投資は回収できない。施策を根本的に考え直さなければダメなのだ。

厳しい状況の中、考えに考えて、一つのアイディアが出てきた。あまり起こらない業務をシステム対象外とするのではなく、汎用的な機能を1つだけ開発し、全部をそれでカバーする案だ。その業務専用に作られた機能ではないから使い勝手は完璧ではないが、「こっから先はシステム対象外」と切って捨てられるよりは、業務の流れはずいぶんスムーズに

なる。

　この方式だと、システム投資額も心配していた程は大きくならない。その割に、業務がスムーズになる分、効率化の効果が大きく出る。改めて費用対効果分析の数値を計算し直してみると、前回とは全く違ったグラフとなった。

図表X-3　投資対効果グラフ（After）

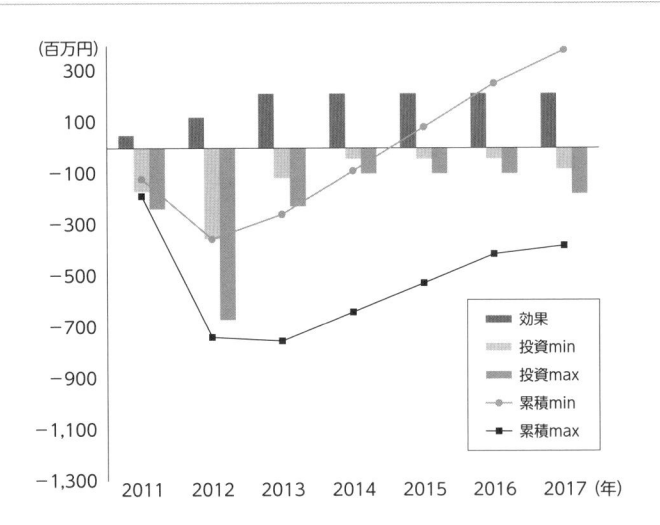

（百万円）縦軸：-1,300〜300、横軸：2011〜2017（年）
凡例：効果、投資min、投資max、累積min、累積max

　当初考えていた案は、費用対効果のグラフも酷いし（経営目線）、業務もスムーズに回らないようだった（現場目線）。経営と現場、双方の目線からダメさを指摘してもらうことで、自信のあった施策が、そのままではダメなことが、早い段階で分かった。

　プロジェクトの途中でこうした機会を持てるのは、むしろ良いことだ。大きな投資をした後で分かるよりは、ずっとずっとマシである。

　以前に「批判を歓迎せよ」と書いたが、数字を突きつけられるのも、同じことだ。施策を真剣に見直すきっかけをもらえるのだから。この時も、お金という分かりやすい尺度で「ダメ」と示されることで、プロジェクトメンバーが本気で改善しようともがいた末の、逆転だった。

それでも赤字になった時の対応策

　費用を削り、効果を出そうと奮闘しても、どうしても赤字になってしまうことはある。例えば経理業務の合理化やシステム投資などは、多少業務効率が上がったり、プリントアウトする紙の枚数が減ったりしても、たかが知れている。まず、黒字転換はしない。

　だが、まだ道はある。だから無理やり黒字化させるのではなく、誠実にグラフを描こう。

　定性効果を謳う
　定量効果で描いたグラフで変革の必要性を訴えるのは諦め、定性効果の重要性をアピールする。例えば「決算の早期化」「販売管理の管理レベル向上」など、経営者にとっても重要なテーマを掲げるのだ。そして、掲げる以上はお飾りではなく、本当に重要なのかを事実ベースで確認し、目指さなければならない。

　ただし、定性効果の捉え方は人それぞれ。少なくとも、「定性効果のどの部分がより重要なのか」「それはなぜ重要なのか」をしっかり議論して、明文化しておく必要がある。

　人材管理に必要な情報を、経営陣が入手することを目指したプロジェクト。特に業務効率が上がるわけでもないし、売上に直結するわけでもない。それでも変革を進める価値があるとすれば、ここに挙げた定性効果に

図表X-4　定性効果の優先順位

効果重要度	効果
高	グループ人材の把握
↑	人事の企画力向上
	グループ全体の企画立案
	トップがリアルタイムに把握
	評価の公正性
	適正配置（適材適所）
	効果的なローテーション
	従業員満足度向上
	業務の属人化防止
低	育成

高い価値を認める時だ。それを経営陣に問うべく、優先順位についてかなり議論をし、明確に示したのが図表X-4だ。

インフラだから必要だと言って押し切る

経理などの間接部門に関するプロジェクトでは費用対効果が黒字にならないと先に述べたが、かと言って必要がないわけではない。ある種の情報システムは、企業のインフラだからだ。

あるCIO（情報担当役員）の方が上手いことを言っていた。

「私は、社内でシステム構築の必要性を訴える時は、机と椅子みたいなものです、と言い切ります。机と椅子が会社にいらないと言う人はいない。情報システムもそれがないと会社が回らない、最低限の土台なのです」

確かに、30年前に「今のまま紙と手作業を続けるか？　コンピュータシステムに投資するか？」という議論をしてきた時とは時代が違う。現時点では紙と手作業だけで経理業務をやれないことはだれでも分かる。システムを作るしか選択肢がないのだから、投資する／しないを真剣に議論するのは無駄だ。意味があるとすれば「どの程度お金をかけて、どの程度良いものにするのか」だけだ。

成り行きケースを緻密に作る

そもそも、あなた自身が黒字転換しなくてもやる価値があると心から思っているだろうか？　思っているなら、それはどうしてなのか？

- このまま売上が増え続けると、物流と在庫管理がボトルネックになって成長が止まってしまう
- 今後、ビジネス環境が変化してもスピーディに対応できる業務にしておきたい
- システムの内部を把握している生き字引のAさんが○年後に定年退職してしまう。そうなったら、何かを変更しようとするたびに調査工数が今の2倍は必要だ

など、変革に踏み出す必然性を言語化していこう。

それを「成り行きケース」に表現していく。プロジェクトを実行せず、何もアクションを起こさなかったとしたらこうなりますよ、という（暗い）未来予想図を金額換算して描いていくのだ。システム運用の面では保守コ

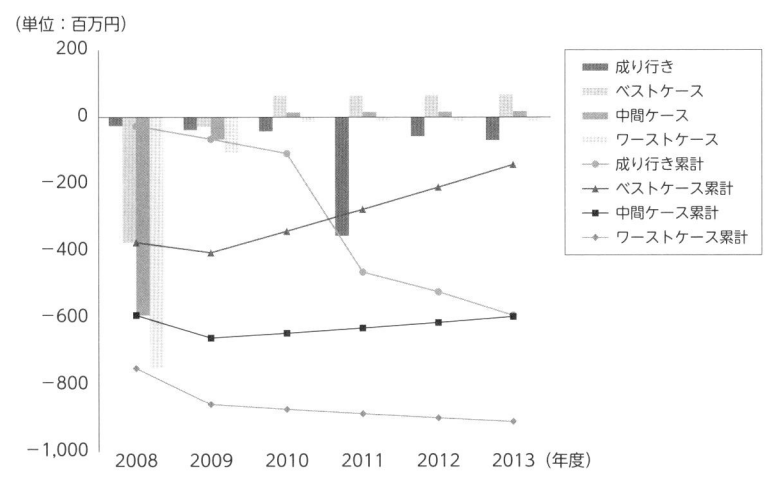

図表X-5　投資対効果グラフ（成り行きもしっかり作る）

（単位：百万円）

凡例：
- 成り行き
- ベストケース
- 中間ケース
- ワーストケース
- 成り行き累計
- ベストケース累計
- 中間ケース累計
- ワーストケース累計

ストや、数年後に訪れるアップデートのコスト、法対応コストなどになるし、業務面では「今の業務のまま、売上が2倍になったら」というシミュレーションを作っても良い。

　ある間接部門のシステム再構築プロジェクトの費用対効果分析が図表X-5だ。プロジェクト開始以来、一度も黒字転換しない予定だ。どれも投資回収には長い時間が掛かる。そこで、成り行きケースを描いた。図の右肩下がりのラインがそれだ。

　図を書いた結果、分かったことは以下の通り。
・変革プロジェクトを実行しても、投資はほとんど回収できない
・だが、何もしないとシステム上の都合で、保守費用は上がり続ける
・ベストケースの場合は3年、中間ケースでも5年後に、成り行きケースを追い越す

　つまり「座して死を待つより、プロジェクトやった方がいいんじゃないですか？」というメッセージだ。

本当に効果が出ない時は、プロジェクトを諦める

ここまで考えてきて、どうしてもプロジェクトでの効果が見込めない時はどうするべきか。

せっかくここまで努力してきたが、すっぱりと諦めることをおすすめする。いくらビジョンがあり、一生懸命やっていても、ビジネスとして成立しないなら諦めるしかない。

大勢の人を巻き込み、多くのお金を使ってプロジェクトをやり遂げた後に、効果が出ないことが分かるより、この段階で気づけたことをヨシとしよう。

Goサインが出ていても、費用対効果分析は必要

「費用対効果がどうあれ、この変革プロジェクトはどうせやるんだから、分析なんてしなくていい」と何度か言われたことがある。例えば役員のトップダウンで始まった変革ではそうなりがちだ。

ところがその全てのケースで「ああ、あの時、やはりきちんと費用対効果分析をすべきだった」と後悔する結果になった。費用対効果分析はプロジェクトの実施判断以外にも、様々な使い方があるのだ。

① 経営環境の変化に備える

今の状況なら議論の余地なくGOサインが出るとしても、仮に業績が悪くなったとしたら、それでもGOサインが出るだろうか？ 費用対効果分析ができていないと、「どれくらい悪くなったらやめるべきか」など、合理的な議論ができず、感情論で決まってしまう。

事例

リーマンショックで、経営陣の意見がガラリと変化

販売管理の刷新を目指して立ち上がったあるプロジェクトでは「コンプライアンス対応のために必要なプロジェクトだ。儲かるからやる、儲

からなければやらないという話ではない。決まったことだ」ということで、投資額の見積りをしただけで、効果の金額換算をやらなかった。
　そのままいけば、問題なかったはずだった。
　だが、現状調査や施策検討の末、まさに本格的にプロジェクトを実行しようというタイミングで、リーマンショックが到来し、業績が極端に悪化してしまった。そこまで追い込まれると「とにかく必要だからやる」だけだとプロジェクトの正統性を社内に説得できず、急遽、プロジェクト効果の試算を改めてやることになってしまった。

② ゴールへの貢献度を知り、以後の意思決定に活かす
　プロジェクトは色々な施策の複合体だ。一つの施策で成り立っていることはほとんどない。議論を進めていくと、どの施策がどれくらい大切なのか見づらくなってくる。
　そうするうちに「絶対に外せない大事な施策」を、そうと知らずに外してしまうこともあり得る。
　例えば、一昔前の業務改革プロジェクトでは、業務の改善効果よりも、ホストコンピュータを廃止してパッケージシステムなどに乗り換えるダウンサイジングの方が、金額的なインパクトは大きかった。こういったプロジェクトで、「システム構築が大変なので、一部の機能をホストコンピュータに残そう」などと決めてしまったら、プロジェクトゴールを達成できなくなってしまう。
　全く逆に、システムだけ作っても投資を回収できず、業務改善に本腰を入れる覚悟が必要なプロジェクトもある。
　費用対効果分析をやっておくと、どの施策がどのくらい金額的に貢献しているかを把握できるようになり、こういった誤った判断を防ぐことができる。

③ プロジェクトの価値を社内に示す
　変革プロジェクトは長く厳しい。分かりやすい成果が出る前に「なんでこんなプロジェクトやってるんだ」「いま、そんなことやっている場合か」という意見（野次？）が外野から出てくる（ほぼ必ず）。
　そういう時に「やると決まったことですので」だけでは、なんとも弱

い。金額面からも「こんなに価値のある変革です。協力してください」と言い切れた方がよい。

費用対効果分析を何度も実施して精度を上げる

　費用にせよ効果にせよ、費用対効果分析は現時点では「恐らくこうなる」「このくらいに収めよう」という、意思を込めた予測に過ぎない。

　だがプロジェクトが進めば進むほど、予測だったことが一つ一つ確定していく。当然、費用対効果は少しずつ予測精度が高くなっていく。前提や予測値が変われば結果も異なる。

　費用対効果分析をプロジェクトを健全に進めるための羅針盤にするには、プロジェクトの区切りのたびに、分析をやり直すべきだ。
　・プロジェクト計画が固まった時
　・システム投資など、具体的な投資額が固まった時
　・前提条件が大きく変わった時
　・プロジェクトが終了した時

　分析をやり直すと言っても、ゼロから考え始める必要はない。変数を入れ替えるだけでいいはずだ。例えば1000万円と見積もっていたハードウェア費用が、値引き交渉の結果800万円で買えたのであれば、数字を一箇所変えれば済むだろう。

図表X-6　段階に応じて分析精度が向上する

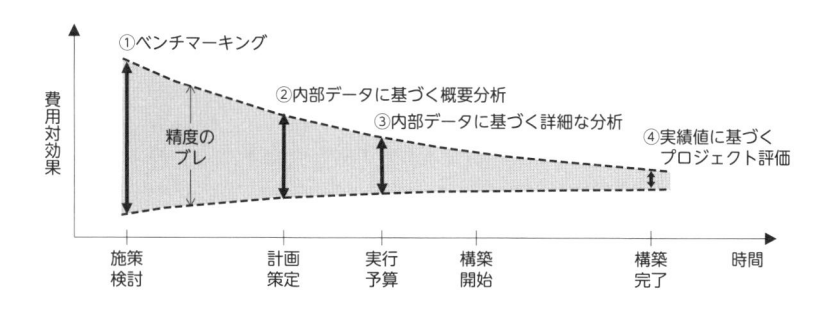

①ベンチマーキング
②内部データに基づく概要分析
③内部データに基づく詳細な分析
④実績値に基づくプロジェクト評価

費用対効果
精度のブレ

施策検討　計画策定　実行予算　構築開始　構築完了　時間

費用対効果分析を使ってきちんと事後評価を

　変革プロジェクトをやり遂げて、実際にやって良かったのか、悪かったのかを議論するためには、事前に効果を予測しておく必要がある。狙っていた効果が出なかったなら失敗だし、予測以上に効果が出たら成功だ。

　そして、プロジェクトの振り返りは必ずやった方がいい。成功か、失敗か判断できないプロジェクトは、後から憶測を含んだ議論を巻き起こす。

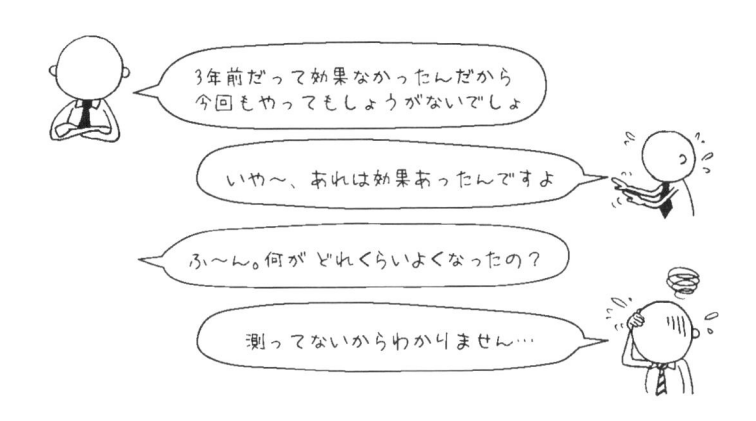

> 3年前だって効果なかったんだから今回もやってもしょうがないでしょ

> いや～、あれは効果あったんですよ

> ふ～ん。何がどれくらいよくなったの？

> 測ってないからわかりません…

　例え、あまり上手くいかなかったとしても「何がどれくらい上手くいって、どこがダメだったのか」を数字で把握しておかなければ、人々は印象論で「どうせ成果が出なかったんでしょ」と話し始める。

　こういう状態がいくつかの変革プロジェクトで続くと、「何も変えられない組織」になってしまう。それを避けるためにも、費用対効果分析のベースを使って、プロジェクト後に成果を測っておく必要がある。

Y 投資決裁を突破する方法

> **この章のレッスン**
> - プロジェクトの計画ができた後に、計画どおりに進めるかやめるのかを決断するポイントは必要。立ち止まって考えなければ、「どうやっても失敗してしまうプロジェクト」の発生を防げない
> - そのための判断ポイントは、ほとんどの会社では経営会議が担う。いかに経営会議にプロジェクトとして立ち向かえばいいのか

経営会議を通す、2つの理由

　失敗するプロジェクトの何割かは「そもそも最初っからやるべきじゃなかったのに、何となく始めてしまったプロジェクト」である。勝算がないのだから、後からいかに奮闘しても、成功にはたどり着けない。

　ではなぜ「最初からやるべきではなかったプロジェクト」がなくならないのか。理由は簡単で、「この変革を実行すべきか否か？」について、立ち止まってきちんと考えないからである。

　変革を立ち上げた当初（この本の最初のページのあたり）では、変革プロジェクトの本当の勝算は見えていない。長年の経験や勘が働くので、「いけるはず」と思っていても、裏はとれていないし、他の人に客観的に説明もできない。

　だが、この本に書いたことを愚直にやってきた変革プロジェクトであれば、構造的な課題も明らかになったし、施策も十分練ったはずだ。お金がどれくらいかかり、何年で回収できるのかも計算した。今であれば、「勝算があるのか」を見極められるはずだ。

　とは言え、ここまで計算を練ってきた当事者達には、既に「プロジェクトはやった方が良いのか、やる価値があるのか」は分からない。冷静に判断するには、入れ込み過ぎているからだ。だから、経営会議のような「プロジェクトの本格的なGoサインを得る場」に判断を委ねることになる。第

三者の目で、プロジェクトの勝算を客観的に厳しくチェックしてもらうのだ。逆に言えば、目的が分からない、いつまでたっても終わらないプロジェクト（デスマーチ）はこういったチェックが甘い会社で起こる。

経営会議を通すことで、変革プロジェクトは２つの意味での「お墨付き」をもらうことになる。

① 投資決裁

たいていのプロジェクトは、大きな額の投資を伴う。金額が数千万円、１億円となっていくと、大企業でも投資決裁を得るために経営会議（会社によって常務会議や役員会議など、呼び方はそれぞれ）での承認が必要となる。

したがって「投資決裁＝プロジェクトの実施可否の決裁」となる。

② 全社的なオーソライズ

お金だけではプロジェクトは動けない。会社として正式にGoサインが出るということは、人を本格的に投入することにもなるし、関係部門はプロジェクトに協力しなければならない。

経営会議でオーソライズをしてもらっていないプロジェクトには「うちの部としては、そんなことできません」と言うことが許されてしまう。「上の人は、こんな事に賛成しないはずだ！」と言い出す反対勢力も現れる（自分たちで経営陣の意見を聞いたわけではないのに……）。

大胆な変革を進める際には絶対に、全社的なオーソライズは必要なのだ。

▶ 経営会議では「夢とソロバン」を語れ

プロジェクトを認めてもらうために、経営会議では何を示せばいいのか。一言で言えば、これまで検討してきたこと全てである。言ってみれば、これまでこの本で述べてきたことは「経営会議で承認をもらうために必要な要素をどうやって導き出すか？」という観点から、逆算された方法論なのだから。

リクルートで、「じゃらん」や「フロム・エー」など数え切れないほどの事業を立ち上げた、くらたまなぶさんという方がいる（著書『リクルー

ト「創刊男」の大ヒット発想術』は企画や事業立ち上げに携わる人ならぜひ読むべき名著)。

くらたさんもリクルートの一社員の立場で、事業を立ち上げる際には事業計画を作り、経営会議にかけてきた。多くの成功と失敗の経験から、事業承認のプレゼンテーションで重要なことを三つ挙げてくれている。

「右手に夢、左手にソロバン、心にジョーダン」
前の章では変革プロジェクトをお金で表現する方法を書いた。だが、あまり費用対効果分析に夢中になり過ぎて、経営会議で「絶対儲かります!」だけを言っても、経営陣の信頼は得られない。

人は「儲かりまっせ」だけでは、走り続けることができない。成果を出すまで長いプロジェクトを完走できないのだ。そこを見透かされてしまう。

- このプロジェクトをやると、お客さんがこんな風に笑顔になる
- 世の中をこうしたい
- プロジェクトが終わったら会社はこうなっているはず

という「夢」こそが、変革のガソリンになる。これをきちんと訴えることを、まずはスタートラインにしなければならない。

もちろん、「ソロバン」の部分も忘れてはいけない。ただ、こちらは「夢」と違って、数年の収支を示したグラフが、全ての集大成として1枚だけあればいい。

計画よりも「計画を作った人」を見られていると思え

大企業の場合、100億円プロジェクトでもない限り、経営会議で事細かにプロジェクト計画をチェックすることはしない(時間的にできない)。

担当者たちが緻密に作ってきたロジックに嘘が巧妙に紛れていても、その場ではなかなか見抜けないものだ。嘘というと言葉がキツイが、なんとかプロジェクトを実現させたいと願っている担当者があれこれ前提を操作してしまうことはあり得る。ハッキリ言って、費用対効果分析の数字を「ちょっと良く見せる」ことなんて、やろうと思えば簡単にできる(やらないが)。

プロジェクト計画の中身の代わりに経営陣がチェックするのは、プロ

ジェクトをやろうとしている「人」である。特に、本気度と自信を見る。当人たちが本当に変革プロジェクトに惚れ込んでいるのか。成功すると信じているのか。会社にとって絶対に必要だと思っているのか。だれかに命令されて仕方なくやっていないか。コンサルタントの提案に乗っかっただけじゃないのか？

夢を語っている人の嘘や自信のなさを見破ることは、資料に紛れた嘘を見つけるよりはたやすい。資料は嘘をつくが、人は嘘をつけない。

▶ 100枚の検討を1枚に凝縮せよ

経営会議がプロジェクトにとっての関門になるのは、他にも理由がある。極限までシンプルな説明が求められることだ。これまでお会いした経営者、役員の方々は、原理原則をシンプルに表現しないと話を聞いてくれない方が多かった。仕事の幅が広く、多くの案件を次々と決裁していくのだから、当然だろう。

この、シンプルを要求されることが、プロジェクトにとって良い試練になる。あるお客様が、以前こう話していた。

「経営層向けの企画書は、まず100枚書いて、それを10枚にして、
最後にそれを1枚に凝縮する」

まず、企画書100枚くらいの検討はやって当たり前。ただし、そのまま話しても聞いてくれないから、1枚に凝縮する。そのためには、現状の課題について、あるべき姿について、そして解決策について、とことんまで考え抜き、議論し尽くすしかない。切り捨てる過程で、「本質は何だろう？」と何回も自分たちに問いかける。

そうやってできた1枚の企画書には、捨てられた99枚分の検討がにじみ出ているし、役員は敏感にそれを感じ取る。

1枚は極端な例だが、プロジェクトで作った検討資料をバサバサそぎ落とすのはいつものことである。僕が気に入っている方法は、100枚ほどの検討資料を全てA4で印刷し、壁一面に貼り付けるやり方だ。

こうやってアナログでやることで、プロジェクトの仲間と「この順番の方が、すんなり理解してもらえるのでは？」「これとこれの間に、あのスライドがないと話がつながらないよ」「これ不要」など、活発に議論しなが

ら経営会議の説得ストーリーを練っていける。

最後の最後は感情の後押しも必要

　さて。何を実現したいか（夢）と儲かるのか（ソロバン）をきちんと説明した。中心メンバーのやる気と自信も示した。それでも、会社にとって大きな決断であればあるほど、理屈、論理だけでは決断できないことがある。経営者と言えども人間なのだ。特に、長い歴史がある仕事のやり方や、会社のカルチャーにかかわるようなプロジェクトの場合はそうなる。最後の最後に決断ができずに、お蔵入りしてしまった大胆な変革プロジェクトは数多い。

図表Y-1　費用対効果の位置付け

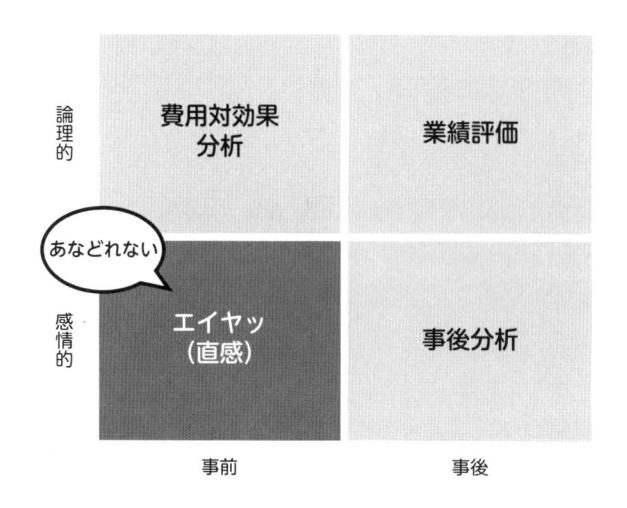

	事前	事後
論理的	費用対効果分析	業績評価
感情的	エイヤッ（直感）〔あなどれない〕	事後分析

事例

理屈をすっ飛ばしたスピーチ

　あるプロジェクトのGoかNoGoかが決まる経営会議に出た時のこと。プロジェクトリーダーから、これまで検討してきたプロジェクト計画についての見事なプレゼンテーションがあった。僕は一応同席していたのだが、口をはさむ必要は全くなかった。

　ここまで来ると、コンサルタントは無力だ。プロジェクトの責任を背負う（経営陣に対してコミットする）ことはお客さんしかできないからだ。ただ、最後にコメントを求められたので、こんな話をした。

　これまでの仕事の仕方を大胆に見直すことになるこのプロジェクト、簡単にGoサインを出すのも難しいことと思います。参考までに、私がこのプロジェクトについて感じている2つのことをお話します。

　①今もしGoサインを出さない場合、それは「15年間はやらないという意思決定」をするのと同じです。今回は最高のメンバーを集めていただき、最高のプロジェクト計画を作りました。この上申を受けて今回やらないのに、3年後に再検討しましょう、というのは理屈に合わない。本当に15年このままでいいのか、それをご判断いただきたい。

　②プロジェクトリーダーからのお話で、プロジェクトに勝算があるのは十分お分かりいただけたかと思います。これはいわば「論理的分析」の世界の話です。一方、論理を離れた「コンサルタントとしての職業的勘」としても、私はこのプロジェクトの勝算を確信しています。幸か不幸か、この会社は雑巾を絞りきったような状態ではありません。良くする余地がまだまだいくらでもあります。このプロジェクトはその第一歩と考えています。ぜひやらせてください。

　今、思い出しながら書き起こしてみると、やや滅茶苦茶な話である。「理屈じゃなくてうまくいくからやらせろ」と言っているわけだから。

　でも、プロジェクトを立ち上げるためにやるべきことをやり尽くし、説明し尽くしたら、あとは「エイヤッ」と決断するのを後押しすることしかできないのだ。そのために、自分が心から思っていることをそのままぶつけた。それが必要な時もある。

Z Just Do It!

> **この章のレッスン**
> ● あなたのプロジェクトは、無事立ち上がっただろうか。チェックしてみよう
> ●「計画を立て終わったので、あとは目をつぶって走る」ではなく、ずっと走りながら考え続け、計画を見直し続けなければならない

さて、4Pはどうなったのか？

　この本の最初に、「プロジェクトの立ち上げとは、4つのPがクリアになっていること」と書いた。振り返ってみよう。

Purpose　どの山を目指すのか？

D章「変革のゴールを決める」
W章「プロジェクトの価値をお金で示す」

　Concept Framingフェーズを始める前は雲がかかっていてぼんやりとしていた、目指すべき山頂。合宿でコアメンバー間で議論を重ねたり、目指す姿を文章や絵に書き起こしてみたりした結果、明確なゴールとして共有できたのではないだろうか。

　さらに費用対効果分析の形で「お金で表すと、プロジェクトの目標は何万円になるのか？」と、「そのためには○○の数値をいくら増やさなければならないのか？」も示せたはずだ。

Process　どういうルートで山頂を目指すのか？

O章「施策をひらめく」〜R章「施策を練り上げる」
U章「マスタースケジュールを描く」

　プロジェクトゴールを目指すための道のりは一つではない。どんな施策が効果的なのか。ゴールとは関係ない施策は紛れ込んでいないか。プロジェクトではやらねばならないことは満載なのだから、寄り道をしている暇はない。本当に有効な施策に絞り込んであり、その施策は十分に検討されているだろうか。

　そして、いつどのような順番でそれらの施策を実現するのか、マスタースケジュールとして表現されているだろうか。

Property　装備は何を持っていく？　何を買う？

R章「施策を練り上げる」

　プロジェクトにおける装備とは、例えば業務改革後に使用する情報システムのことである。システムについての詳細な要件定義は通常、このあとのフェーズにて行うことになる。従って、Propertyは他の3つのPに比べると、かなりざっくりしたままで残されることになる。

　むしろ、プロジェクト計画を立案中にシステム要件定義に夢中になり過ぎ、「どんな変革をしたいのか」「それは本当にやる価値があるのか」が疎かになってしまうことの方が危険。システムの検討は誤差50％くらいで投資規模が見積もれればOK、というくらいの粗さに留めよう。

People だれと山に登るのか？

C章「同志を集める」
I章「プロジェクト体制を固める」
プロジェクトの立ち上げはPeopleで始まり、Peopleで終わる。

プロジェクトのコンセプトやゴールは、最初に集った人々の思いによって形作られる。そういう意味でプロジェクトはPeopleで始まる。

そして、施策が練られ、ロードマップに落としこみ、実行に必要な人のスキルセットや頭数が見えてくる。社内から何人集めるのか。社外の協力会社から人を出してもらった方がいいのか。最終的に実行段階でのプロジェクト体制を固め、それに予算の目処を付け、それでもプロジェクト効果を出せると裏を取る。

プロジェクトの立ち上げはPeopleで終わるのだ。

「態勢の質」は高まったか？

同じくこの本の最初に「計画作り」と「態勢作り」は同時に進めよ、と書いた。

ここまで変革プロジェクトを立ち上げてきて、関係者全員が「この変革は自分たちにとってすごく大事なものだ」と思い、「早く、自分の手でこのプロジェクト計画を実行に移したくてウズウズする」と感じてくれているだろうか？

ここまで態勢作りのためにやってきたことを振り返りながら、チェックしていこう。もし不十分な点があれば、今後の工程でのフォローが必要だ。

多様なメンバー構成：C章「同志を集める」、I章「プロジェクト体制を固める」

プロジェクトのコンセプトを練り、計画を作るコアメンバー自体が、ある程度社内の多様な立場、価値を代表しているべきである。立案段階から多様な観点から計画をチェックすることで、プロジェクト計画を実行に移した時の受け入れられ方が変わってくる。

明確なコンセプトとゴール：D章「変革のゴールを決める」

どういう理屈で何を良くするプロジェクトなのか（コンセプト）。プ

ロジェクトをやった結果、どこに到達するのか（ゴール）。この2つを分かりやすく説明できることは、プロジェクトを迷走させないためにはもちろん、プロジェクトに多くの人を巻き込むためにも絶対に必要なことである。これが明確でなければ、単なる掛け声で終わってしまう。

役員層の巻き込み：H章「トップの支援を取り付ける」

経営層の考えとプロジェクトが大きくずれないよう、そして将来プロジェクトの重要局面で味方になってくれるようにするために、アドバイスをもらいに行く。

現場の声をきちんと集める：K章「プロのヒアリング技術」

X章「計画の質を高める」という観点からも、現場にきちんとヒアリングすることは欠かせない。加えて、態勢の質を高めるためにもたんねんな調査は有効だ。必ずしも自分が調査対象となっていなくても、自分と同じ仕事をしている同僚からきちんと現状を聞いた上でのプロジェクトだと思えば、協力する姿勢は大きく変わってくる。

多くの声で施策を練る：S章「抵抗勢力と向き合う」、R章「施策を練り上げる」

こちらも、計画の質を高めるためにはもちろん、「自分たちの意見を盛り込んで作った計画だから自分たちで実行する、実行を応援すると思ってもらう」という観点からも、非常に重要である。

コアメンバーがこの部分に真摯な態度で臨んでいるのかいないのか。プロジェクトの周りで様子見をしているような社員たちはこの点にとても敏感である。

納得のいくプロセス：Q章「ダメ施策を捨て、良い施策を残す」

プロジェクトに込められた様々な期待の中から、本当に有効なものに絞り込む。この時は「納得性」がキーワードになる。関係者の納得の得られないプロセスで施策を選んでしまえば、「なんで俺が思っていることをないがしろにして、あんなコトやってんだよ」と拗ねる人が続出する。

「当初、自分が思っていたものとは違う取り組みだが、たしかに会社にとってはベストな選択だよね」と全ての人に思ってもらうためには、透明で合理的な選定プロセスが必要なのだ。

まずはお疲れ様でした

　ここまでたどり着くと、突っ走ってきたプロジェクト関係者としては少しだけホッとする。

　これまでやってきたことを振り返る、良い機会だ。僕らのプロジェクトでは、ここでプロジェクトの全メンバーで「サンセットミーティング」を開く。沈みゆく夕日を眺めながら、飲み物を片手にこれまでやってきたことを語り合う、というイメージだ。

　① 改善すべきことは洗い出せ

　まだまだプロジェクトは始まったばかり。マズイ点は今すぐに直せば遅くない。「○○の検討が不十分で心配です」という意見もよく出るが、きちんと拾い上げ、これからじっくり煮詰めていけばいい。「なんとなく完璧なつもり」が一番怖いのだ。

　② うまくいっていることを確認し、今後も続けられるように

　うまくいっていることは必ず「あれが良かった」と口に出し、確認し合おう。そうすることでこれからも継続できるし、別のプロジェクトを立ち上げる時にも忘れずにできるようになる。

　改善すべきことの修正は大変だが、できることをこれからもやり続けることは比較的簡単だから、「うまくいっていること探し」は効率が良いフィードバックなのだ。

　③ 互いの感謝と表彰を

　業務改革の企画は、ほとんどの人にとって初めての仕事。ギリギリ背伸びしながらここまで走ってきたはずだ。お互いを讃えるために、普段はこっ恥ずかしくて言えないような感謝を伝え合う場面を無理やりにでも作ろう。僕らはこんなカードを使って、中間打ち上げ飲み会の時にみんなで書いたりする。

そして、頑張った人や成長した人を称えるのもいい。

写真はあるプロジェクトで選出した「ブレイクスルー賞」の様子。「この人はプロジェクト前と比べて、ずいぶん変わった！　成長した！」という人を選んで全員で投票したのだ。急な思いつきだったので、投票用紙は飲み屋のナプキンだったけれど、候補者多数で票が割れ（いいことである）、大いに盛り上がった。

▶ どこまで計画を練り上げたら、実行に移れるのか

これまで話を聞いてきた多くのプロジェクト事例の中には「計画作りを終われない症候群」とでも言うべきプロジェクトもあった。この本を読んでいる皆さんのプロジェクトも、その状態に陥るかもしれない。「君たちの計画は○○の観点が抜けている」といったコメント付きで、経営会議から差し戻される、ということが延々と続き、いつまでたっても実行に移せない。指摘の一つ一つは正しいのだが、「些細な点に引っかかって、プロジェクトを前に進められない」という状況が正しいとは限らない。

「計画ができ上がるということは、４Ｐが明確になっていること」と何度も書いてきたが、「どこまで明確にすればいいのよ？」という質問への一般的な解は存在しない。そのような状態に陥っているプロジェクトには、この言葉を捧げたい。

「実行局面に突入したら、どうせ計画は詳細化する必要がある。それどころか変更も必要となる。だれもやったことがない仕事を、だれもやったことがないやり方で進めるのがプロジェクトなのだから。だったら、計画づくりはどこかで見切りをつけ、歩き始めた方がいい。」

変革プロジェクトをやるたびに、「ああ、計画段階でこの件について
もっと調べておくべきだった」「もっと詳細に施策を議論しておくべきだっ
た」と思う。プロジェクトを立ち上げ、実行することだけを毎日やってい
るプロフェッショナルですら、そう思う。

部分部分では毎回後悔をしながらも、でも一方で、毎回プロジェクトを
成功させることができている。

プロジェクトの成否は計画段階でほとんど決まる。でも、そのことは
「プロジェクト計画が100％完璧であらねばならない」ことを意味しない。

不確実な仕事であるプロジェクトに、100％完璧などないのだから。

▶ 業務改革プロジェクトはこの後どうなるのか？

計画を立て、全社的に承認されたら、いよいよ実行局面に移ることにな
る。この先、プロジェクトとしてやることは大きく2種に分かれる。業務
のチェンジマネジメントとシステム構築だ。

図表Z-1　ロードマップ

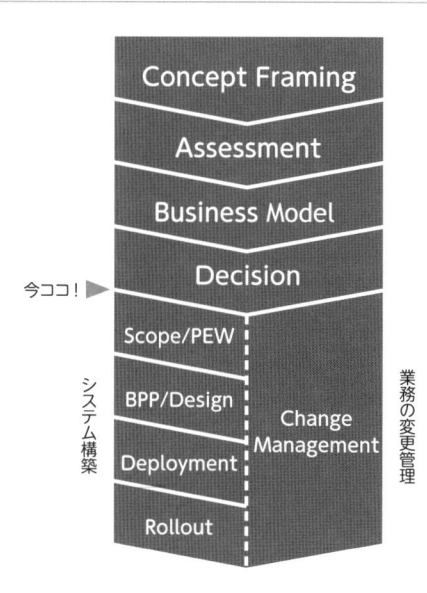

（1） 業務の変更管理

　業務改革として実行すべきことを、煮詰めていく作業をチェンジマネジメントと呼んでいる。ここまでの工程で、「なぜ、何を、どう変えるのか？」についての方針を決定し終えている。だが、変えることを決めただけで業務や組織が変わってくれるなら、こんなに楽なことはない。実際には、これからも沢山の仕事が待っている。

業務の細部を決定する

　例えば、Business Modelフェーズで新しい組織の設立方針を決めた場合。今後は組織の所在地や、他組織との境界線決定、新組織に異動する社員の人選などを進める。

新ルールやプロセスを文書化する

　Business Modelフェーズまでで、新業務について方針ごとしか決めていない場合は、詳細を文書化する。新しい業務を実施する人であれ、システムを構築する人であれ、今後プロジェクトに参加する関係者には、決定事項を文書で伝える。曖昧さが残りにくいからだ。

契約等、社外組織との調整や手続き

　取引先や監督官庁などの社外に影響が及ぶ場合は、各種の調整を進める。契約や提携の見直しまで踏み込む場合もあれば、あらかじめお願いする程度で済む場合など、変更の大きさや親密さ、力関係によりかかる時間は大きく異なる。

変更を周知/教育する

　業務改革の関係者（今後巻き込まれる人々）は、特定業務の数人の担当者の場合もあれば、数万人の全社員の場合もある。どちらにせよ、関係者には「何がどう変わるのか」「それを受け、何をして欲しいか」を丁寧に説明し、実際に業務を変えていく手助けをしてもらう。
　忘れがちなのは「なぜ、今、これを変える必要があるのか」という、プロジェクトのゴールやコンセプトも必ずセットで説明することだ。どんな変化であれ、変わることには抵抗感があるのだから、それを上回る大義名分を理解してもらおう。

スケジュールを詳細化する

　Decisionフェーズでは「2014年5月から新業務ルール適用」程度しか決めていないことだろう。今後のフェーズでは、「5月の何日なのか？　他業務との前後関係は？　切り替え時にすべきことは？」など、詳細化すべきことは数限りなくある。

（2）　システム構築

　業務を大きく変える以上、ほとんどの業務改革プロジェクトではシステムに手をいれることになる。小規模な改修で済ませる場合もあるし、何億円もかけた再構築に取り組む場合もある。

　システム構築の最初のフェーズである要件定義では、これまで議論した新しい業務プロセスやルール、組織構造がシステムできちんと扱えるように、要件として盛り込んで行かなければならない。

　この段階で、新しい業務をシステムに落としこむのに失敗すると、業務改革の計画はただの絵に描いた餅になってしまう。

　そして、全く新しい業務とシステムをデザインする以上、完璧ではないことも多い。早めに新システムのプロトタイプを作り、そのシステムを使って問題なく業務を回せるのか、業務シミュレーションをしてみよう。

▶ 最後に個人的な話

　今から10年以上前の話である。僕は駆け出しのコンサルタントとして、ある大企業のプロジェクトに参加した。会社の変革を目指し、業務やビジネスモデルを抜本的に見直す大規模プロジェクトである。

　ちょうどこの本で扱った、変革プロジェクトの立ち上げ期。コンサルタントを職業としていても、こういう本格的なプロジェクトに最初から関われる機会はそうは多くない。僕は幸運に感謝しながらも、自分に求められている役割をきちんと果たせるのかという大きな不安も抱えながら、プロジェクトが始まった。

　僕自身はチームのなかで一番の下っ端だったのだが、僕以外のメンバーにはよりすぐりの経験豊かなコンサルタントが集められた。それに応えてお客さん側も、会社全体の将来を左右するプロジェクトとして、非常に優秀なメンバーを集めてくださっていた。単に優秀なだけではなく、会社の

各業務に精通した方々がバランスよく配置されていたし、何より「明日の会社を作るのは俺たちだ」という意気込みがすごかった。一種のドリームチーム結成といった高揚感があったのを覚えている。

そうして始まったプロジェクトでは、この本に書かれているようにキッチリと現状調査をし（多くの現場でのヒアリングはもちろん、最新鋭物流倉庫の見学などにも行った）、何が問題なのかを鋭く分析した。

このプロジェクト期間中、プロジェクト関係者は全員、とにかくよく働いた。数カ月の間、ほとんど毎日タクシー帰り。それでも朝は9時からぎっしり検討会議が詰まっていた。

そうして多くの人たちの多くの時間と熱意をつぎ込んででき上がったのは、一言で言えば、「文書ファイル7冊ほどの燃えるゴミ」だった。

今から読み返してみても、「計画書としての質」は高かった。非常にロジカルで、綺麗で分かりやすいパワーポイントにまとめられていたし、お客さんも満足してくれていた。ではなぜゴミなのか？

僕らが作ったあのプロジェクト計画が、ついに実行に移されなかったからだ。いかに書類としてよく書けていたとしても、実行に移されなければ、その会社にとっての価値はない。ただのゴミである。

その会社は実は、非常に安定したビジネスモデルのもとで好業績をあげていた。そのモデルが10年、15年先に続くかは不透明だったために、社内のごく一部の意識の高い方々は危機感を持ち、新しい業務のあり方を模索してプロジェクトが始まったのだったが、社内の多くの人の共感は得られなかった。僕らが作ったプロジェクト計画も、危機感を共有し、新しい業務に踏み出す後押しが、十分にはできなかった。

コンサルタントになって間もない僕にとって、この、計画を立てただけで終わってしまった仕事はショッキングだった。あれほどの頭脳と熱意をつぎ込んで成し遂げた仕事が、結局なんの役にも立たなかった。

そして一つの教訓を得た。

プロジェクト計画は、実行されなければゴミである。

それ以来、「きちんと実行に移され、プロジェクトを成功に導くプロジェクト計画の作り方」「どう立ち上げれば、プロジェクトは成功するのか」が、僕のコンサルタント人生にとってのライフワークとなった。この本では、読者に対して、このことについて今のところ僕たちが知っている

ことの全てをお話しした。
　皆さんにとって、この本が良き道しるべになりますように。

　本当に恐れるべきは、不完全なプロジェクト計画ではない。計画したものの、実行に踏み出せないプロジェクトである。
　皆さんの奮闘を祈る。

あとがき

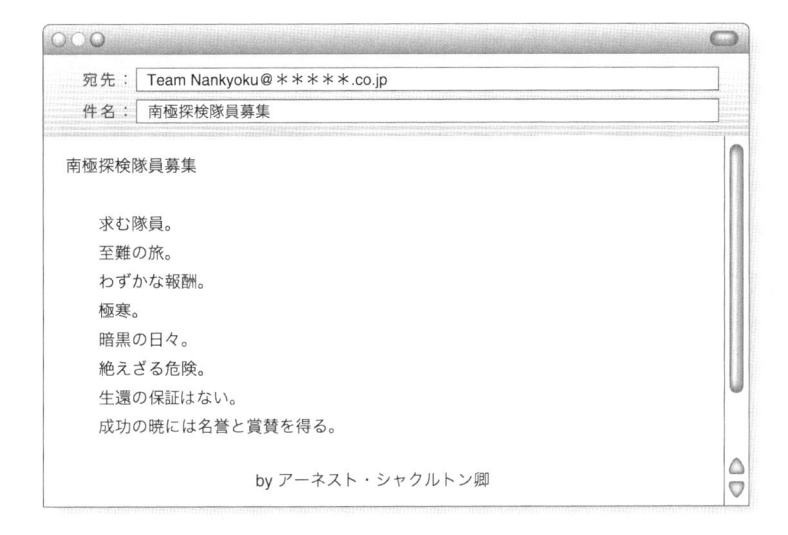

```
宛先： Team Nankyoku@*****.co.jp
件名： 南極探検隊員募集

南極探検隊員募集

　求む隊員。
　至難の旅。
　わずかな報酬。
　極寒。
　暗黒の日々。
　絶えざる危険。
　生還の保証はない。
　成功の暁には名誉と賞賛を得る。

           by アーネスト・シャクルトン卿
```

　この本を書こうと決めた時、一緒に本を作るメンバーを社内から募った。そのメールの冒頭に載せたのが、この一節だ。以来、この本の出版を目指すチームは「南極プロジェクト」というコードネームで呼ばれてきた。

　業務改革について、正面から描いた本。普通の読者が、自分の会社の業務を変えるための教科書。プロジェクトの立ち上げ方のノウハウを懇切丁寧に書いた本。こういう本を、自分たちの体験をつむぐようにしてゼロから書くのが、どれほど大変かは、書き始める前から分かっていたつもりだった。

　このメールから本が出るまでに、2年半の月日がかかった。

　難しいとは思っていたが、これほど難航するのは、さすがに想定外だった。プロのコンサルタントとして、自分たちが業務改革プロジェクトでやっていることを、きちんと言語化するのが、これほど難しいとは……。南極探検隊の名前の通り、途中で脱落したメンバーもいた（お客さんとのプロジェクトに全力を尽くすのが本業だから、ある程度の脱落は仕方がない）。

　最後まで生き残った南極探検隊員を紹介したい。

プロジェクト管理：濵本佳史
資料整理、写真：西久保博明、中川悠、人見真旦、根岸亜美、
村上邦彦、島井貴久子、瀧川慧
本文執筆：白川克、榊巻亮
＊イラストはケンブリッジOGの仲平佐保さんにお願いした。

　この本に参考文献はない。
　本の代わりに参考にしたのは、実際のプロジェクトと、日々お仕事をさせていただいているお客さまの言葉だ。この本に書いてあるノウハウは全て、実際のプロジェクトワークから導かれたものである。その意味では、この本は前著『プロジェクトファシリテーション』（共著、初版09年8月刊。増補新装版13年10月刊予定）に続き、お客さまとの共著と言っても良いかと思う。
　さらに、プロジェクトで使った資料、エピソード、持論……の掲載を快く許可してくださったことに対しても、最大限感謝したい。本当にありがとうございます。この言葉が社交辞令ではないことは、実例がぎっしり詰まった本書を最後まで読んでくださった方であれば、ご理解いただけると思う。
　出版に際しての編集は、日本経済新聞出版社の西林啓二さんのお世話になった。本物の本しか作らないという情熱、ありがとうございました。
　最後に、共にプロジェクトをやってきたケンブリッジの仲間たち、社長の鈴木努さん、忙しい南極隊員を許容してくれた隊員の家族にも感謝したい。

　　2013年9月

白川 克

＊本書への感想や批評をお寄せいただけると、とても嬉しいです。
メール：team-nankyoku@ml.ctp.co.jp　ツイッター：@mshirakawa

索引
（太字は重要語句の意味を解説している頁を示す）

欧文

Assessmentフェーズ ……………………………… 11, 42, 135, 177, 230
BPR ……………………………………………… 34
Business Modelフェーズ ………………… 12, 62, 203
Combine ………………………………………… 137
Concept Framingフェーズ ………………… 10, 43
Decisionフェーズ ……………………………… 12
ECRSの原則 …………………………………… 137
Eliminate ……………………………………… 137
One Team ……………………………………… 195
People ………………………………………… 8, 260
Prepの4P ………………………………………… 8
Process ………………………………………… 8, 259
Property ………………………………………… 8, 259
Purpose ………………………………………… 8, 259
Rearrange ……………………………………… 137
Simplify ………………………………………… 137
SWOT …………………………………………… 109, 127

あ行

アイディアマン ………………………………… 51
アウトソース …… 96, **153**, 156, 167, 176, 210
アクティビティ一覧 …………………………… 79
生き字引 ………………………………………… 24
意思決定 ………………………………………… 29, 162
維持費用 ………………………………………… 234
一元管理 ………………………………………… **150**
イレギュラ ……………………………………… 156
イレギュラ業務一覧 …………………………… 78
営業強化プロジェクトでの、ナレッジマッピング ……………………………… 127
絵に描いた餅 …………………………………… 211
オフショア ……………………………………… **153**

か行

改革施策 ………………………………………… 51, 162
改革のテコ ……………………………………… 136
開発期間短縮 …………………………………… 158
開発費用 ………………………………………… 234
各論反対 ………………………………………… 120
課題洗い出し会議 ……………………………… 181
課題一覧 ………………………………………… 101
課題解決アプローチ …………………………… 135
合宿 ……………………………………………… 47
感情論 …………………………………………… 186
企業風土 ………………………………………… 50
キックオフミーティング ……………………… 191, 193
キャッシュアウト ……………………………… 234
業績評価 ………………………………………… 224
共通言語 ………………………………………… 151
業務改革 ………………………………………… 34, 61, 148, 211
業務改革プロジェクト ………………………… 59, 60, 115, 264
業務集約 ………………………………………… 34, 152
業務集約マトリクス …………………………… 157
業務の効率化 …………………………………… 170
業務フロー ……………………………………… 80
業務プロセス …………………………………… 87, 135
業務分析 ………………………………………… 87

業務分析担当	69
業務マニュアル	87
グルーピング	**119**
グルーピング分析	119
経営会議	253
計画作り	13, 260
原因分析	**129**
権限委譲	158
現状業務調査	112
現状調査	86, 108, 144
現状調査・分析	11
現場ヒアリング	129
コアメンバーの選定	18
構想立案	12
5W1H	75
公募作戦	21
顧客満足度	158
コスト	162, **167**
コンセプト	10, **35**, 48
コンテンツの価値	128

さ行

サービスレベル	56
最適配分	151
差違分析	111
シェアードサービスセンター	33, 153, 156, 233
仕事割合の円グラフ	94
事後分析	224
施策一覧	161
施策実現上のリスク	216
施策―課題マッピング表	146
施策練り上げ	174
施策の選定基準	166
施策のたたき台	145
施策立案	108

システム化	34
システム構築プロジェクト	61
システム再構築	39
システムテスト	87
システム投資プロジェクト	60
システムフロー	81
システム分析	87
システム分析担当	71
自動化	158
従業員満足度	229
集約対象業務	170
受発注のデータ入力効率化分析	117
承認プロセスの見直し	**157**
情報項目と管理状況マトリクス	83
初期費用	234
触媒役	**26**
書類再発行事務のパターン化	118
シングルインプット	139
申請一覧	76
申請一覧とチェックプロセスマトリクス	84
慎重な会社	52, 53
信頼残高	187
スイムレーンチャート	80
スピーディーな経営判断	158
セルフサービス化	158
ゼロベース	24, 40, 208
全体最適	139
戦略ストーリー	55, 57
相関比較	**125**
組織受入態勢	**161**, **167**
組織改編	56
組織風土	50
そもそも論	43

た行

態勢作り	13, 260

大胆な会社	51, 52
棚おろし	75, 98
段階型稼動	208
チームビルディング	198
チェックポイント	176
チェンジマネジメント	265
中間ケース	224, 239
調査フォーマット	75, 89
帳票一覧	77
ツリー分解	129
抵抗勢力	18, 25, 178
抵抗の5段階モデル	178
定性効果	227
定量効果	227
定量比較	**115**
統合型情報管理	139
投資金額算出フォーマット	235
投資対効果	96
投資対効果分析	87, 241
投資対効果分析グラフ	237
投資判断	12
トップダウン	18, 50
トレードオフ	70

な 行

ナレッジマネジメント	128
2次元マッピング	**127**
入手容易性	128
納期短縮	**158**
ノーミングセッション	194

は 行

バーチャル体験	90
ハードウェアの修理件数と初期不良件数の関連	125
バックアップ	59
パッケージ	39, 87
発散/収束モデル	169
ハブ＆スポーク	36, 111
パラダイムシフト	39
パレート分析（ABC分析）	109
反対意見	185
反対運動	178, 189
販売管理業務における、転記作業蔓延の分析	123
販売戦略	61
繁忙期マトリクス	207
ヒアリングの副産物	98
ピーク分析	115
ビジネスベネフィット	161, 166
ビジネスモデル	150
ビッグバン型稼動	208
標準化	**149**
標準化／集約検討マトリクス	155
費用対効果分析	225, 240, 250
ファシリテーション	194
ファンクショナリティ・マトリクス	82
付加価値マトリクス	95
部分最適	139
フリートーク	90
フリップチャート	100
ブレインストーミング	140
プロジェクトオーナー	33, 64, 66
プロジェクト計画	51
プロジェクトゴール	28, 33, 141
プロジェクトコンセプト	111
プロジェクト施策	56
プロジェクト立ち上げ期	72
プロジェクトのコアメンバー	26
プロジェクトのモメンタム	21
プロジェクトファシリテーション	4, 17
プロジェクトメンバーを集める	17

プロジェクトリーダー	6, 26, 62
プロジェクトルーム	144
プロジェクトワークに不向きな人	17
プロジェクトワークに向いた人	17
プロジェクトを変える12の知恵	194
プロセスマトリクス	85
プロセス比較	**118**
プロダクト・ポートフォリオ	127
分散型情報管理	139
分析の7つ道具	**105, 114**
並行化	158
ベストケース	224, 239
変革	1
変革プロジェクト	2, 101, 178, 203, 240, 251
変革プロジェクトに向かない人	22
変革プロジェクトに向く人	22
ベンチマーク	140
保守サービスと提供時間マトリクス	84
ボトムアップ	51
ボトルネック	206

ま や ら わ 行

メンバー選定	18
モデル化	74
元栓の課題	129
横串グルーピング	**123**
4つのP	**7**, 258
4象限マトリクス	127
4P	109
ライセンス費用	234
ランニングコスト	167, 242
リードタイム短縮	158
リスク分析	238
リスクマトリクス	221
理想像アプローチ	139
論点リスト	175
ワークシェア	170
ワーストケース	224, 239

著者紹介

白川　克（しらかわ・まさる）
ケンブリッジ・テクノロジー・パートナーズ（株）バイスプレジデント
1972年生まれ。1996年一橋大学経済学部卒業。戦略策定、人事、会計、CRM、ワークスタイル改革など、幅広い分野のプロジェクトに参加。業務改革プロジェクトの立ち上げを特に得意としている。「空気を読まず、お客様にとって本当に正しいと思うことを言い、お客様とともに汗をかいて実行しきること」がコンサルティング・モットー。
著書：『反常識の業務改革ドキュメント』（共著、日本経済新聞出版社）

榊巻　亮（さかまき・りょう）
ケンブリッジ・テクノロジー・パートナーズ（株）ディレクター
大学卒業後、大手建築会社に入社。業務改善活動に携わり、改革をやり遂げる大変さを痛感する。ケンブリッジ入社後は「現場を変えられるコンサルタント」を目指し、金融・通信・運送など幅広い業界で業務改革プロジェクトに参画。ファシリテーションを活かした納得感のあるプロジェクト推進を得意としている。

＊ケンブリッジ・テクノロジー・パートナーズ(株)は、企業変革のための新たなビジネス・モデルの検討から、業務改革、そしてIT導入までファシリテートするコンサルティング会社。独自のプロジェクト方法論とカルチャーを競争力の源泉として、花王、住友電装、日野自動車などの優良企業から高く評価されている。

業務改革の教科書

2013年　9月20日　1版1刷
2022年　9月30日　　　14刷

著　者　　　白川　克
　　　　　　榊巻　亮
　　　　　　© Masaru Shirakawa, Ryo Sakamaki, 2013

発行者　　　國分正哉

発　行　　　株式会社日経BP
　　　　　　日本経済新聞出版

発　売　　　株式会社日経BP　マーケティング
　　　　　　〒105-8308　東京都港区虎ノ門4-3-12

印刷／製本　竹田印刷

ISBN978-4-532-31902-1　Printed in Japan

本書の無断複写・複製（コピー等）は著作権法上の例外を除き、禁じられています。
購入者以外の第三者による電子データ化および電子書籍化は、私的使用を含め一切認められておりません。
本書籍に関するお問い合わせ、ご連絡は下記にて承ります。
https://nkbp.jp/booksQA

日本経済新聞出版社・好評既刊

反常識の業務改革ドキュメント
プロジェクトファシリテーション＜増補新装版＞

関尚弘、白川克著　成功率9割の手法を再現！　125年の歴史を持つ老舗大企業の人事業務を変革し、困難な道のりの末に生産性40％向上など、大きな成果をあげたプロジェクトの物語。実名ノンフィクションで業務改革の実際を描いて人気を集めるロングセラーが増補新装版で登場。　**本体1900円**

経営チーム革命　トップと連携する「部長」層の新機能

長野恭彦著　日本企業の強みである変革ミドルを再生し、トップのスポンサーシップのもとに経営チームを組織化して革新する。新しい「日本的部長」の役割や、チームマネジメントを応用したユニークな展開手法を豊富な成功事例を基に詳説。　**本体1800円**

【超トヨタ式】「絶対不可能」を可能にする経営
逆転のチェンジingメソッド

金田秀治・源明典子著　逆境が生んだマジック！　「神話くずし」の秘伝を公開！　ローリスクハイリターン、お金をかけず、技術革新も不要！　部課長主導のインフォーマル活動による第三の戦略とは！？　同質競争に陥らない圧倒的な差異化で勝つ！　「非常識」のチャレンジテーマでダントツの業界トップに立つ！　**本体1600円**

スコラ式風土改革
〔衰退産業〕崖っぷち会社の起死回生

遠藤咲子著　生き残る道は、本業にあった。縮小計画を捨て、事業と戦力〔人・風土〕の両輪改革で再生・成長・自立させたケースを迫真のドラマで描く！　どうやって成熟市場で革新が起こせたのか？　**本体1800円**

スコラ式風土改革
現場の「知恵」が働くチームイノベーション

源明典子著　思いがけない「結果」を出す。「やってみなければわからない」答えのない目標に職場で挑戦。「知恵」が生まれる風土を育てる。打開策を「やりながら考え」実行。価値創造するチームの革新手法。ベストセラー『なぜ会社は変われないのか』から進化したスコラ式を実践事例で詳説。　**本体1800円**